中国教育专家领航系列丛书

中学主体性心理健康教育理论与实践

刘玉新 著

世界图书出版公司

图书在版编目（CIP）数据

中学主体性心理健康教育理论与实践 / 刘玉新著
. -- 北京：世界图书出版公司 , 2020.12
ISBN 978-7-5192-7891-5

Ⅰ . ①中… Ⅱ . ①刘… Ⅲ . ①中学生－心理健康－健
康教育－研究 Ⅳ . ① G444

中国版本图书馆 CIP 数据核字 (2020) 第 194866 号

书　　　　名	中学主体性心理健康教育理论与实践	
（汉语拼音）	ZHONGXUE ZHUTIXING XINLI JIANKANG JIAOYU LILUN YU SHIJIAN	
著　　　者	刘玉新	
总　策　划	吴 迪	
责 任 编 辑	王林萍	
装 帧 设 计	包 莹	
出 版 发 行	世界图书出版公司长春有限公司	
地　　　址	吉林省长春市春城大街 789 号	
邮　　　编	130062	
电　　　话	0431-86805551（发行）　0431-86805562（编辑）	
网　　　址	http：//www.wpcdb.com.cn	
邮　　　箱	DBSJ@163.com	
经　　　销	各地新华书店	
印　　　刷	吉林省信诚印刷有限公司	
开　　　本	787 mm×1092 mm　1/16	
印　　　张	21	
字　　　数	313 千字	
印　　　数	1—2 000	
版　　　次	2020 年 12 月第 1 版　　2020 年 12 月第 1 次印刷	
国 际 书 号	ISBN 978-7-5192-7891-5	
定　　　价	45.00 元	

中国教育专家领航系列丛书

顾问委员会

主　任　黄宪昱

委　员　杜　影　　侯俊杰　　单联成　　董　妍

　　　　李大伟　　吕德辉　　张　钊　　朱　峰

　　　　李晓天　　王淑琴

丛书编委会

主　编　李晓天

副主编　王淑琴　　宋剑锋

编　委　（按姓氏笔画排列）

　　　　王　双　　王　惠　　王伟平　　曲希山

　　　　朱艳秋　　刘　俐　　刘彦平　　关爱民

　　　　孙玉环　　杜晓明　　李　杰　　李　昤

　　　　李文茸　　杨秀艳　　邹凤英　　辛　枫

　　　　张　玲　　张继会　　陈晓娟　　郝　伟

　　　　高　楠　　高贤美　　黄　娟　　崔　瑜

　　　　谭　清

本书人员名单

著　　者　刘玉新
案例编写者　韩　丽　林蕴博　彭晓琴
　　　　　　安　婧　王晓蕾

总序

教育大计，教师为本。

《国家中长期教育改革和发展规划纲要（2010—2020年）》（以下简称《纲要》）中要求，"创造有利条件，鼓励教师和校长在实践中大胆探索，创新教育思想、教育模式和教育方法，形成教学特色和办学风格，造就一批教育家，倡导教育家办学"。2012年《国务院关于加强教师队伍建设的意见》（国发〔2012〕41号）在《纲要》精神的基础上，更明确提出要"培养造就高端教育人才"。党的十九大报告也进一步明确强调"优先发展教育事业"，打造教育家型教师是深入贯彻落实党的十九大精神和教育方针，办好人民满意教育的一项重要举措。

教育事业的发展离不开德才兼备的优秀教师。教育家型教师是教师队伍的领军人物，是引领教育事业发展的楷模和榜样，是教育事业改革与创新的核心力量，成为教育家型教师是每位教师的职业追求。

国将兴，必贵师而重傅。多年来，长春市把全面加强教师队伍建设作为一项重大政治任务和根本性民生工程切实抓紧抓好，遵循教师培养的规律，不仅高度重视新教师、骨干教师和名师的培养，也十分重视教育家型教师的打造。《中国教育专家领航系列丛书》选取了在

长春教育一线工作，有教育情怀、有教育思想、有教育业绩，在全国
有较大影响力的专家型教师，系统地诠释他们的教育主张、教学风格、
教育智慧以及在教育教学中的学术成果。旨在传播这些教育家型教师
的思想，推广其教育教学经验，进而感召和引领广大教师专业成长，
推动教育事业的发展。

就在本丛书推出的过程中，中共中央、国务院印发了《关于全面
深化新时代教师队伍建设改革的意见》（以下简称《意见》）。《意见》
指出："到 2035 年，教师综合素质、专业化水平和创新能力大幅提升，
培养造就数以百万计的骨干教师、数以十万计的卓越教师、数以万计
的教育家型教师。"本丛书的推出，恰逢其时。希望本丛书能为中国
教师领跑，为实现教育现代化领路，为中国教育领航。

黄宪昱

2020 年 4 月 21 日

引燃中学教育之中的心理之火

——为《中学主体性心理健康教育理论与实践》所写的序言

葛鲁嘉

（吉林大学哲学社会学院心理学系　博士　教授　博士生导师）

教师的自豪感总是来自于自己的学生！东北师范大学附属中学的副校长刘玉新博士就是让我感到非常自豪的学生。她是我于 2006 年招收的博士研究生，一转眼毕业都快有十年了！我是眼看着她从成为我的学生开始，这一路飞跃式地成长变化的。我到现在还能清晰地回忆起当年的情景，她在课堂上讲述自己的研究报告，并饱受我作为指导教师的挑剔性的评判和评价，但是却从来都不服输并更加努力地学习和研究。她当年曾经在课堂上反驳我的批评说："老师，我从小到大一直都是受表扬的，还从来没有过被老师从头批到尾的！"我说："那就让你好好体验体验学术研究没有做到位的滋味，以及百尺竿头更进一步的追求。"但是，从每一位博士研究生毕业获得博士学位开始，我就不会再去挑剔他们自己的事业了，反而是更为喜欢去倾听他们向我讲述自己日渐积累的成就，以及不断获取的荣耀。我在自己的 35 年的高等教育的生涯里，一共招收了 58 位博士研究生，其中已经有 56 位获得了博士学位。他们很多早就已经在各行各业之中成为中流砥柱。我总是在许多的场合骄傲地说起，我所培养的博士中，有多少人已经是博士研究生导师了，有多少人成为正教授，有多少人成为副教授，还有多少人担任了各部门和各级别的领导工作。刘玉新博士就是我所培养的那一大群博士中非常亮眼、极为突出和特别优秀的一位。

我总是与学生开玩笑说，好学生是能够给老师增寿的，或者是反过来说能给老师增寿的就是好学生。那是因为，这样的学生会不断地在学术上创造奇迹，会连续地在事业上攀登高峰，会持久地在生活上提升质量。刘玉新博士就是给我增寿的好学生。她给自己的老师所带来的是心旷神怡，是心花怒放，是心满意足。我也常常与学生说，博士学位并不仅仅就是学历和位置，而应该成为一种独特的素养和境界。这意味着你是以博士的研究性的眼光去看待自己的生活世界，是以博士的研究性的思维去把握自己的职业生涯，是以博士的研究性的框架去理解自己的日常活动，是以博士的研究性的方式去创造自己的丰满人生。这实际上也就意味着博士研究生的修养和训练所带来的是一种探索性的、批判性的、建构性的和创造性的生活方式、学习方式、工作方式、行为方式。

刘玉新博士的学术著作《中学主体性心理健康教育理论与实践》就要出版了。通读这部著作，可以感受到、体会到、理解到、把握到一系列的特点、特长、特征、特色。这包括了如下的一些突出的方面。一是突出了中学教育活动之中的学生的位置。这表面上看起来是一个不是问题的问题，中学的教育就是针对中学生的。然而，分析起来，却可以发现，中学的教育活动之中包含着多项的目标，巨多的内容，繁杂的工作，知识的传授，技能的掌握，教学的管理，等等。这也就很容易会导致对学生的存在、自主的控制、积极的品性、创造的潜能等等重要方面的轻视、忽视和无视。这部著作却格外强调了学生的位置、学生的本位、学生的自主、学生的自律、学生的自为。二是突出了学生日常生活之中的人本的基础。教育很容易导向于将学生理解为是被动的一方，是接纳的一方，是承受的一方。这部著作的思想立足点则是人本的基础。强调的是人性的根本，是主体的地位，是心理的创造。三是突出了学校重要工作之中的系统的方面。中学的教育活动涉及非常多的工作，特别是对于中学的管理者、教育者等而言。这部著作则牢牢把握了一个最为根本的问题，那就是系统化的问题，也就是如何整合、统合、融合多样的、繁杂的、分割的学校育人的工作。这也就是在著作中所强调的育人的系统，并强调了是协同的育人系统。四是突出了学生扶助培育之中的心理的健康。在学生的教育中，在学生的培养中，在学生的管理中，不断使之成为社会合格的成员，成为人格健全的个体，成为生活创造的源泉，成为心理健康的人。五是突出了学生全面发展之中的心理的成长。学生的成长是全方位的成长，这包括了学生的身体方面、生物方面、生理方面、社会方面、社交方面、角色方面等等。但是，对于学生的成长最为核心的和关键的则是心理的成长。这部著作就将中学生的心理成长放置在了核心的位置上。

这部著作的研究实际上就是立足于关于心理成长的探索，也就是立足于成长心理学的研究。关于心理成长的研究是心理学研究中最为重要的构成部分。那么，探讨中学生的心理成长对于一位知名中学的校长来说，就是一个非常重要和关键的课题。当然了，关于中学生的心理成长是一个涉及非常广泛的领域，这就需要立足于相应的学理的基础。可以成为这部著作的学理基础的包括几个重要的方面。

一是身体的成长与心理的成长。人是身心的统一体。对于人的成长来说，就包含着身体的成长与心理的成长。身体的成长包括人的身体结构的变化和成熟，涉及人的身体器官的发育、生理结构的变化、生理功能的完善。而且，非常重要的是人的心理并不能够脱离人的身体。心理的成长则包括心智水平的发育和成熟，也包括心理功能的开发和整合，还包括心理协调的功能和方式。身心的关系也并不就是学术上探讨的关系，还包括人在现实中面临的关系。身心的协调发展或成长，也是人的心理成长的关键。

二是分离的成长与整合的成长。人的心理包含着许多不同的构成部分。那么，人的心理成长也就存在着是否可以是心理的单一成分或单一功能的成长。人的心理也是一个统一的整体，是不可分割的。那么，成长实际上也就是指心理整体的变化和演进。这也就是分离式的成长与整合式的成长。分离式的单一的成长尽管也是人的心理的成长的表达，但却是一种畸形的或不合理的成长。整合式的全面的成长对人的心理成长是非常重要的。当然，整合式的成长也并不就能够脱离各个不同侧面和方面的成长。

三是教育的成长与生活的成长。教育的成长是指人的心理成长是与教育密不可分的。社会个体在接受教育的过程中，会逐渐在心理上成长和成熟起来。对于人的心理成长来说，教育是系统化的。这就在于教育本身是社会性的，是有明确目标的，是有社会建制的，是有机构保障的，是有专职人员的，是有具体内容的，是有基本程序的。因此，教育本身会在组织化和程式化的进程中，来确保接受教育的社会个体的心理成长。当然，这种心理成长包括个体心理、群体心理、组织心理、社会心理的系统化的成长。生活的成长则与之不同，生活的成长是在日常生活中随机进行的，是伴随着人的日常社会生活而来的自然的教化的过程。因此，生活本身会潜移默化地带来人的心理的改变，也会随机地组合成为人的心理的变化和发展。当然，教育和生活是人的心理成长的同等重要的途径。

总体来看，对于人的存在、人的生活、人的心理、人的成长等，还可以按照五种方式来构成、来考察。这就是个体、群体、民族、社会、文化的方式。其一，人的最基本的存在方式是个体化的存在方式。或者说，人的存在的最基本的单元就是人作为个体的存在。无论是从身的方面还是从心的方面来看，个体都是人的存在的最小分割单位。其二，在实际的生活中，人并不是割裂和隔绝的无关联的个体存在。人在自己的现实生活中，是以群体的方式存在的，是群体的成员，在群体中生活。那么，人又可以按照群体来定性和定位。无论是从社会的方面还是从组织的方面来看，群体又是人的存在的最基本单位。其三，人具有民族和国别的属性，是民族的成员和国家的公民，可以按照民族或国家来归属和归位。其四，人是社会的成员，社会有自己的发展方式，其中就包含着人的心理成长的方式。其五，人是文化的存在，具有文化的属性。文化的发展也包含着文化心理的成长。所以，对于人来说，人的心理成长就可以有上述的五个主要的层面。这也就是个体性的成长、群体性的成长、民族性的成长、社会性的成长和文化性的成长。

任何学科的基础研究和应用研究都既是有着紧密联系的，又是有着区别的。心理学的基础研究和应用研究也同样如此。这也就是说，心理学的基础研究与应用研究同样既是相互联系的，又是相互区别的。两者的联系就在于，基础研究是应用研究的理论前提，而应用研究是基础研究的生活扩展。基础研究是从生活中来的，而应用研究则是往生活中去的。基础研究在于说明生活，而应用研究则在于改变生活。两者的区别就在于，基础研究与应用研究的学术探索目的是有所不同的，基础研究与应用研究的学术评价标准也是有所不同的。

基础研究的学术目的就在于说明研究对象和形成知识体系。心理学的基础研究的目的实际上就在于描述对象或描述心理行为，解释对象或解释心理行为，透视对象或透视心理行为。从而揭示心理行为的规律，以形成关于心理行为的知识体系。应用研究的现实目的则在于解决生活问题和提高生活质量。心理学的应用研究的目的实际上就在于干预对象或改变心理行为，就在于引导对象或影响心理行为，就在于完善对象或提升心理行为。从而，改进心理生活的质量，以完善关于心理行为的实际品质。基础研究的评价标准是合理性。如何评价心理学的基础研究，其标准就在于衡量心理学的理论学说、研究方法和应用技术是否是合理的。应用研究的评价标准是有效性。如何评价心理学的应用研究，其标准则在于衡量心理学的理论学说、研究方法和应用技术是否是有效的。

应用心理学实际上就是运用心理学的理论、知识、方法、技术和工具等，对心理行为所进行的干预、影响或引导，以解决心理行为的问题，改变心理行为的现状，丰富心理生活的内容，提高心理生活的质量。很显然，应用心理学是指向于生活现实的，是干预到心理行为的，是关联着生活质量的，是引导了心理成长的。因此，对于应用心理学来说，所实现的就是社会生活的改善，心理品质的提升，现实问题的解决，未来目标的导向。

通读这部著作，完全可以深切地体会到心理学应用的价值，也可以直接地感受到教育的期待，更可以充分地把握到共生的理念。教育、心理教育、心理健康教育实际上是共生的历程。在教育活动之中，教师以及教师与教师之间，学生以及学生与学生之间，教师、学生以及教师与学生之间，就应该是共生的关系。共生主义的理念、共生主义的原则，实际上就是将原本一个整体的存在分割成不同的部分，又重新组合和整合为一个整体。

　　总之，广义的教育、中学的教育、心理的教育、心理健康的教育、心理成长的教育、心理共生的教育，其中的火种实际上就是人的心理！那么，引燃中学教育之中的心理之火，就会带来中学教育质量提升的燎原之势。因此，这样的理论与实践相结合的著作就是点燃星星之火的可能的和可行的壮举！

目　录

第一章

主体性教育

二十世纪中期，以马斯洛和罗杰斯为代表的一批心理学家提出人本主义的思想，直到今天这种思想依然影响着教育、社会、管理等诸多领域。人本主义注重人的独特性，主张人是一种自由的、有理性的生物存在，具有个人发展的潜能，充分强调了人的主体性。

进入二十一世纪，弘扬人的主体性成为新世纪的典型特征，发展人的主体性成为时代的主旋律，因此，教育的本质应该是人的教育，教育的过程是人的发展过程，教育的目标是人主体性的充分发挥。

第一节　主体及主体性的内涵

人的主体性，其发展规律与和其他事物的发展规律一样，是一个渐进的过程，经历由低级阶段向高级阶段，由片面展开到全面发展，由不完善至逐步完善。对于人的主体性，我们不仅可以通过被改造的客观世界的变化感知到，更可以通过主体自身的发展观察到。在这个发展的过程中，人不仅寻求物质上的满足，还需要精神的解放和自我价值的追求。通过不断的否定、探求、突破，最终实现主体性的变化。

一、主体性

在基础教育中，无论是国家层面的素质教育实施，还是哲学与心理学层面对于人的主体性的呼唤，都是遵循这样的主体成长规律，最终实现质的变化，那么究竟什么是主体？这是主体性教育思考的基础。

1. 主体的内涵

主体作为一个哲学概念，是与客体相对而言的。主、客体究竟如何界定，主要还是通过实践活动体现。主体在实践活动中是承担者，是主动的，客体在实践活动中是接受者，是被动的。

马克思主义哲学认为，对于主体的界定有三个视角：首先是在本体论上，其次是在认识论上，最后是在历史观上。

从本体论意义上来看，主体是世界的本源与基础，这时所谈及的主体并不与客体相对应，它阐述的是世界的统一性问题，具有本原的、独立自存的性质。从认识论意义上，人为主体，自然则为客体。由于人在劳动实践中逐渐具有了自我意识，因此成为认识活动与实践活动的主体。从历史观上的视角来看主体时，强调"历史不过是追求着自己目的的人的活动而已"，即在历史中主体始终是人，社会的发展是建立在人的社会实践活动的基础上的。

根据马克思主义认识论的观点，所谓主体，是指具有认识世界和改造世界能力的认识者。[①]

2. 主体与人

人为主体，但是主体与人又是不等同的概念。"主体和人是就不同方面而言的，前者主要是从活动方面，后者主要是从存在方面，分别反映人的不同性质，因而在使用中并不能随意地代换。"[②]因此从严格意义上讲，人并非在所有的时候都是主体，也并非总是主体。人在客体关系中，只有努力通过自己的自觉而能动地活动，才能获得主动性，发挥其能动的作用，主动地认识规律、改造世界，从而成为主体。

因此人与主体的区别就是，人是主体、客体的统一体，既可以是主体，又可以是客体。同时，人从生下来，就是可能主体，但未必就会成为现实主体，或一直成为主体，人从可能主体成为现实主体需要一定的发展过程或必要的条件的支撑，因此人需要接受教育。

在教育中，"主体"比较正式的出现是在刘佛年的《教育学》一书中，"在教学这种活动中学生却又是认识客观世界的主体"[③]，对于主体的讨论非常清晰的是在 1979 年，是由于光远所提出了"三体"而引发的，开始了对教学过程中谁是真正的主体的大讨论，二十世纪八十年代初，提出了"学生是教育的主体"命题；1981 年，顾明远先生指出，学生既是教育的客体，又是教育的主体，在此后的研究中，涂艳国、黄济、

---

①《马克思恩格斯全集》第二卷，第 117 页。

②高清海 . 主体呼唤的历史根据和时代内涵［J］. 中国社会科学，1994，4.

③王道俊 . 知识的教育价值及其实现方式问题初探——兼谈对杜威教育思想的某些认识［J］. 课程·教材·教法，2011，3.

项贤明等认为，教师在教学活动中，通过对话、激励、交往、引导、碰撞等许多方式实现学生主体与教师主体的有机融合，强调了学生、教师的双主体地位。

学校教育，就是一个引导学生成为主体的过程。教师的责任是帮助学生由知之不多到知之较多，由不成熟到成熟。最终是要学生能够不再依赖教师，学会学习，学会判断，学会选择，而不是教师永远牵着他们的手。因此，教育的目的就是促使学生的主体意识逐渐觉醒，并对自己的主体角色有着清晰的认识，让学生成为对世界（包含自己）的清晰认识者、改造者与实践者。冯建军在研究中指出，"人是社会发展的主体，人是自身发展的主体"。

二、主体性

1. 主体性的界定

主体性一词来源于主体，是主体的衍生词，是哲学概念。

对于主体性，我们是不能单纯从人自身的孤立状态和人所具有的一般特性来说的，我们要从几个角度进行界定。

首先，从主客体关系方面对主体性进行界定，主体性是在主体与客体的相互关系中逐渐形成并发展起来的，并在这种相互关系中表现出来的主动、主导以及能动的性质。

因此，根据主体面对的不同的客体，主体表现出不同的性质与方向。主要体现在以下三个方面：第一，当客体是外部事物时，主体与客体发生相互关系时，主体性就会表现为对客体的发现、认知与改造的特性与能力；第二，当客体为其他主体时，在主客体的相互关系中，主体性则会表现为与其他主体的共处、交往与协调的特性与能力；第三，当主体自身为客体时，即主体与自身发生相互作用，主体性就体现为对自己的控制、调节或激励的特性与能力。

其次，可以从认识论的角度进行界说，主体性可以从三个层面进行理解：第一，从本体意义上来看，人的主体性是指人的生存、生活方式以及把握自身及外界的方式，是本体的，代表着客观、必然的过程，由人的知、情、意组成，在三者的作用下，人才能积极、自主、创造性地进行社会实践活动。因此人的知、情、意成为主体的本体性结构，这是主体性内涵阐释中最基本的方面。第二，从价值意义上来看，主体性是一个人追求真、善、美和追求自由的主体性。人是为追求价值而存在的，更是为创造价值而奋斗的。人，既要满足自身生存方面的物质需要，还要满足自身价值实现的精神需要，这才是健全的人。因此，主体性是价值主体性，人的主体性有价值规定，真、善、美及自由等价值构成了主体的价值性结构。第三，从实践意义上来看，人有目的地进行改造自然和改造社会的活动称之为实践，人在社会实践活动中，建构着与物质客体、与其他主体以及与自身等客体的对象性关系。人的主体性也在建构的过程中不断地生成、呈现、发挥和发展。因此，人的主体性与人的实践是密不可分的，是双向互动的。实践是人主体性的表现方式，更是人主体性发展水平的衡量指标，而主体性是通过人的实践活动才能得到确证与发展的。人在实践中表现出来的现实性、有效性、积极性、自主性、创造性等特性，是主体的实践性结构。

按照认识论的观点，主体性就是本体性结构、价值性结构及实践性结构三者整合的特性，本体的主体性是基础，价值的主体性是促进，实践的主体性是二者的发生、发展、呈现，到最终融合的过程。因此谈及人的主体性，既不能忽略它的客观存在，又要关注它的价值需求，更要关注其具体的实践形式以及在这种实践活动中表现出来的能动的性质。

可见，作为活动主体的人所再现出来的主体性，既包括主体精神，也包括主体能力。[1]它所包含的最核心内容是人在自觉的社会实践活动中所表现出的不可或缺的自主性、能动性以及创造性，而人的自主、能动和创造性是随着人的发展不断发展的，所以从某种意义上说，主体性也是一直处于发展状态的，它可以在具体的实践活动中发挥其能

---

[1]和学新.主体性的内涵、结构及其存在形态与主体性教育［J］.西南师范大学学报（人文社会科学版），2005（01）：65-71.

动作用，又可以在实践活动中逐渐地得到培育、塑造，不断地发展，这就是教育的独特作用。

2. 主体性与人性

主体性是人所具有的，但是需要指出的是，主体与人的概念内涵是不同的，主体性与人性也是不能等同的。它们之间有区别，也有联系。

首先，从内涵界定的一般意义上来看，人性是指人的一般属性和共同属性，是同物的对比中而揭示出来的人的规定性，是与物性、兽性和神性相对而言的。主体性是与客体相比较而言的，是指人作为活动的主体在同客体的相互作用中而体现出来的功能特性，由于主体性是活动主体表现出来的特性，因此是与消极、盲目、被动的客体性完全相对立的，是在同客体的对比中来揭示主体的规定性。

其次，从内涵的外延来看，主体性不是表征主体的全部属性，而是人作为活动主体的根本属性与本质特征。活动主体与人是不同的，在《精神与教育》中，王坤庆对主体性做了清晰的论证："什么是主体性？根据我国哲学界及西方哲学近代以来关于主体性问题的讨论，我们把人的那种永远不满足于既在的生存境遇而去不断创造新的生命价值，以获得一个更新的精神自我的行为和意识的特征，称为人的主体性。它是人作为社会实践活动主体的质的规定性，是人在与客体相互作用中不断得到发展的自觉能动性和创造的特性。人的主体性是人性的精华，是人的精神生活的内在尺度之一。"主体性是人性的升华。

最后，从发展意义上看，人性是人的一般属性，但是人的主体性却既不是天生的，更不是简单的环境塑造，而是系统的形成、发展、巩固、强化的过程。具体言之，人的主体性不是遗传的，不能遗传给下一代，只能在社会实践中逐渐形成，自我建构。每个人表现出的主体性都是自我运用智慧及能力在与外界客观世界相互作用中逐步发展的，但是这种主体性不能一劳永逸，如果在社会实践中失去自主性、能动性，主体性随时会被削弱，甚至消失。因此，人的主体性是最能体现人本质的部分，一个人必须具有极强的自尊、自律、自信、自立、自强等品质，一直对自己的价值及人生方向有着清醒的认识，并具有高昂的生活与做事态度，时刻具有极强的反思能力和明晰的自我意识，才能保证人的主体性的不断持续发展。一个人只有具有合理知识结构、清晰认知能力、理智自控态度和智慧的协调能力，才能使人的主体性保持一直向上发展。因此，主体性是人性的核心，居于人性中更高级、更深刻的层次。

3. 学生的主体性

从哲学的意义上来讲，人的主体性，包括三层内容：一是做自然的主人，将自然的生存条件置于自己的控制之下；二是做社会的主人，将社会及人的社会实践活动置于自己的控制之下；三是做自己的主人，将自己的言行置于自己的理智控制之下。[①]学校教育的意义就是强调学生具有主体性，做自己的主人，只有做到这一点，将来才会成为自然的主人，成为社会的主人。那么如何理解中学生主体性呢？

学生的主体性，是指在学校教育活动中，作为主体的学生在教师的引导下处理同外部世界关系时所表现出的功能特征，具体表现为选择性、自主性、能动性和创造性。

（1）选择性。这种选择性表现在学生对学习客体的选择上面。在确立主客体的对象关系中，某一对象或客体如何进入主体（即学生）的活动领域中，最重要的是取决于主体，取决于主体根据自己的能力与需要进行的选择。学生学习活动就是一个不断选择的过程，学习目标、学习方式和学习内容的确定，就是一个从学什么到怎么学的选择过程。而且，在学习过程中，一个学生即使确定了学习的方向，也不是将这个方向的所有内容作为学习的重点，选择伴随着学习与教育的全过程。当然这种选择性要求教育活动要关注两个条件，一是学生的能力条件，即学生的认知与实践能力；二是兴趣与需求条件，是学生的主体需求。如果教育内容超限、教育方法不适当或与学生需求与兴趣相悖，那么学生的主体性就会被削弱，严重的会逐渐丧失，直接导致教育的失败。

（2）自主性。学生在教育活动中的自主性是指个体成为自己活动

---

①王小燕. 主体性德育的哲学思考［J］. 江汉论坛，2004，6.

的主人，以自己的思维和智慧来支配自己的语言与行为，在实践中认识和改造客体，并能够根据自己的意愿进行自我调节与自我控制。

学生的自主性有三个层面的表现：首先，学生要把自己当作教育对象，并能充分发挥自身的潜力，充分利用各种条件主动地学习和接受教育的影响；其次，学生要有独立的主体意识，具有明确的学习目标、自觉的学习态度，能够在教师的引导下独立地思考，把知识变成自己的精神财富，并在实践中运用与检验；最后，能够保持学习愿望，即具有一定的自律性。

（3）能动性。主体之所以成为主体，最关键在于其具有自觉能动性。所谓能动性，是指主体在所建构的对象性关系的基础上，自觉、积极、主动地认识客体和改造客体，而不是被动、消极地进行认识和实践。

主体的能动性主要表现在认识（反应世界）和实践（改造世界）二种活动中。在认识（反应世界）活动中，能动性体现在能主动、积极、全面地认识客体为主体所提供的信息；在实践（改造世界）活动中，能动性则更倾向于通过实践过程的计划性、组织性、较强的管理和调控等体现出来。

学生的能动性也取决于两个方面，在认识活动和实践活动中体现出来的。首先，是学生通过认识活动获得的信息，既包括自己亲身体验的直接经验，也包括学习获得的间接经验，这些信息、经验与知识决定着学习活动的深度与广度，从而影响到学生的能动性，如果学生先期的信息占有量不足，会影响其学习的能动性，尤其对于初中生和高中生来讲表现得会更明显；其次，学生在实践活动中的计划性、程序性及控制性等，取决于学生的动机、兴趣、需要以及意志等因素。学习活动是一项艰苦的脑力及体力劳动过程，它需要有坚定的信念、明确的学习动机、浓厚的兴趣、主动的需求以及顽强的意志品质作支撑，这是学生的情意因素的作用。因此对于学生能动性的培养，一定既要关注学生知识层面的掌握，又要关注学生情意因素的培养与引导。

（4）创造性。创造性有两层含义：一是我们通常意义上的创造，与改革、发明、创新密切相关，这种创造是指对外在事物的超越，具体是指人作为主体，通过一定的革新与改造，在旧有事物的基础上，形成了新颖的、具有独特性的新事物；二是针对主体而言的，是作为主体的人对自身的超越。人作为主体在改造外部世界的同时，自己也实现了蜕变，实现了自身从"旧我"向"新我"的转变和超越。

一个社会的文明程度应该同时取决于这二种意义上的创造，因此在教育领域，创造性不仅是指引导学生能够为社会创造新异的价值，有新的产品的出现，更是指引导学生不断超越自我，不断追求自我实现和人生的最大价值，最终实现人生否定之否定，为社会培养更多的能够适应社会发展、更理性、更智慧的人才。

由此可见，学生的主体性是指学生在教育活动中表现出来的选择性、自主性、能动性和创造性，这也是学生作为主体表现出来的最本质的特征。选择性是基础，自主性是前提，能动性是关键，创造性则是衡量主体性的标尺，更是社会文明程度的标志。学生主体性的这几种特征的形成也是教育工作者的责任与使命，当然，在现实的工作中我们不能忽视学生存在的一些相反的特性，例如学生的依赖性、受动性以及简单模仿性对学生发展的作用，学生主体性的多元与复杂标示着教育工作的复杂性与教育使命的艰难。

第二节　主体性教育及其视角下的师生观

教育是一个系统的工程，是一个有目的、有意识地促进和引领人的身心体系变化与发展的活动过程。人体在出生后，首先只是一个生物学意义上的人，教育的任务就是让人尽快地认识到自己面临的社会生活现状，并能够主动地适应现存的社会生活方式，逐渐提高社会化程度，因此教育就是解决社会对于个体所需要的社会化水平与个体实际的社会化水平之间的矛盾，促进个体的社会化水平不断提高，适应社会发展的需要。

具体地说，教育的任务就是将人培养成为活动主体，在社会历史活动中增强主体意识，发展各项能力，培养学生具有选择性、自主性、能动性和创造性，使他们成为自我教育、自我管理和自我发展的主体。因此，"教育的根本任务，就是要不断提高受教育者的主体意识和能力，并成为能进行自我教育的社会主体"①。从教育的终极目标来说，教育就是主体性教育，教育的任务就是实施主体性教育。

一、主体性教育的内涵

"主体性教育"这一概念的正式提出始于二十世纪八十年代。继"主体"及"主体性"提出之后，二十世纪八十年代末，"如何让学生真正成为教育的主体"开始在教育理论层面上得到探究。九十年代以来，"树立主体教育思想""重视教育的主体性""建构主体教育哲学"等教育论断不断提出、论证，掀起理论界研究的热潮。主体性教育的理论不断丰富，与此同时，教育实践也随之开展起来，1993年，北京师范大学和河南安阳人民大道小学进行了主体性发展试验与指标体系的建立测评研究。他们认为小学生的主体性具有独立性、主动性和创造性三个特征。他们把小学生当作主人，改革现行教材和管理办法，力图为主体性教育试验探索出一条新路；同时，在华中师范大学指导下的湖北荆门象山小学进行了"小学生主体素质建构试验"，目标为五项内容：自主性、适应性、创造性、自律性、效率感，取得了一定的成绩。以上两例是从主体性的共性角度提出试验假说，还有从主体性素质的特征入手的试验，如创造性研究的试验、自主性研究的试验、愉快教育、成功教育等等。

那么在理论与实践的基础上，如何界定主体性教育呢？我国教育工作者从不同的视角进行了界定。例如，张天宝对主体性的界定更基于"主体性"的内涵，认为："所谓主体性教育是指根据社会发展的需要和教育现代化的要求，教育者通过启发、引导受教育者内在的教

①黄济.人的主体性与教育［J］.教育改革，1997（01）：1-4.

育需求，创设和谐、宽松、民主的教育环境，有目的、有计划地规范、组织各种教育活动，从而把他们培养成为能够自主地、能动地、创造性地进行认识和实践活动的社会个体。简言之，主体性教育是一种培育和发展受教育者的主体性（包括自主性、能动性和创造性）的社会实践活动。"肖川则更强调主体性教育的导向与价值，认为："主体性教育就是指以发展学生的主体性为目标导向和价值追求的教育。"冯建军则更强调教育活动的建构性，认为："主体性教育是启发、发展、建构人的主体性结构的一种教育活动。"许庆豫则更强调主体性教育的内容与方向，提出："中学的主体性教育就是：培养学生具有自主、自为、自律、自觉品质和能力的一种教育。"他同时指出，自主是指独立地进行选择和行动；自为是指为作为主体的人自身从事的各种活动；自律是指自觉地控制自身从而使自己的行为符合客观规律和社会规范；自觉是指理解自身行为与外部世界的关系与接受行为的后果。

　　因此，在学校中，主体性教育包含三层含义：第一，把学生培养成未来社会生活的主体，这是主体性教育的基本价值立场；第二，在教育活动中，学生是正在成长着的主体，有一定的主体性，又需要进一步培养和提高，这是主体教育人性论的体现；第三，只有发挥人（教育者和受教育者）的主体性，才能培养主体性强的人，这是主体教育所采取的基本策略。主体性教育的目标就是使每个学生自主地得到全面、自由、充分的发展。

二、主体性教育理念下的师生观

1. 主要观点

学校教育工作中，教师与学生主客体关系的定位，一直是研究的焦点，教育中出现的问题或现象大多是与师生关系的主客体定位密切相关的。从已有的研究来看，在师生关系孰为主体的研究过程中，有四种具有代表性的观点。

　　（1）教师为主体，学生为客体。这种观点是立足教学中"教"的角度提出的，它提出的主要根据是：教师在教学中的地位是学生的指导者，因此他在师生关系中处于主导、引导的地位，是教学中的现实主体；学生在教学中的地位是教师的工作对象，是处于被引导的地位，是教学中的现实客体，也可称之为潜在主体。教育的作用是努力将潜在主体尽快转变为现实主体，经过教育的过程，当学生能够主动参与改造自然，主动设计各类社会实践活动时，他才会成为真正的现实主体，才具有了自我教育的功能。

在这种观点下，学生只是被动的客体，在某种意义上抹杀了学生的主观能动性。尽管持这种观点的研究者也在努力回避这种弊端，但是师生主客关系的定位决定了这种观点的格局。

（2）教师为主导，学生为主体。这种观点从学生和教师两个角色出发，更强调教师的引导作用，认为在教学中教师起主导作用具有客观的必然性和必要性，但教师的主导作用要与学生的主体地位相一致。[1]

这种观点的依据是对教学任务的理解。在实际的教育教学过程中，教学任务要充分考虑两个方面：第一个方面，教学就是要充分利用教师所创造和提供的优良学习环境与手段，使学生获得发展所需要的知识、智力、体力，还要培养学生具有良好的个性品质、道德素质等，这是我们不能否认的。因此，教学一定是在教师的指导下进行的。第二个方面，教学的效果取决于学生是否能够积极主动的认识和学习，如果学生缺乏主动性，教学任务必然无法进行，教学目标不能达成，所以学生的能动性也是非常重要的。因此在师生关系中，教师为主导，学生为主体。

（3）教师与学生同为主体，即师生双主体论。这种观点同样立足于教师和学生两个视角，更加强调教师与学生具有同等的重要作用，认为教学过程中的主体，不仅包括学生，而且包括教师，是双主体而不是单主体；就信息的传递和能力的培养提高来说，师生双方又互为客体，是双客体，而不是单客体。[2]

①段作章.课程改革与教学模式转变［J］.教育研究，2004（06）：67-71.
②程玮.解析我国师生关系的研究范式［J］.基础教育，2008（05）：50-53.

当然也有研究者提出，教师和学生无论从功能上还是特性上都应该是主体，而教学内容是客体。无论是哪一种观点，都更加强调学生在教育或教学过程中与教师同等的重要作用。

（4）超越主客关系论，即教师与学生对话论。这种观点主要是针对以上三种观点，认为，无论如何界定教师与学生的作用，前三种观点都没有脱离主体客体对立的二元思维模式。也就是说，前三种观点的共性是割裂了师生关系，将教师与学生放在对立的角度去看。这种观点认为，人与人之间的交往不能用单纯的主客体关系来界定，因为同样作为主体的教师与学生之间的关系是交互的，而不是对立的。在教育教学活动中，如果没有教师与学生之间的相互性，就不存在教育这个过程。因此教师与学生之间是对话的关系，任何一方缺席，都将失去教育本身的意义，双方都是具要独特意义的存在。

2. 主体性教育视角下师生关系的理解

我们可以看到，教育活动中师生关系的从"教师中心论"到"学生中心论"到"教师与学生对话论"。从主体性教育的视角出发，师生关系可以这样理解：

（1）在教育活动中，教师和学生都是主体，这是毋庸置疑的。

（2）教育教学活动中，教与学是两个不可分割的过程，教师与学生作为同一过程的两个主体，是对立统一的关系，既是互为主、客体的对立关系，也统一在服务于学生主体性提高这个目标下。因此，教师与学生既有对立，也有对话。

（3）在教育教学中，教师（教育主体）与学生（受教育主体），作为同一过程的两个主体，他们相互作用的效果最终是通过学生主体性的变化来体现与评估的。教的过程与学的过程其实质是一致的，都是最终使学生的主体地位不断地提高与发展，使学生从一个潜在主体成为能够适应社会、独立生存、具有一定的自主性与创造性的现实主体。

（4）在教育教学过程中，教师与学生的非智力因素都发挥着重要的作用。教师的情感、态度、价值观影响着学生主体性的发展，学生认知结构、情感意志等品质作用于自己，使自身的被动性、依赖性不断减弱，社会性、主体性逐渐增强，并稳定发展。

第二章

主体性心理健康教育

教育应符合社会发展的需要，二十一世纪，以知识为本的传统教育已经不适应知识经济社会的到来，知识在以"爆炸"的速度更新与淘汰，很多中学教师在升学率的重压下，依然用传统教育方式与学生"拼体力""拼时间"，忽略了现代学生的发展性特征，学生成了学习的机器，各种心理问题层出不穷：焦虑，厌学、自卑、人际交往敏感、敌对、情绪失调，甚至反社会的人格等等，困扰着学校管理者和一线教师，学校不得不面对一个全新的课题——适应时代发展需求开展心理健康教育，学校心理健康教育应遵循何种思想，如何多出人才、出好人才、出高素质全面发展的人才，当然这里蕴涵的一个理念是：学校培养出的人才就具有健康的心理、健全的人格。

第一节　实践背景：中学生主体性教育的实践

现代教育的功能是：学会知识、学会学习、学会生存。学会知识、学会学习是实现学生终身学习的基础，学会生存则是适应社会的必要条件。传统教育往往通过"改造"学生服从社会规范来实现学会生存的目标，传统的心理健康教育通过"矫治"使出现心理问题的学生走出困惑。这种理念与实践形式已经不适应时代的要求，现代意义上的心理健康教育则需要学校从学生个体出发，通过发展个体的主动性和能动性，实现个体自身价值以保证社会生存，即心理健康教育以个体主动适应学习、适应社会为主要功能，将人的认知发展、个性发展、人格完善作为主要任务。因此中学生主体性教育成为心理健康教育的主导思想，培养学生主动性的主体性教育的实践是主体性心理健康教育能够实施的主要背景条件。

一、中学生主体性教育实践的现状

关注学生的发展，注重人主体性的弘扬是世界各国教育现代化的根本特征，即时代发展呼唤人的主体性，教育发展需要培养人的主体性，主体性教育成为基础教育发展的主旋律。但是在实际的教育工作中，人们对主体性教育还存在诸多模糊的认识与困惑，表现出几种样态：第一类，学校或教育者忽视学生主体性的培养，在学生管理中，存在强制教育，教师动辄训斥学生，不允许学生挑战教师的权威，压抑学生个性和独立品格的发展。在学校的课程设置方面，课程结构单一，重知识类课程，轻活动类课程，忽视一些隐形课程的作用。学生的兴趣、特长得不到应有的发展。第二类，部分教育工作者对主体性教育思想并不完全认同，认为在学生实施主体性教育与学生中考、高考之间存在不可调和的矛盾，似乎实施了主体性教育就会影响到学生的学业成绩，因此不愿意去主动探索、研究与实践。因此，体现在教学方法上，教师通常采用"满堂灌"的方法，教师主动讲，学生被动听，教师完成课程预设内容就认为学生已经全盘接受，而且在教学中，只注重知识传授，忽视学生兴趣的培养和自主学习能力的养成，对于学生的创造性意识及创造力的培养少之又少。在教育教学评价方面，以分数作为衡量学生的唯一标准，这样的教育方式并不适合国家对于多元人才的需求。第三类，还有一部分学校或教育者是赞同主体性教育的思想的，但是在将主体性教育的思想付诸实践，却更多地强调教学过程中对于学生主体性的培养，强调学科学习中学生主体性的培养，强调要关注学生学习的兴趣与需求，关注学生的接受能力，让学生主动思考、积极应对。但是这种思想仅仅限于学习中，在学生管理方面依然坚持教师的绝对权威，忽略学生自我管理、自我教育、自我评价、自我意识、独立人格等方面的培养。

随着社会的发展和人们认知水平的提高，越来越多的教育者开始关注主体性教育，但是由于主体性教育理论还不是十分完善，内容还不是十分丰富，加之教育者对主体性教育的理论的认识还不够准确、深刻，在实施的过程中也不够全面，因此主体性教育在基础教育领域"声音大，雨点小"，还有很多工作需要教育工作者去研究、去实践。

二、主体性教育是推进素质教育的关键

教育改革与发展都是与时代发展的脉络息息相关的，与国际教育的发展趋势不断呼应，更体现国家未来教育改革的趋势与目标。

1977 年，国家全面恢复高考制度，在几十年的高考制度推进与改革的过程中，每一次革新都是与时代的需求紧密相连。但是我们看到，在高考制度逐步完善的同时，也伴随着一些负面效应的出现，最突出的表现就是学校片面追求升学率，家长过分关注学生的学业成绩，唯分数论越来越明显，应试教育的局面逐步形成，绝大多数学生为了升学，成为"容器"，被动地接受教师传授的知识，学生在学习过程中也会出现死记硬背、不求甚解的现象；为了应对高考，部分学校，甚至是一些地方的名校也会出现以机械的、重复性的训练代替学生的主动思考。在这样的教育生态下，学生的思维僵化刻板，盲从教师的权威，过分循规蹈矩，缺乏创造性与想象力。学校教育培养的很多学生，自主意识下降，缺乏主体精神，不能形成独立人格，即学生的主体性受到压抑，出现了"反主体教育"现象。这对中国的基础教育发展是极为不利的。

二十世纪八十年代后期，国家在以往教育改革的基础上，针对应试教育逐渐明显的现象，明确提出了素质教育思想，并在中小学逐步实施，这是我国基础教育改革和发展道路上的重要里程碑。1985 年 5 月 27 日颁布的《中共中央关于教育体制改革的决定》文件中指出："在整个教育体制改革的过程中，必须牢牢记住改革的根本目的是提高民族素质，多出人才，出好人才。"1993 年 2 月，国家公布《中国教育改革和发展纲要》。党的十六大也指出，要"全面贯彻党的教育方针，坚持教育为社会主义现代化建设服务，为人民服务，与生产劳动和社会实践相结合，培养德智体美全面发展的社会主义建设者和接班人。坚持教育创新，深化教育改革，优化教育结构，合理配置教育资源，提高教育质量和管理水平，全面推进素质教育，造就数以亿计的高素质劳动者、数以千万计的专门人才和大批拔尖创新人才"。

素质教育，作为一种教育理论和教育思想，是伴随着人类教育进入现代化阶段而产生和发展起来的。素质教育实施的要义是以人为本。因此素质教育的实施与主体性教育的推进是相辅相成的。

1. 素质教育的出发点是培养人的主体性

素质教育是以提高受教育者多方面素质为目标教育，按照社会发展的需求，遵循教育发展规律，在学校教育允许的条件下，尽力使受教育者的潜能得到开发，使其身心得到全面发展的教育。从素质教育的内涵可见，其实质就是使每个受教育者都能得到全面而主动的发展，促进每个受教育者的个性品质的提升，其出发点就是培养人的主体性。

素质教育的实质体现在三个方面：第一，发展受教育者的个性。发展学生的个性，从表层看就是要在教育教学中因材施教，不能用一个固定的模式去教育全体学生，更不能束缚学生发展。从深层看，学生个性发展的核心特征是创造性，在教育中没有创造性的培养是不可能使学生的个性真正得到发展的。第二，面向全体学生。素质教育是对全体学生的发展负责，面向全体学生，五育并举，让学生在德、智、体、美、劳等方面都能够得到发展。第三，让学生主动发展。积极思考、主动实践是素质教育的要求。

素质教育培养的对象是人，现代社会中，人的基本特征就是主体性，表现出具有自立、自尊、自律、自强的品质，高度觉醒的自我意识，以及对自己的人生价值的明晰认知。素质教育思想发端于中小学中普遍存在的应试教育倾向，但是素质教育工作的切入点是人的本质属性的培养与弘扬，即人的主体性的培育。通过全面而系统的教育，使每个学生的个性得到充分而和谐的发展，满足国家与社会发展所需要的主动性、探索性与创造性。

学生的素质是教育的基础，也是教育的条件，不同阶段的教育由于其对象的素质不同，素质教育的内涵是有差异的，例如基础教育阶段的素质教育与大学阶段的素质教育其内涵与目标还是不同的，但是无论是哪个阶段的素质教育，都关注人的全面发展，尊重人的个性、肯定人的价值，这是共通的，这种教育就是主体性教育。因此，素质教育的思想与行动是我国教育在教育思想与教育改革方面的又一次重要突破，是全面贯彻教育方针的又一次质的飞跃，而培养人的主体性既是素质教育的出发点，也是素质教育的目标。

2.素质教育的核心内涵是培育人的创新意识与创新精神，是主体性教育的最高表现形式

素质教育理论的构建与素质教育实践的探索，都是建立在对未来社会的进步和经济发展的科学预测上，因此素质教育是以未来人才标

准为依据，以培养面向未来社会的人才为目标的教育模式，而创新在未来社会发展中无疑是最重要的，因此，无论从何种意义上来讲，素质教育的核心内涵都是创新精神与创造能力。当然，我们这里所说的创新精神与创造能力既包含科技领域的知识创新，也包括社会发展过程中的文化创新。知识创新是科技与经济发展的标志性成果，而在国家经济发展与改革实践中的现代文明创新则是一个社会的底蕴。创新精神是民族振兴的灵魂，是社会发展的希望，培养创新型人才是素质教育的核心目标。创新意识与创新精神文明离不开人的主体性发挥，是人积极主动探索世界的最高境界，也是人主体性的最高表现形式。

因此实施素质教育也可以理解为，充分发挥主体性教育的作用，培养具有创新意识和创新精神的高素质全面发展的人才。素质教育是我国跨世纪的民族发展的教育工程，我们必须在全面理解素质教育内涵的基础上，突出主体性教育，才能使我国的经济发展进入一个新的高度，使我国在未来的综合国力竞争中处于不败之地。

三、中学生主体性教育实践的目标及主要内容

在中学实施主体性教育要着眼于二个目标，一个是近期目标，一个是远期目标。近期目标是使每一个学生都成为学校教育教学活动的主体，成为自我发展的主体，具有自我管理、自我教育和自主完善的能力。短期目标的实现需要教师和学生双方共同的努力，教师要充分发挥其主体性，通过教育教学等活动引导学生找到增强主体意识、发展主体能力的最佳实践路径；学生要认识到其主体能力，并有意识地通过实践活动自主培育并发展。远期目标就是为社会培养具有主动性与创造性的成员，使每一个学生都成为未来社会活动的主体，成为社会实践的改造者和人类文明的创造者。

为了实现以上两个目标，在中学实施主体性教育可以从以下三个方面入手：

1.唤醒、增加学生的主体意识

观念决定方向、意识决定行为。学生的主体意识，是指作为认识

和实践活动主体的学生对于自身的主体地位、主体能力和主体价值的一种自觉意识，是学生主体自主性、能动性和创造性的观念表现。

如果学生没有主体意识，就意味着学生不会主动去参与自身的发展，更不会能动地去认识世界，参与社会实践。所以在中学实施主体性教育首先需要唤醒学生的主体意识，这是开展主体性教育的不可或缺的先决条件，是学校一切教育工作的基础，只有唤醒学生的主体意识，学生才具有自主发展的开端。

当学生的主体意识是觉醒状态的，教育工作的开展才会具有实效，教育者才能在理性评估学生主体意识强弱的基础上有针对性地开展工作，提高学生的主体性发展水平。

学生主体意识的发展与主体性的发展是成正比的关系，学生主体意识越强，他们在学习活动中自觉性就越大，参与自身发展的意识也越强，能够在学校组织的教育教学中自主思考、科学地认识与评估自身的能力水平、调整与完善自身的知识结构，并努力寻找有利于自身发展的心理状态以及行为方式。学生主体意识越强，他们在学习与社会活动中对自我发展的要求就越高，发展的内驱力就越大，自我控制能力就越强，对自身发展的责任感就越清晰，坚持性也就越好。因此，唤醒与增强学生的主体意识是中学实施主体性教育的基础工作。

2. 培养、发展学生的主体能力

对中学生而言，要使个体成为实践活动和自身发展的现实主体，要使个体的主体性能够获得充分发展，具有主体意识是先决条件，但是仅仅具有主体意识是完全不够的，还需要有相应的能力与之相适应，即学生要获得主体能力。主体能力是指学生作为主体能动地驾驭外部世界对其才能实际发展的推动作用，从而使自身主体性得以不断发展的能力。主体能力的形成有赖于学生在教师的引导下积极主动地去汲取已有的文化知识与经验，有赖于学生将知识主动地应用于实践并内化为自己经验的一部分。学生主体性能力的形成是一个知识、实践、反思（内化）、形成新知识、再实践的过程，在这个过程中，主体能力不断提高。学生具有较高的主体能力水平，才能利用已有的外部条件去发展个体自身，从而逐渐发展自己的主体性；如果学生的主体能力水平较低，在利用外部条件发展自我时就会产生无力感、挫折感，无法真正成为实践活动的主体，更不会主动发展自身。

3. 塑造、完善学生的主体人格

影响学生主体性发展的因素有两个方面，一方面是理性因素范畴，例如加强学生的主体意识的培养，提高学生的主体能力，这是主体性发展中的理性因素。另一个是非理性因素范畴，例如人的情感、意志、信念、直觉等等，我们可以统称为主体人格。在主体性发展的实践中，理性因素决定着学生在认识与实践活动中可能采取的行为方式，影响着认识与实践活动的深度与广度，也决定着主体性发展的效果。非理性因素则在学生的认识与实践活动中一直起着调节与中介的作用，为学生主体性的发展提供动力与心理支持，决定着学生主体实践活动中的主观体验，是幸福地参与着自身的发展，体验着主体发展带来的快乐与满足，还是痛苦地完成自身设定的任务，体验着主体发展过程中的艰辛、苦痛与无奈。因此在某种程度上也决定着主体性发展的最终效果。因此，学生的非理性因素是主体性发展的调节剂和催化剂，是激发、推动主体性发展的重要因素。主体即使具有清晰的主体意识，强大的主体能力，如果没有非理性的主体人格与之相适应，学生的主体很难发挥出来。

因此，中学生主体性教育的实践证明，非理性因素的发展也是学生主体性教育非常重要的一部分内容，没有主体性人格，学生的主体性是不全面的。这就要求我们在主体性教育的实践中关注学生主体人格的塑造与完善，更需要教育者创设一种民主、轻松的教育氛围，设计一种系统、科学的课程体系，使学生在学习知识、培养能力的过程中，获得独立、完善的主体人格。这是主体性教育的重点，也是现代学校教育中的盲点。

主体性心理健康教育的提出就是从主体性教育实践的这个点出发，以培养学生主体人格为目标，服务于学生主体性发展。

第二节 理论支撑：积极心理学理念

积极心理学强调对积极心理品质的关注，强调以乐观、向上、积极的观点来诠释心理现象并引导自我成长。20世纪末，由美国心理学家塞里格曼教授所提出的积极心理学理念在整个心理学领域引发了一场革命，对世界各地的教育都产生了深远的影响。[①]我国高校及中小学的心理健康教育工作也顺应这一潮流，开始进行系统的研究。积极心理学理念是主体性心理健康教育的理论支撑。

一、积极心理学的内涵与主要观点

目前为止，对于积极心理学的内涵并没有明确的、统一的界定，谢尔顿和劳拉提出，"积极心理学是一门研究人类内在发展潜能和心灵美德等积极方面的综合性专业学科"。[②]北京师范大学刘翔平认为，"心理健康教育不仅仅关注人的弱点和错误，而是关注和建设人的优势与正面的力量"。作为我国第一位积极心理健康教育理念的倡导者，孟万金提出了创建积极心理教育模式的观点。[③]

积极心理学倡导的是以一种积极向上的观念来分析心理现象，思考心理问题。这种积极的心理模式是为了激发人们产生更积极的心理效应，培养人具有高尚的品德情操，让人们快乐生活。在学校教育中，积极心理学的目标是挖掘学生的心理潜力，引导其具有积极的情感体验和行为方式，从而培养学生积极的心理品质，促进学生的心理全面

---

① Martin E.P. Seligman. & Csikszentmihalyi M. Positive Psychology: An introduction, American Psychologist, 2000（1）.

② 代俭英. 积极心理学的积极色彩及应用［J］. 科技资讯, 2010（8）.

③ 孟万金. 积极心理健康教育［M］. 北京：中国轻工业出版社, 2008.

而和谐地发展。

积极心理学的主要观点有：

1. 积极的情绪体验

情绪体验是指人对外界各种刺激以情绪的方式表现出来的一种心理反应。积极心理学将积极情绪体验分为两种，分别是感官愉悦和心理享受。积极情绪体验对积极人格的形成有着重要的影响，当一个人在实践活动中体验到更多的积极情绪，由于更高的心理享受的需求，个体也会对自己有更高的要求，这些需求与要求不是外界强加的，而是自主地来自于个体内部，因此可以促进积极人格特征的形成。

由于积极情绪体验是多元的，描述情绪体验的文字也是多种多样且丰富异常的。根据艾夫里尔的研究，积极情绪体验应该可以达到上百种。但在近些年的研究中发现，有一种最综合的、最复杂的、最核心的积极情绪体验，就是主观幸福感。主观幸福感是指主体主观上对自己已有的生活状态恰是自己心目中理想的生活状态的一种肯定的态度和感受。①主观幸福感是积极心理学研究的立足点，它强调无论是回忆过去还是感受当下以及展望未来，我们更应该强调满意对待。

2. 积极的人格特质

积极心理学对人格的研究，不仅仅停留在个体人格差异的描述上，也不只是对各种人格问题的分析与纠正，而是唤起人类对自身积极力量的关注，以及如何利用人性中的积极力量形成个体积极的态度，激发个体积极的行为，最终形成积极的人格特质。

积极心理学对于人格特质的形成的主要观点体现在：一是通过培养爱学习、创造力、正直和感激等 24 条性格类积极力量来获得良好品德；②二是强调人格形成过程中交互作用，主要包括内在因素、外部行为和社会文化环境三者的作用，也包含积极情绪体验对于积极人格形

①张懿.大学生主观幸福感的实证研究［J］.教育学术月刊，2010（01）：16-20.

②任俊.积极心理学思想的理论研究［D］.南京师范大学，2006.

成的中介作用。三是重视人的能力和潜力在人格形成中的巨大作用。

3. 积极的组织系统

对于学生而言，积极心理学强调两个系统的构建，一是个体发展所需要的社会外部系统，包括家庭、学校以及所生活的社区，和谐的家庭、友善的社区和充满激励的学校环境给学生的发展提供了温馨的学习与生活场所，也是学生个体产生积极的情绪与情感体验的直接来源，是积极人格形成的重要支持力量。第二个系统是个体发展所需要的内部心理环境，这与第一个系统是密切相关的，外部环境是内部环境的基础。学生内部心理环境的营造需要学校与家庭具有更深入、更细致的工作，是一项专门的工作，需要系统的规划与设计，这是现在学校的重要工作之一，也是我国家庭教育缺失的部分。

二、积极心理学理念下高中心理健康教育的目标

积极心理学的研究表明，一个具有积极心理品质的人具有更强的自我意识，能够表现出更明显的主动性与持久性，在学习及生活中体现出更强烈的满足感、幸福感及自我价值实现感。一个具有积极心理品质的人具有三个特征：可以更主动、自觉地提升自我主观幸福感的水平；在学习、工作中，经常获得更明显的效率或提升效果；对自我心理健康教育状况具有更明晰的预防与保护意识。

积极心理学是与消极心理学相对应而提出的，由于传统主流心理学所体现出来的弊端而被积极心理学派称为消极心理学。传统心理学过分注重矫治，逐渐偏离让每个有生命的个体过得更有意义的心理学初衷。在传统心理学的影响下，高中心理健康教育工作过多关注问题、疾病、人格障碍、暴力等等，而忽略了心理学所具有激发热情、挖掘潜能，让人变得更乐观的本质功能。消极心理学与积极心理学对于乐观与快乐的理解是不同的，消极心理学认为，只要解决、移除人们的痛苦、焦虑、忧郁和愤怒，就可以让人们变得更快乐。积极心理学则认为，如何帮助摆脱问题与悲惨，跟如何帮助别人变得更快乐是完全不同的概念，即使帮助人们不再痛苦，其幸福指数也只是从负数回到零点。积极心理学认为，借助心理学更需要做到的是如何让人变得更快乐、生活得更有意义，我们的幸福指数需要在一个正数值的基础上提高。

因此，积极心理学是对以心理问题导向及心理矫治为主的传统心理学的修正与补充，积极心理学从关注咨询与治疗转向关注预防与自我完善，从关注部分具有心理问题的学生转向关心全体学生如何获得积极情绪体验与积极社会行为。高中心理健康教育的目标是让所有的学生具有优秀的心理品质、美好的心灵以及适应社会的能力，引导学生不仅仅关注人的不足与缺点，更应该关注人的正念与优点，培养高中生能够发现别人的优势与自身的潜能，能够在完善自我的同时关怀与帮助其他同学的成长与发展，使高中生获得更多的幸福感，具有更强烈的价值感。

弗莱特等人的研究指出，一个积极的个性特性是能够通过后天学习来养成的，一个人积极的心理品质会随外界因素的变化而变化，这为学校的心理健康教育工作提供了可借鉴的依据。

第三节　主体性心理健康教育的内涵

主体性教育是引导受教育者从可能主体成为现实主体，主体性教育包括主体意识的觉醒、主体能力的提升和主体人格的形成。心理健康教育是纯粹的"人"的教育，是关于人的自我认知和自我调节，心理健康教育工作的开展遵循人性的基本思想，即主体性教育的思想，更是主体人格形成的重要教育形式。

一、主体性心理健康教育内涵的界定

心理健康教育的人性观与主体性教育思想下的学生观是高度契合的。

主体性教育思想下的学生观认为：

1.学生是具有主体性的人，学生对教师的教育、教学具有选择性，在学习上具有独立性、主动性。

2.学生是发展中的人，在学校的教学中教学目标难易高低、教学内容多少与深浅、教学方法选择等都要根据学生身心发展水平来确定，教学应该促进人发展。

3.学生是具有潜能的人，教育应当把开发学生潜能作为核心任务。

心理健康教育的人性观同样确信，每个人都具有发展的潜能，每个人都有自我实现的愿望，每个人都有着崇高的理想自我，并为着这种理想自我的实现而奋斗。罗杰斯的人本主义心理观、阿德勒的个性心理都充分体现了以人为本的观点，也是现代新课程"以学生发展为本"的思想源头，这些都为主体性心理健康教育成为可能提供理论依据和实践的可能。

关于主体性心理健康教育的内涵，并没有明确的界定，根据主体性教育思想与实践，主体性心理健康教育应该是指在心理健康教育过程中，教师系统地开展教学或组织活动，引导学生充分发挥主体能动性，自觉学习心理健康教育的相关知识、自觉设计有利于心理成长的学生活动，逐步具有自主发现心理问题和解决心理问题的能力，从而实现完善人格、发展创造力的一种心理健康教育模式。

二、主体性教育思想下的心理健康教育实施关键

传统的心理健康教育以心理咨询与心理治疗为主体，学校设计的一些心理健康教育活动不是流于形式，就是教师立足于自身的单方面思考产物，活动不具备系统性，也并没有充分地发挥学生的主动性，一些学校的家长学校、心理健康活动变成外请专家的一言堂，学生没有发言权，专家和教师对学生的理解也仅仅基于理论的思考和主观的臆断，因此中学的心理健康教育如果要真正追求实效，主体性心理健康教育是必需的。那么主体性心理健康教育工作开展的过程中应考虑以下几个方面：

1.主体性心理健康教育不能仅停留于一种理念,仅仅作为一种形式,而应贯穿于学校心理健康教育活动的每一个环节

主体性心理健康教育是学校心理健康教育的一种理想状态,很多学校将它仅作为一种理念,在实际操作中,依然是以"堵"为主要途径,学生出现问题、班级出现问题才开始研究对策,才开始轰轰烈烈地开展活动,才申报科研项目,以解决问题为最终目标。真正的主体性心理健康教育应该面向全体学生,根据学生发展的身心规律设计工作的框架,并及时吸收学生参与其中,共同制定每一个具体活动的方案,明确每一个活动的目标、途径和预期的成效,这样的心理健康教育活动才会真正尊重学生主体。

我校针对不同年级学生的特点在开学初进行关于家长和学生的调研,根据科学的分析数据进行以学期为单位的工作设计,每一项活动的开展都是学生与教师共同的思考与规划,每一项活动的设计都充分尊重了学生意愿。

2.学校应设计与主体性心理健康教育相匹配的课程及教材

心理健康教育对象的差异性是非常大的,重点校与普通校、城市校与农村校、普通中学与职业学校等,尊重学校的差异,尊重学生的个体差异成为心理健康教育的重要原则,因此不同学校的心理健康教育工作重点应该是不同的,从科学上来讲,任何一所学校都有着与其他学校不同的特色,学生的心理发展氛围也是截然不同的,因此心理健康教育的课程应是个性化的,每所学校都应该开发属于自己学生的校本化的教材,这才是尊重学生主体、尊重校情的一种表现,也是真正的主体性心理健康教育。

3.学校心理健康教育的功能应坚持积极心理学导向,从矫治走向服务,范围也应从个性走向全体

毋庸置疑,自从教育部《关于加强中小学生心理健康教育的若干意见》及《中小学心理健康教育指导纲要》颁布以来,政府的重视和学生、家庭和学校的需求,心理健康教育工作倍受关注,但是它的功能依然

是对心理问题学生进行心理援助与疏导，这种功能的潜在含义是对需要心理服务的学生做出"有病假设"，这是对学生的不尊重，也违背现代对心理健康教育工作的诠释。

主体性心理健康教育工作的前提是"无病假设"，认为是为所有的学生服务的一种活动，是照顾每一个学生，为每一个学生的幸福、发展负责，这一思想既是积极心理学的思想，也为学生在社会中的积极发展提供了自信与力量。

4.应组织以学生为主体的丰富多彩的心理健康教育活动

无论是心理健康教育工作的开展，还是心理辅导效果的达成，自愿是非常重要的一个原则，那么判断是否为主体性心理健康教育活动，学生的自愿参与也是非常重要的一个标准。学生只有自愿参与，才是真正发挥了其主动性、能动性和创造性，才会达到教育的效果。

学生是主体，意味着学生是心理健康教育活动的主要设计者与参与者，学生参与活动是一种特殊的心理体验，是一种走入心灵的体验。当学生自编、自导、自演的心理剧在家长学校反复展演，学生在感动家长的同时，也感动着自己，反思着自己的行为，这种主体性教育活动的效果是其他任何活动难以替代的。学生自己主办心理刊物和心理报纸的同时，也是一种深度的心理健康教育活动，学生选择并与他人共享心理影片的同时，更是一种心灵的筛选与解析。

心理健康是全社会共同关注的一个话题，主体性心理健康教育是一种崭新的形式，只有内容与实质一致，才会保持其主体性特征，才会真正实现教育人、发展人的功能。

第四节　中学主体性心理健康教育的体系建构

心理健康教育是心理学的一个分支，在我国起步较晚，但是随着社会的不断发展与进步，逐渐为国家所重视，为人们所关注。1999 年，国家首次颁发了《关于加强中小学心理健康教育若干意见》，明确表态，要求各级各类学校重视并推进心理健康教育工作。2002 年，国家教育部继续颁发重要文件——《中小学心理健康教育指导纲要》。2012 年，公布《中小学心理健康教育指导纲要》修订稿，对心理健康教育工作进行了细化的指导与部署，明确了各学段积极心理健康教育实施的主要内容、推进的重要途径。

在国家大背景下，在学校实际工作中，中学生心理素质影响着学生的学业自我的形成与学业成绩的提高，因此中学心理健康教育成为学校的重点工作之一。下面以作者所在东北师范大学附属中学为例，系统地阐述一下学校建构的主体性心理健康教育体系。东北师范大学附属中学（以下简称东北师大附中）是全国首批示范性高中，是吉林省首批办好的重点中学，包含初中部和高中部，是百姓关注的学校，所以学校更加重视学生心理发展工作。学校的心理健康教育工作走过了两个阶段，第一个阶段是主体性心理健康教育形成阶段；第二个阶段是主体性心理健康教育系统构建与实施阶段。

一、主体性心理健康教育形成阶段

从 1993 年开始，东北师大附中开始系统地开设心理健康教育课程，系统构建学校心理健康教育的系统工程，逐渐确定学校心理健康教育工作以关注学生的自主发展为目标，以个人适应学习、适应社会为主要功能，将学生的认知发展、个性发展、人格完善作为主要任务，提出了主体性心理健康教育的工作特色。

学校心理健康教育的主体性特色主要表现在以下三个方面：

1.学生具有强烈的自主发展意识

心理健康教育的人性观认为：人都具有潜能，每个人都有自我实现的愿望，每个人都有自主发展的意识。基于这样的思考，学校创设各种心理环境，使学生在潜移默化中受到影响，激发学生自主发展的意识，使之成为自觉的行动，发挥"润物细无声"的功效，学校以心理协会为载体，充分发挥学生自我完善的主动性。2007 年开始，学校就面向全体学生招募对心理健康教育有着浓厚兴趣、具备相关素质的学生骨干分子成立东北师大附中心理协会，至今已有十二年，每年都有 100 人左右成为心理协会的成员。学校以心理协会为核心开展了一系列活动，以点带面建立学生层面的心理互助机制，在专业心理辅导教师和聘请的大学心理学专家的指导下，开展广泛的心理互助活动，更具实效地解决学生存在的共性的心理问题。

2. 家长具有明晰的主动协作意识

家庭对孩子的影响不仅具有启蒙性、情感性，更具有终身性、全面性的特点。但是，社会发展的实际是家长对学生的心理健康教育认识是一个盲点。为消除盲点，东北师大附中通过开设家长学校，建立学校和家庭心理健康教育沟通渠道，联系学生的心理实际，向家长介绍心理健康教育的意义、学生心理健康标准以及维护学生心理健康的方法等，并且与家长密切联系，共同研究、商讨、解决学生成长中的问题。学校以年级为单位，每学期组织 3—4 次大型家长培训活动或亲子沟通活动，使家长和学校在具体的问题中共同寻找有助于孩子成长的途径。现在学校已经形成一种家长主动参与，积极与学校沟通，以理智、科学的操作方式与学校共同解决孩子心理问题的局面。

3. 教师具有明确的自主研究意识

教师在学生成长中起着导师的作用。一名优秀的教师应该是学生心理健康成长的楷模和启迪者，应具有主动研究的意识。基于这样的认识，我校通过各种途径引导教师加强自主研究，通过研究使教师成为学生的心理保健医生。鼓励教师以科研带动管理，鼓励教师承担微型课题，研究学生中存在的共性的心理问题，在理论指导下完成学生的心理培养工作。

二、积极心理学理念指导下的系统构建

在中学，传统的心理健康教育有三个层级的目标：第一个层级的目标是以预防为主，工作的群体是各年段全体学生，以学生心理素质的培养和个体心理潜能的开发为主要工作目标。第二个层级的目标是以引导与解决为主，主要是帮助学生应对出现的心理问题。其主要任务是了解学生心理现状、分析学生的心理特征，对学生出现的问题心理和问题行为进行咨询与疏导。第三个层级的目标以诊评、治疗为主，通过科学的治疗方法和辅助技术，对有心理疾病的学生个体进行心理学上或医学上的诊断，同时提出可行的治疗方案与辅助治疗方案。

依据教育研究学者孟万金的观点，在中学开展积极的心理健康教育，其本质意义是强化第一层级的目标，通过各种教育策略引导学生具有积极品质，形成积极心理，中学心理健康教育工作的任务是预防，而非应对已经出现的心理问题。

东北师大附中的心理健康教育工作在传承的基础上，在积极心理思想的引领下，建构了"三三四五"的主体性心理健康教育工作体系。

1. 坚持三个基本原则

（1）观念先行，关注高中生积极心理品质的原则

在心理体系的构建中，注重正面引导学生关注自己的发展潜能，关注自己固有的积极力量，有意识地引导学生提高面对挫折的能力、培养积极的情绪和情感体验，从而培养个体具有积极的心理品质。

（2）兼顾全体，提高全体高中生心理素质的原则

心理健康教育工作关注的是高中生的全体，而不是部分有问题的学生，是充分发挥教师、学生及家长这三个群体的力量，是为所有学生提供心理健康服务，是让所有的学生都能提高自己的主观幸福感指数，并能够在学校及未来的社会中传播正能量。

（3）突破重点，促进特殊群体人格完善的原则

高中生中的特殊群体是指生理上有缺陷、心理上有问题、成绩特殊、家庭结构特殊等的学生。这些群体由于成长与生活环境的因素影响，有着与其他同学不一样的心理特征与人格特点，关注这些群体，给予适度的心理支持，能促进学生人格完善和内心和谐。

2. 明晰三级工作目标

东北师大附中将心理健康教育工作目标定位为预防为主。同时将

预防的目标细分为三个层级，第一个层级是适应性目标；第二个层级是发展性目标；第三个层级是提升性目标。

适应性目标是学校心理健康教育工作的基础目标，引导学生关注自我心理健康，及时进行自我健康评估，并具有持续的心理健康自我维护的意识，从而增强学生在学习与生活中的适应性，使学生能够很快融入于复杂的生活情境中，提升自我认知能力。

发展性目标是学校心理健康教育工作的中间目标，是让学生学会自我保护心理健康的同时，形成稳定的心理品质，具有积极面对学习的动力和面对生活的热情，加强面对世界的主观能动性。

提升性目标是学校心理健康教育工作的高级目标，是让学生在自身健康发展的同时，促进学生个性的最优发展，拥有健康的人格，自信自立，激发内在潜能，并学会利用自身潜能，体验幸福感。

3. 明确四个实现途径

中学心理健康教育体系的运行与实现需要多种力量的配合，要充分利用各方面的资源和优势，使中学生个体潜力得到挖掘，才能使个性得到体现与张扬，逐步形成积极心理品质。东北师大附中的积极心理教育实现途径主要包括以下四个方面：学校规划、专家引领、个体努力、家庭配合。

（1）学校规划，和谐校园助力学生心理发展

在中学的心理健康教育体系中，学校的设计与学校文化的作用是至关重要的。因此，学校努力为学生创设了积极和谐的心理文化环境，主要包括课程体系的建构、专业教师的配备、心理活动的开展、文化氛围的营造。

学校从高一到高三均开设了系统的心理健康教育课程，配备了四名专业的心理健康教师，这些教师的本科、硕士及博士学习均为心理学专业，保证了指导的科学性。每年的心理健康活动周及活动月为学生心理完善提供了尊重、真诚、共情以及接纳的文化氛围，学生在这样的心理环境下，主动审视自我、客观评价自我、积极完善自我、努力调整自我，其主体性得到了充分的发挥。

（2）专家引领，科学规范保障学生心理指导工作质量

学生的心理发展遵循客观规律，学生心理健康教育体系运行的质量与工作的科学性密切相关。如果失去了科学理论的支撑，一切工作都将失去意义，甚至起到负面作用。因此学校在强化教师队伍专业性的同时，积极引进大学的专家力量，保障每一项工作科学、高效。东北师大附中心理健康教育方面的专家引领作用主要体现在以下几个方面：与东北师范大学应用心理学专家共同设计三年的常规课程、与东北师范大学和吉林大学的专家共同规划主题团体辅导与咨询类课程、邀请发展心理学专家对学校开展的心理活动进行科学论证与指导、邀请省内外专家培训班主任队伍与全校学科教师、邀请省内外心理学专家及教育专家培训家长群体等等，使东北师大附中的心理健康教育工作一直在先进的心理工作理念指导下、在科学的心理学方法的引领下开展，保证了工作质量。

（3）自主调节，主观意愿引领学生挖掘自身潜能

积极心理健康体系中最核心的部分是学生个体的努力与心理成长，因此提高学生的自我教育能力是学校的工作重点。学校在积极心理文化氛围的基础上设计了系统的自我调节课程，包括建立积极自我意识、提高自我控制能力、培养学生意志力、掌握自我调适技术，分别在高一至高三阶段开设，使学生能够从容地、自主地面对学习与生活中的压力。进行合理的自我分析、自我评价和自我管理，挖掘学生自身的心理潜能，调节学生自身的情绪与情感，使学生形成乐观积极的心理状态和向上阳光的生活态度。同时，学校分别在初中部和高中部成立了学生心理社团，用一部分学生引领整体学生的心理成长，在校内发出共同成长的声音，营造了全体学生心理成长的环境。

（4）家校合作，温馨环境促进学生健康发展

家庭教育对学生的心理成长作用至关重要，家庭对青少年的个性成长与社会成长更是起到决定性作用，家长固有的理念以及言行都是孩子心理发展的重要影响因素。因此家长在孩子成长中持有的教育理念是学校关注的重点，转变家长的教育理念，改变家长过于功利化的

倾向和只重分数不重成长的错误观念，引导家长注重孩子心理品质及人格特征的培养，让孩子在学习与生活中拥有积极的态度、良好的习惯，培养其多元的智能，尤其提高人际交往、语言沟通等能力，培养其具有耐挫折的意志品质和面对困难时的韧性。学校成立家长学校，并定期开展家长培训系统课程，分别于高一到高三开设针对性的辅导课程。

4.确定工作体系的五个维度

我校积极心理健康教育工作体系从课程教学、学生活动、咨询干预、团体辅导、协同育人等五个维度入手，建立了五个子系统，最终实现培养学生积极品质和健康心理的目标。

（1）课程教学系统

以积极心理学的相关理论为指导，强调课堂教学的主渠道作用，通过丰富的课程内容、合适的教学方法提高心理健康教育课堂教学的实效，成为高中心理学知识传播、交流与分享的主渠道。我校课程教学系统的建设主要包括必修课程和校本课程的教学实施。必修课程的开设贯穿学生初中三年和高中三年共六年的学习生活，每个学段课程的教学内容贴进学生的身心成长规律，以学生的问题为导向，以提高学生自主发现问题与解决问题能力为目标，在教学过程中关注学生的积极体验、主观幸福感和心理满足感。心理健康教育的教学方法与其他课堂不同，课堂以学生为主体，充分调动学生的能动性和积极性，以体验式教学和感悟式教学为主要方式。从 2003 年开始，在开设常规课程的基础上，学校还开设了"经典心理案例分析""心理剧""心理学各流派对生活的影响""实用心理咨询技术在生活中的应用""社会心理学中的经典现象"等校本课程，每年选课人数有 200 多人，有针对性地引导学生对心理学进行深入的学习与实践。2009 年，出版了具有东北师大附中特色的校本教材《成长导航》。

（2）学生活动系统

学生活动系统主要是以朋辈辅导的思想为指导，通过学生心理活动的开展让学生之间的互帮互助成为常态。学生活动系统主要以高中"绘心"社团和初中"阳光"社团为载体，以班级心理委员（心理科代表）

和学生心理志愿者为主力军建立的学生自我教育、自我调节、自我辅导的活动系统。

学生活动分两个层级。从学校层面出发，设立心理健康教育活动月（周），学生在这个固定的时间段学习心理学知识、开展心理活动、转变心理观念、提高完善意识，活动的组织相对灵活，主要根据学生的需求和时代发展的特征进行设计与实施。从心理社团层面出发，主要包括调查、实验、培训、演讲四种活动。例如东北师大附中每年十一月十一号都会有学生共唱《单身情歌》，已经持续十年，在国内产生了一定的影响，社团的学生会针对此现象展开心理学调查；例如每年新生入学，社团的学生都会对新生从众现象进行实验研究，从而发现新生适应的最好途径，还有对"双十一"购物现象的心理分析、学生消费心理的分析等等；培训活动是学生之间互相进行，每位同学都是一个主题的主讲者，以此交换拥有的心理学知识和深刻的心理感悟；演讲是学生就某方向心理学的知识或某种现象进行深度研究，并提出自己的意见与建议；以社团为主体开展的学生活动是朋辈互助的有效手段。

（3）咨询干预系统

咨询干预系统的建立与运行由学校专职心理教师完成，是面向主动向心理教师寻求帮助的学生群体的，让心理老师以专业的心理学知识和技能解决学生正在面临的心理困扰。学校开设系统的心理健康教育课程使学生能够时时检视自己，并且发现自己的内心需求。当学生意识到自己的心理发展需求时，咨询辅导就成为促进学生自我成长的重要方式之一。在积极心理学思想的指导下，学校的心理咨询与干预过程中主要依据积极心理学和人本主义心理学的相关技术与理论，在咨询的过程中以建立真诚、信任的师生关系为基础，以教师引导下的学生自主调节、发挥自身优势并开发个体潜能为主要方法，最终使学生形成积极品质和完善人格。对于不适合在学校中进行咨询与干预的案例我们会及时向家长推荐最佳的治疗途径，不延误学生外出就诊的最佳时机，学校每个学段每年的咨询总量保持在1000人次以上。同时，学校建立心理危机转介机制。学校的学生管理部门对特殊学生进行备案，对其心理健康状况进行跟踪，与专业的心理教师、心理医生共同完成孩子的心理成长工作。对于一些学校力量无法解决的心理问题或疾病，学校会及时与专业医院沟通，保证学生全程得到及时的帮助与有效干预。心理工作同盟的建立是咨询干预系统的主要特色，在心理工作同盟中，来访学生和心理教师是平等对话的关系。

（4）团体辅导系统

学生在成长的过程中遇到的问题具有一定的共性。例如高一出现的学习适应不良、人际交往等问题；高二出现的早恋、未来规划的迷茫、逐渐增加的考试焦虑等问题；高三出现的面向高原现象的焦虑、由升学目标不当而引发的焦虑与强迫等问题。针对学生共同出现的心理困扰和心理问题，东北师大附中设立了团体辅导系统，这个系统操作为两种模式，一种是全员的团体辅导，例如高中部在每年的五月份组织的应对学习焦虑的团体辅导，已经运行多年，方案反复修改，逐渐成熟，对于缓解高三学生的考前焦虑发挥着重要的作用，也成为东北师大附中操场一道亮丽的风景线；另一种模式是对具有共性问题的学生组成的临时团队进行辅导与帮助。例如考前由于父母干涉不当而产生的亲子矛盾问题、由于初高中知识与思维的变化而带来的厌学问题等，一般要经过三至五次的辅导课程解决问题。我校开展的团体辅导系统比较灵活多样，不仅有心理教师和学生的参与，有时也会邀请其他学科的教师，甚至是家长共同完成学生的心理辅导工作。在团体辅导系统中，坚持心理团队工作同盟的观点，以焦点问题解决取向为主要模式，团体辅导中，不刻意挖掘学生心理问题产生的原因，而是将目光放在未来，放在问题解决的思路上，激发学生团体积极面对心理困扰，注重引导学生用正能量解决问题。

5. 协同育人系统

协同育人系统是将德育工作与心理健康教育工作进行融合，心理健康教育是德育的重要组成部分，心理健康教育的开展使德育工作内容更丰富，也使德育工作实效更明显。协同育人系统工作团队由学校心理教师和全体学科教师组成，是面向全体学生，对学生在不同阶段可能出现的问题提出预期假设，并制定相应的积极指导方案，尽可能地将各种心理问题的发生率降到最低。这个系统的主体是心理教师，还包括学生工作部门的教师、学校班主任及全体任课教师。这个系统的建立主要依据积极心理健康教育全员、全面的原则，调动一切力量做好学生心理健康状况普查、心理危机排查，并依据心理学的规律在不同的时间段重点做好一个方面的指导工作，对于出现心理问题或者心理疾病的学生第一时间给予温暖、帮助、指导，避免一些学生长时间的心理无助导致症状加剧。因此，年级管理与心理健康教育的协同、班主任与心理健康教育的协同、家庭教育与心理健康教育的协同等成为这个系统的主要工作途径。

这个系统的主要功能是温暖工程与指导工作，学校会定期组织班主任，甚至是全校教师进行心理学基本知识的培训；学校实行以年级为单位的班主任每周例会制，在例会中，全体教师对年级中学生出现的各种心理问题进行研讨，并提出科学的处理方式，共同决策解决学生问题，提高了实效，并增加了科学性的指导和理智的思考。

积极心理学思想指导下的东北师大附中主体性心理健康教育以"积极"为核心、以"主体"为特色，同时以积极环境培养自主发展的意识、以积极思维开发自主发展的潜能、以积极方法培育自我完善的品质、以积极回馈强化自主教育的效果，为学生的更好发展保驾护航。

第三章

课程教学系统

课程最早出现于唐朝时期，孔颖达在《五经正义》里使用了"课程"一词。但是，孔颖达当时使用"课程"一词指"寝庙"，喻义是"伟业"。宋朝时期的朱熹也提道："小立课程，大作功夫。"他说的"课程"，既包括礼、乐、射、御、书、数等六艺，也包括伦理道德，还有修己治人之道等。

第一节　概述

一、国内心理健康教育课程的现状

课程最早出现于唐朝时期，孔颖达在《五经正义》里使用了"课程"一词。但是，孔颖达当时使用"课程"一词指"寝庙"，喻义是"伟业"。宋朝时期的朱熹也提道："小立课程，大作功夫。"他说的"课程"，既包括礼、乐、射、御、书、数等六艺，也包括伦理道德，还有修己治人之道等。

英国教育家、哲学家斯宾塞在 1859 年发表了《什么知识最有价值》一文，里面提到"课程"一词。这个词来源于拉丁文"currere"，本来的含义是指静态的跑道，可以延伸为课程就是为不同学生设计的不同轨道，这也是传统的课程的真正释义，反映当时人们的教育理念，课程是静态的，忽略了学习者与教育者动态的、发展变化的经验和体验的层面。后来人们将"currere"理解为动词，意指"奔跑"，这样在理解课程时，将着眼点放在个体的独特认识和自我建构的经验上。如果从这个角度上来讲，最早课程的含义已经含有课程体系的意思，也有一种自主建构的含义。

课程建设是教育教学的一项系统工程，涉及师资队伍、课程目标、课程内容、教学方法、教学资源及教学管理等诸多方面。在课程建设的所有要素中，首先需要建设一支具有先进的教育理念、丰富的教学经验、深厚的理论功底和扎实的教学技能的师资队伍；其次是教学内容的选择与建设、教材的开发与利用；最后是坚持先进的教育理念，采用科学合理、适合学生需求的教学方法。对于心理健康教育学科，课程建设与实施尤其重要，因此，教师要精心选择内容、组织课程，合理选取教学方法，才能达到预期的课程目标。对于中学的心理健康教育，课程的目的不仅仅是让学生了解心理健康的基本常识，最重要的是着眼于提高学生的心理素质、培育学生健全的人格。

我国中学的心理健康课程在二十世纪八九十年代就逐步开始实施，但是时至今日，有些地区和学校的心理健康教育课程还处于比较尴尬的境地。尽管学生心理问题频发，学生心理素质需要全社会的关注，但是依然有很多学校心理健康教育课程只是虚设，也有些学校聘任非专业教师开展心理健康教育，德育与心理健康教育很难区分，很多学校在升学压力下，对学校开设心理健康课程的认知与操作还停留在"表面重视，实质忽视"。

在已经开设课程的一些学校，部分教师不懂得如何设计课程，只是机械模仿传统高考学科课程教学模式，导致心理健康教育课程的特性被磨灭，在一些心理课堂中，教学时间由教师控制，活动由教师主导，而学生只是被动的回应者和跟从者，这样的课程难以满足学生心理发展需求，难以真正发挥学生的主体性，更无法谈及学生创新精神和主体人格的培养。

二、主体性教育理念下的心理健康教育课程内涵

基于对心理健康教育课程的理解，东北师大附中从初一到高三六个年级同时开设心理健康教育课程，每周一课时，列入学校正式的课时计划，并选配优秀的心理学专业教师任教，学校六个年级共八位心理学老师，其中二位心理学专业博士，六位心理学硕士。学校的心理健康教育课程成为学校课程体系中无法替代的重要组成部分，成为学生自主发展、自我完善的重要指导者，成为学校学生教育工作不可或缺的一部分。

教育理念是教育行为之根，教育行为是教育理念的映射。多年来，学校坚持主体性心理健康教育模式，深刻理解心理健康教育内涵，并将课堂教学作为学校心理健康教育的主渠道，通过课堂教学实现学生心理素质的全面提高。

在主体性心理健康教育思想的指导下，我们对心理健康教育课程的内涵进行了再认识。

从教育价值看，它是通过培养良好的学习和社会适应能力促进个体全面健康成长的课程；从课程目标看，它是培养学生良好的心理素质，促进学生主动适应学校和社会生活的课程；从课程内容看，它是根据学生身心成长的规律预设内容，同时根据学生发展需求调节内容的课程；从教学方式看，它是注重预设与生成相结合，高度尊重学生的体验与领悟的课程。

三、主体性教育理念下的心理健康教育课程实施关键

心理健康教育课程是学校从学生身心发展特点和需求出发，有目的、有计划地对学生心理素质的各个方面进行积极的教育和辅导，促进学生有效适应学校和社会生活的综合体验课程，其基本内涵是促进学生心理向积极的方向发展。在实施过程中应关注以下几个方面：

1. 尊重学生的发展性特征，强调教学内容的针对性

心理健康教育课从教育的价值取向看，不是塑造课，从课程目标看，不是心理学知识课，从课程内容看，不是传统意义上的学科课程，从教学方式看，不是灌输课。因此，它的教学内容的确定要根据学生的心理特点，针对本校学生的实际进行选择。

初中阶段学生表现出明显的心理发育与生理发育不协调的矛盾，对生理发育及相应的心理变化了解甚少，对正常心理及生理现象都表现了极大的困惑，针对这种现状，我们将青春期教育作为初中阶段的心理健康教育的主旋律。

高中阶段，学生在知识上面临从知识学习为主向能力学习为主的转化，需要选择发展的方向，高中阶段学生体现出更强烈的成长感和

交往的需求。针对这个特点，我们将"学习心理""人际交往""生涯规划"等辅导作为高中阶段主要内容。

在开设心理健康教育课的过程中，我们深深体会到：对中学生来讲，学习心理知识不在于学生记住了多少，而在于学生在潜移默化中受到多少影响，在遇到各种问题时能够灵活地应用心理知识自我反省，自我调节，从而减少各种心理问题及心理疾病的发生。

2. 强调重视学生的心理需要，教学内容科学实用

学生的心理问题与心理需要就是我们的教学内容，学生心理素质的提高就是我们的教学目标。多年来，东北师大附中的课堂教学内容的确定与方式的选择来源于两个渠道，一是科学的测试数据，这源于学校从 1995 年开始建立的心理档案；二是心理咨询表现突出的、普遍存在的心理问题，以此加强心理健康教育课堂教学的实效。当然，每位教师在教学中还会根据学生的需求在学校整体课程方案的基础上进行微调。

3. 探索教学新模式，优化课堂教学

东北师大附中经过多年的理论探索和实践研究，在心理健康教学方面积淀了丰富的经验，并形成了具有附中特色的心理健康课堂教学模式——"活动、探究、体验、调节"四环节教学法。

（1）心理健康教育的"四环节"具体体现

活动：心理健康教育课应该"以活动为中心"。它不同于其他学科教学，它是一种情绪调节、情感体验，是心灵的沟通、理念的认同，而不仅仅是知识的传授。因此，在课堂中，我们以认识学生的心理发展规律和心理发展需要为前提，针对学生的心理问题，设置适合的活动让学生加强对自身的了解。

探究：心理健康教育的课程目标不是单纯掌握心理学知识，而是使学生懂得认识自我、调节自我、发展自我的内涵及实质，培养自信、自省、自我认识、自我调节的能力，实现优化心理品质的目的。因此课堂上应当发挥学生的自主性，让学生充分参与，主动探究，通过讨论分析、交流沟通等方式，自主地寻找良方，使不良情绪得到控制，

不良心理得到矫正，不良观念得到消除。

体验：心理健康教育的课堂教学模式应该由知识传授型向生活体验型过渡。它不以知识传授为重点，而是以学生心理训练和心灵感悟为重点。当学生面对一些心理问题时，体验是问题解决的重要环节。

调节：这是心理教育的最后一个环节，在学生有了正确的认知和情感的体验后，引导学生调整自己的心态，正确面对学习、生活中的各种心理问题和心理矛盾，这一环节主要强调学生的主动调节。

（2）四环节教学法的效果

经过多年的"四环节"教学法的尝试，不仅得到了学校教师的赞同，也得到了学生的肯定，多年来，心理健康教育的实效性得到突显。主要表现在：

学生的观念不断转变，学生的自我观察、自我发现、自我诊断、自我调节能力不断提高。

学生潜能得到发展。通过训练使学生的观察力、记忆力、想象力、思维力、注意力、创造力、适应力、承受力、自制力等得到发展。

学生形成良好的心理品质。学生通过心理健康教育形成合理的需要、正确的动机、积极而稳定的情绪。学生逐渐意识到顽强的意志、良好的性格、积极而乐观的心态的重要性，并有意识发展自己的这些心理品质。

4. 深入心理健康教育的发展领域，从人格辅导拓展到学习辅导

东北师大附中根据学生成长的需要，在课堂教学中坚持"三助""三新""二训练"的心理教育原则，将心理辅导拓展到学习领域和思维发展领域。

（1）三助

"三助"是指：自助、互助、他助。

在课堂教学中，我经常采用团体心理辅导的方法实现同学之间的"互助"，比如在学习方法指导方面，引导学生将自己的学习方法总结出来，在课堂中集体讨论，实现"互助"。同时在教学中也指导学生根据自己的实际情况分析问题，实现"自助"。对于某一个同学的

问题,在征得这个同学同意的情况下,同学们提出多种解决策略帮助他,为其出谋划策,实现"他助"。

（2）三新

"三新"是指教学内容新、教学手段新、教学目标新。

教学内容新,一方面是指教学内容的选取要符合新世纪中学生心理发展的特点,另一方面是指教学内容选取的角度要新。二十一世纪的中学生心理状态既表现出不稳定性和冲突性,同时,他们的心理表现又具有时代性,网络世界的诱惑、追星的困惑是现代中学生特有的心理。因此,在教学内容的选取上不仅要对共性的心理问题进行指导,也要针对"新"的问题与学生进行交流,引导他们走出误区。同时教学内容选取的角度也要新。同样都是学习问题,不仅要帮助他们克服注意力涣散、记忆力下降、想象力贫乏等心理异常现象,还要针对现代中学生心理压力过大、心理紧张度增高的特点,将科学用脑、高效学习、个性培养作为重点部分。

教学手段新是指应对现代教育技术的发展,应用现代化的教学手段,制作教学课件,"声像并茂"地进行教学,加深学生的体验,增强学生对问题的了解。

教学目标新是指在课堂教学中除了将认识自我、了解自我、调节自我作为课堂教学目标之外,我们还将创造性思维的培养及创造性个性的形成作为教学目标之一。在课堂教学中,注意营造民主和谐、心理安全的课堂教学氛围,体现学生在教学中的主体地位,尤其尊重学生思维的主体性和独立性,坚持多元评价和延迟评判,对于学生的每一点儿微小的创新,都给予充分的肯定,细心呵护学生创新精神的成长,同时鼓励学生寻找自己的特长,发挥自己的特长。

（3）二训练

"二训练"是指在心理健康教育课中注重"行为训练"和"思维训练"。

"行为训练"是指以科学的咨询技术为指导,加强自信心训练等心理行为训练,从而完善自身的心理素质,提高心理健康水平。

"思维训练"是指以智力开发理论为基础，加强创造性思维和创造性想象的培养与训练。"思维训练"对于抽象思维正在发展的中学生来讲是至关重要的，因此，东北师大附中在初高中的心理健康教育课程教学中都增加了部分思维训练，为学生的智力发展和能力培养奠定基础。

第二节　高中课堂教学体系的建构

高中生正处于人生中的一个重要时期——青春期。这是一个心理发展的特殊时期，是从生理的迅速发展向成熟过渡的重要阶段，伴随成长而来的是各种复杂的心理矛盾。此时进行及时有效的心理健康教育对于高中生的成长具有非常重要的意义。

一、课程目标设定

东北师大附中秉持主体性心理发展教育理念，结合高中学生身心发展的规律和特点，面向全校各学段的学生开发设计了符合学校特色的心理健康教育课程，课程从 1993 年开设，纳入学校必选课程系列，现在同时在高一、高二和高三年级开设，每位学生在三年的高中学习生活中都会体验到系统的心理健康教育课程，现在学校已经建立起完备、优效、高质的学校心理健康教育课程支持体系。

我校心理课程的目标设置既体现出高中生心理发展的阶段性特点，又体现出学生心理发展的连续性特点。具体可以分为适应、发展和提升三个目标。适应目标是针对高一学生的心理发展特点设定的学生心理教育目标，高一是学生适应新的人际、新的学习的起点，也是进一步发展和追求提升的起点和根基；发展目标是针对高二年级学生的心理发展特点设计的学生心理教育目标，高三是启发学生由外部动机向内部动机转化的关键时期，在这个阶段，学生思考程度加深，对外部认识加强，人生态度变化巨大，是重要的转折时期；提升目标是针对高三学生心理发展特点设计的心理健康教育目标，高三是使学生感受到努力的意义，并努力追求健全人格的关键时期。

二、课程内容的设计

我校心理发展课程体系将高中三个学年的任务和培养目标进行了分化。

高一的心理发展教育主要是认同教育，学生认同学校、学校接纳学生。学生认同的是学校的文化传统与培养目标，学校接纳的是不同个性、不同发展水平的个体，意味着学校要施以不同的教育以满足不同学生的发展需要。我们希望学生在这个阶段获得的成长是：获得心理健康的基本常识，促进多元心理能力的发展；完成初、高中过渡适应，增强适应学习生活的能力；促进对自我的认识，形成正确的自我评价；提高对自我潜能的认识，激发挖掘潜能的动机；树立明确的学习目标，增强学习的自觉性，掌握学习方法。

由此，我们在高一阶段设置的课程内容为新生适应、自我意识、气质分析、性格剖析、个人能力分析、想象力训练、创新思维训练、科学用脑、记忆力、注意力等内容。

高二的心理发展教育主要是建构、印刻教育，即学生通过参与或自主设计各类活动，将包括自主调适能力在内的多样化素养从认识、知晓到认同、构建、践行，使之成为自身的一部分，并形成有眼界、有胸襟、有品位、有气度、有学养的个体形象。我们希望学生在这个阶段获得的成长是：改进学习方法，提高思维品质和动手能力；掌握人际交往特别是异性交往的方法和技巧，初步掌握朋辈辅导的技能；培养自我效能感、责任感，提高意志力；提高休闲生活质量，掌握心理平衡调节的方法。

由此，我们在高二阶段设置的课程内容为学习风格、认知风格、管理时间、学习动机、学习目标、执行力、自制力、爱情心理学等内容。

高三的心理健康教育主要是完形、延伸教育，即通过多方面的社会实践活动了解社会对个体的要求，学习并运用人格素养与能力处理面临的各类问题，形成更为稳定的人格品位，使之伴随着学生步入社会或更高一级学校，并显示其积极意义。我们希望学生在这个阶段获得的成长是：确立升学或就业志向，能做出正确的抉择；形成良好的自我心理调节能力；形成系统的知识和完整的经验，善于调控情绪和行为；确立正确的价值观、人生观；面对高考压力进行自我调节，学会放松自我心理的方法。

由此，我们在高三阶段设置的课程内容为高三心理问题分析、面对挫折、合理归因、有效应对压力、职业倾向测试、职业分析、我的大学、专业等内容。

这样一种分年级也分层次的心理健康教育，是根据高中学生步入高中学校之后的初始水平与发展需要来设计的，合乎高中学生知情意行发展规律。

按照"三目标"的教学内容组织原则，结合高一、高二、高三学生心理的不同特点，东北师大附中对心理课堂教学做出如下规划：

层级	目标	课程设置
基础	解决学生主要面临的问题，包括环境适应、自我定位和人际关系三个方面问题。	新生适应、自我意识探索（气质、性格、学习风格、认知风格）、学法指导（科学用脑、有效记忆、专注力）、人际关系分析（人际交往效应、人际吸引力、有效沟通）等基础课程，共16课时。
发展	解决学生成绩分化，缺乏理想规划、缺乏处理异性关系的能力等问题。	学习目标、需要与动机、责任感、计划与执行、爱情、人生规划与幸福、情绪管理等发展型课程，共16课时。
卓越	解决学生的感悟生活和人生规划能力等问题。	职业兴趣测评、职业生涯规划、规划幸福来源、工作的意义、学习的意义、品格塑造、规划你的家庭等主题的卓越型课程，共8课时。

第三节 高中心理课程案例

案例一：《自我意识》教学设计

自我意识是个体全部内心世界的总和，也是人格的核心部分，对个体人格的发展和塑造起着至关重要的作用。自我意识的发展程度集中反映了个体的心理成熟程度和心理发展水平。大量的心理学实验证明，个体社会适应不良及人际关系不协调主要是由自我意识不正确所造成的。只有健全的自我意识才能正确认识、悦纳自己，合理分析自己与周围环境的关系，从而保持良好的社会适应和人际关系，维护自身心理健康。

一、教材分析

1. 主题确定理论依据

自我意识一直是心理学研究中的一个热门的话题，心理学的根本问题是"人是什么"。关于自我概念的研究是从詹姆斯开始的，他把"自我"从意识活动中区分开来，将"自我"概念引入了心理学。随后行为主义兴起，自我概念的研究逐渐被忽视，后来人本主义心理学家罗杰斯对自我概念又进行了深入的研究，20世纪80年代后，认知学派对自我概念的研究也很重视。自我概念得到人们广泛的关注，但是在研究自我概念时，由于认识、方法、人性观及研究取向上的差异，不同学派的心理学者有不同的认识。

根据埃里克森八阶段理论，12—18岁的青少年，一方面面对本能冲动的高涨会带来问题，另一方面更重要的是面临新的社会要求和社会的冲突而感到困扰和混乱。所以，这一时期的主要任务是建立一个新的同一感或自己在别人眼中的形象，以及他在社会集体中所占的情感位置。这一时期的一个核心问题是自我同一性的发展，它将为成人期奠定坚实的基础。同一性并不是在青少年时期才出现的，早在幼年时期，儿童已经形成了自我感知。但是，青少年时期却是个体第一次有意识地回答"我是谁"的问题。这一阶段的冲突是：同一性和角色混乱。

青少年的自我同一性至少包括三个方面的体验。首先，他感到自己是一个独特的个体，虽然可能和别人共同完成任务，但是他是可以和别人分离的。其次，自我本身是统一的。自我有一种发展的连续感和相同感，现在的我是由童年的我发展而来的，将来我还会发展，但是我还是我。最后，自我设想的"我"和自己体察到的社会人眼中的"我"是一致的。相信自己的目标以及为达到这个目标所采取的手段是能被社会承认的。

2. 教学目标

（1）认知目标

使学生了解中学生自我意识发展的规律及特点，并深刻认识到"认识自我"的重要性及自我意识对个人成长的重要意义。

（2）情感、态度与价值观

学生能正视当下的"我"，同时对理想的"我"有预期，对"我"树立积极的自我概念。

（3）能力目标

学会认识自我的途径与方法，通过自己以及同伴对自我形象的认识与评价，形成比较清晰的自我意识，同时对理想的自我有期待效应。

促进学生更深入、细致地了解自我。帮助学生学习接受他人的反馈、从多角度认识自我，树立更客观的自我形象。正确地认识和评价现在的自己和理想的自己，能采取合理的方式加以改正和解决。

3. 教学重点和难点

（1）教学重点

引导学生通过生理自我、心理自我、社会自我认识自己，通过乔哈里窗审视与评价自己。

（2）教学难点

引导学生客观理性认识自己、接纳自己，勇于面对自己的优势和劣势。

二、学情分析

通过对我校中学生心理状况的调查，发现中学生学生自我意识的偏差具有一定的普遍性。主要表现为：自我意识和自我评价过高、在挫折面前容易出现失落感并逐步转化为自卑或自弃；与同学交往中，学生自我中心明显，不易接受他人意见，生活上的自理性、适应环境自主性也很欠缺。这些问题会严重限制学生的全面发生和个性发展。

三、教学过程

教学活动	教学意图	教师组织	学生行为
情境导入	通过组织学生参与实验，引发学生对自我意识的思考。	呈现日本学者研究视频：额头写"E"实验，指导学生完成同样的任务，并观察学生的表现，分析并解答学生不同方向的"E"的意义。 ●测试方法： 用平时常用的手，以最快的速度在自己的额头上写一个大写的字母"E"。 ●计分： 你画的"E"向哪个方向开口？开口是朝向自己的右侧吗？还是朝向自己的左侧但对面的人看起来是朝向右侧？	通过视频和教师讲解了解自我关注的程度，对于自己与社会之间的关系进行初步辨别。

教学活动	教学意图	教师组织	学生行为
知识分享	通过展示自我意识概念明确自我意识的特点。	教师分享与解析自我意识的概念：自我意识是对自己身心活动的觉察，即自己对自己的认识，具体包括认识自己的生理状况、心理特征以及自己与他人的关系。	学生理解并体会自我意识的概念，根据概念的具体含义明确自己的特点。
认知活动	通过自我意识的三方面内容、乔哈里窗两个工具认识不同侧面的自我。	第一部分：辨别自我内涵三个方面，生理我（自己的年龄、身高、体重、外貌、声音等）、心理我（自己的智力、情绪、性格、气质、兴趣爱好、道德观和人生观等）、社会我（自己在团体中的地位、角色、与他人的关系等）。	同学自主参与，每个参与的学生从三个方面描述自己的特点。
		第二部分：展示自我知觉窗（乔哈里窗），引导学生认识自己的公开区、盲目区、隐秘区、未知区。	请学生将自己的不同区域进行区分，并客观评价。
体验活动	通过自我打分项目来判断自我评判的不同水平。	引导学生对自己各项指标打分：容貌、身材、性格、谈吐、气质、学习能力、社交能力、情绪调节能力。	学生通过各项目打分完成自己各项目的主观评分，并分析评分的客观性。

续表

教学活动	教学意图	教师组织	学生行为
体验活动	通过"三我齐观"来完成三个角度的自我评价。	引入"三我齐观"概念,指导学生用三个词描述:主观我、理想我、投射我。	学生用不同的词语来形容自己。
	通过投射测试引导学生完成过去、现在、未来的三个我的定位。	引导学生用三个物品或动物概括过去的自己、现在的自己和未来的自己。	学生参加一次投射测试。
讨论交流总结	激发学生更深层次的自我剖析,达到自我认知的目的。	(1)你欣赏自己吗?对自己的各个项目打分客观吗?你对自己的评价与别人对你的评价一致吗?差异在哪?为什么? (2)哪些评价让你自己觉得心里不舒服? (3)你有没有看到自己潜在的优势或特长,可能你从未注意,而在别人的眼中可能是那么的明显? (4)你真正深入思考过自己的内在特点和性格吗?	学生通过问题引导深入剖析自己,尽量达到理性客观的自我分析。

四、教学反思

自我意识主题是心理学研究的核心问题,青少年时期正是认识自我意识的关键时期，这个阶段的自我解读直接决定下一步的人生选择，但是这个阶段的孩子往往会存在自我认知偏差，他们对自己的评价常常是不客观的，更多是由于家庭环境和自身成长环境的影响，对自己的评价往往非理性，我们在课程中引导学生进行"三我齐观"，这里的"投射我"还是不能做到客观理性，所以我们引导学生从身边同学的评价中寻找自己。

另外，对学生自我评价上交的资料给予合理反馈并妥善保管，也可以据此了解部分消极学生的情绪，顺势给予咨询辅导。

案例二：《印象形成中的心理学效应》教学设计

印象形成是指个体在有限信息的基础上，对认知对象的某些属性做出判断或对其总体特征形成印象的过程。在人际交往中，人与人之间互相形成的印象受首因效应、晕轮效应、社会刻板效应等心理学因素影响。

一、教材分析

1. 主题确定理论依据

良好的人际关系是一个人适应社会能力良好的表现，而良好的人际关系，包含了主动和被动两个层面。主动建立的人际关系，是以"我"认同了"他人"而主动建立的；被动建立的人际关系，是以"他人"对"我"的认同为前提才有的交往。

所以本节课选取了首因效应、近因效应、晕轮效应、刻板效应四个影响印象形成的心理效应，分别从主动、被动两个层面结合活动、实验、讨论、分享的形式，引导学生客观评价他人、恰当展示自己、学习及时修正自我和他人不良印象的途径和方法，并应用到现实生活中。

2. 教学目标

（1）知识目标

了解人际交往中的心理效应（首因效应、晕轮效应、刻板效应）

的定义及对印象形成的作用。

（2）技能目标

客观自我审视和调整；掌握缓解和消除心理效应造成不良影响的方法。

（3）情感目标

通过了解在人际交往中影响印象形成的心理效应，提醒学生避免发生由于无意识地过分主观而导致误会他人的现象，以促进学生形成坚定、客观理性看待他人的意识和理念。

3.教学重点、难点

（1）教学重点

明确首因效应、晕轮效应、刻板效应对印象中的作用。

（2）教学难点

如何将降低各种心理效应消极影响的意识转化到实际行为中。

二、学情分析

高一新生面对新的环境，新的老师和同学，普遍关注自己是否给别人留下了良好的印象，期待获得良好的人际关系；而一旦没能给别人留下良好的印象，高中生可能会感到不知所措，想要去弥补，却又不知该如何做，所以急需有科学的建议，解决此困境。

还有部分学生，因某些"误会"，仅凭"片面""主观"轻易地对他人加以断定，并将它视作是否与其建立友谊的基准，一些同学，会从自己固有的评判基准出发，轻易地排斥他人，拒绝与其建立良好的人际关系，而这些偏见本身也必然会反过来影响自己的情绪和想法，对个体的人际关系也并无好处。

所以，高一新生需要学会客观地看待他人，部分学生也需要把握树立良好个人形象和改变自己给他人留下的不良印象的时机，所以印象形成中的心理效应刚好可以满足这一心理需求。

三、教学过程

教学活动	教学意图	教师组织	学生行为
情境导入	通过提问引发学生思考，并引出本节课的主题。	提问："哪些事情会影响一个人对另一个人的印象？""你认为哪种影响较大？"	学生通过参与回答和思考问题，从生活中了解到"首因效应"的存在。
知识分享	通过解释首因效应的定义，明确首因效应的发生过程和对印象形成的影响方式。	解释定义：首因效应是指在很短的时间内以片面的感觉和知觉线索与为依据，对人与事物形成的心理反应。 并结合贴近生活的实例进行分析。	学生理解首因相应的定义，明确首因效应对自己的影响。
讨论交流	通过经典实验展示和讨论，帮助学生进一步明确首因效应的发生过程和影响，再次引起学生对其的重视。	经典实验1展示："甲聪明还是乙聪明？" 先呈现实验过程，再由学生进行讨论，之后由老师给出原始实验结果，得出"首因效应"对印象形成影响的结论。	学生主动参与讨论，表达观点。

教学活动	教学意图	教师组织	学生行为
知识分享	通过解释晕轮效应和刻板效应的定义，明确晕轮效应和刻板效应的发生过程和对印象形成的影响方式。	解释定义：晕轮效应是指人们一旦认定某个人某些方面具有优秀的品质后，便会认定他在其他方面也有这样的优秀的品质。晕轮效应是典型的"以偏概全""以点概面"的评价倾向。刻板效应是指人们在评论他人时，往往喜欢把他看成是某一类人中的一员，而很容易认为他具有这一类人所具有的共同特征。 并结合典型事件、生活中实例讲解。	学生理解晕轮和刻板效应的概念，并体会其对自己的潜在影响。
讨论交流	通过经典实验展示和讨论，帮助学生进一步明确刻板效应的发生过程和影响，引起学生对其的重视，降低消极影响的发生。	经典实验2展示： "是罪犯还是科学家？" 通过教师介绍并还原原始实验，在学生讨论后给予原始实验结论，进一步加深学生对刻板印象的认识和思考。	学生主动参与讨论，表达观点。

续表

教学活动	教学意图	教师组织	学生行为
总结	通过总结三个心理效应对印象形成的影响，引发学生对更多潜在影响的思考，促进学生主动降低"过分主观"，去客观地看待他人。	幻灯片显示结语： 歌德说："人们见到的，正是他们知道的。" Gossip Girl: "It's often said no matter the truth,people see what they want to see."	学生自主总结，进行深度思考。

四、教学反思

本节课由讲授、讨论、分享等环节组成，需重视学生的心理感受，为整堂课营造出宽松、民主、尊重、包容的氛围，让学生大胆充分地参与和表达。从而审视自己的内心，反思自我，真正做到有所感悟、有所触动、有所体验、有所成长，并且要注意根据高一年级学生的心理发展特点和具体班级风格作适当调整，最终取得良好的教学效果。

马斯洛需求层次理论

自我实现需求　真善美至高人生境界获得的需求

尊重需求　成就、名声、地位和晋升机会等

社交需求　友谊、爱情及其隶属关系的需求

安全需求　人身安全、生活稳定、免遭痛苦、威胁或疾病等以及对金钱的需求

生理需求　食物、水、空气、性欲、健康

案例三：《张力变成行动力》教学设计

当前国内学校心理健康教育课中，教育辅导课题大多涉及"情绪""人际关系""自我意识""生涯"等，而涉及目标和理想的辅导，一般只侧重目标重要性和树立目标，但对于如何将目标的动力转化为具体行动，如何应对未来情境出现的影响目标实现的因素等具体执行方面的辅导教育还需要进一步加强，真正提高学生的执行效能。

一、教材分析

1. 主题确定理论依据

在实现目标的过程中，我们需要先形成目标，并根据目标制订详细具体的执行行动的计划，继而实施行动，最后将结果与当初的期望进行比较与评价。由此可见，实施行动之前的目标设定与执行计划是相当重要的部分。

心理学家加布里埃尔·厄廷根以自己的研究为基础，总结出一套WOOP 思维，帮助人们更有效地行动起来，实现梦想。加布里埃尔认为，使用心理对照策略时，我们首先想象未来渴望实现的目标或实现目标后的收获，然后思考现实中对目标实现有影响的障碍。想象未来与思考现实障碍这两步有先后顺序，先未来，后现实，两者缺一不可，也不可颠倒顺序。在考虑到现实中可能存在的障碍之后，我们可以展开深入的思考，具体在何时、何地、何种情境下，我们具体可以做些什么来应对障碍或是避免障碍的出现，又或者是可以做些什么能够更有效地达成目标，并使用"如果……（情境），那么……（应对）"的语句以形成行动计划，这部分便是执行意向策略。

实证研究发现这种自我调节策略能够应用于多个领域，比如学业成就、健康行为与食物选择、改善情绪状态（如，焦虑、恐惧）、时间管理、目标达成等。具体来说，该策略分为"WOOP"四个环节来进行。

W（Wish）——目前对于自己来说最重要的一个愿望或顾虑是什么？需要注意的是，这个愿望是具有一定挑战性的，但是在接下来的几周或短期内你能够实现这个愿望。

O（Outcome）——在愿望实现或目标达成之后，你将有一个怎样的好的结果？花一些时间进行详细、具体的想象，在过程中加入尽可能多生动的细节。

O（Obstacle）——在实现愿望或目标的过程中，阻挡我们的一个障碍。花一些时间仔细想一想，这个障碍具体是怎样的？在什么时候、什么地方或怎样的情境下你会遇到这个障碍？细节越多越好。

P（Plan）——你会有怎样的行动来克服或规避这个障碍？并制订"如果—那么"计划。需要注意的是，计划是否利于目标达成？是否只是削弱了自己的目标行为，"拆东墙补西墙"？另外，计划可以有不同的形式，例如：

如果（出现了障碍情境），那么我会（怎么做以来克服障碍）；

如果（出现了某种情境），那么我会（怎么做以避免障碍的出现）；

如果（出现了有机会实现目标的情境），那么我会（怎么做来实现我的目标）……

2. 教学目标

认知目标：学生明白 WOOP 在实现目标过程中的重要性。

情感目标：通过想象未来愿望，思考现实障碍以及应对计划，学生体验到对实现目标的期望感以及将愿望目标转化为行动的激励与振奋感。

技能目标：学生掌握 WOOP 方法，在学习与生活中自觉多加运用 WOOP 法以促进目标达成。

3. 教学重点和难点

（1）教学重点

引导学生了解心理对照与执行意图的关系，了解 WOOP 方法。

（2）教学难点

引导学生运用 WOOP 方法去分析解决自己存在的问题并开始行动。

二、学情分析

在高中生成长阶段中，学习成为学生日常生活的主旋律，学习难度、深度加大，各科学习任务繁重，特别是各科各样的作业。有的同学为做不完的作业而苦恼、熬夜等，对计划的执行力不够，作业拖延现象普遍存在，常常制订计划后不能很好地坚持到底，容易放弃，执行效能低。为了改进学生的执行能力现状，故设计本节课程，培养学生在活动任务执行过程中，学会发现问题，尝试着运用有效的策略去解决问题。

三、教学过程

教学活动	教学意图	教师组织	学生行为
情境导入	用情景置换的手法，让学生切实体会假期里一个空有计划却不行动的学生面临的各种问题，增强学生的代入感。	视频导入，用开学初麦当劳疯狂补作业的学生报道为主题，引出问题。　呈现中学生对自己假期学习效率满意率调查数据。　让学生分析问题背后原因。	通过视频和调查数据增强学生对假期学习效率问题的反思，思考并分析背后的原因，从而认识到有目标并有行动力的重要性。
体验活动	通过心理对照和执行意图的平衡，让学生先设定一个目标并做出相应行动计划。	第一部分：短期目标设定。通过体验设定不同程度目标来确定目标的合理性及行动的可能性。	同学自愿参加，自主设定目标并说出具体达成的时间及相应策略。

续表

教学活动	教学意图	教师组织	学生行为
体验活动		第二部分：让参与者分享目标达成后的结果，详细、具体、生动地想象。	请学生将自己过去成功达成目标的心态分享，要求具体生动。
		第三部分：老师引导学生分析不同目标在实现过程中可能遇到的问题，引导学生思考行动中的各种障碍并尝试想办法解决。	学生在老师引导下认真思考可能遇到的各种问题，并努力找出解决的方法。
		第四部分：引导学生总结如何用行动来克服或规避这个障碍。	学生小组分享解决问题的办法，并形成属于自己的独特方式。同时寻找自己在解决问题过程中的主要优势，加以强化。
策略形成	通过了解WOOP方法，形成对目标、问题、行动等概念的认知。	向学生展示WOOP方法的四个步骤，引导学生了解并掌握该方法，侧重强调不同步骤的注意事项。	学生通过教师总结了解WOOP方法，并尝试引导学生将该方法应用在他们的日常学习中。

续表

教学活动	教学意图	教师组织	学生行为
实际运用	通过行动力的加强，明确低下头做事的重要性。强调自制力的重要性。	引导学生在"即时贴"上用WOOP方法写下自己一周的学习计划	学生验证该方法的实用性。
课堂小结	重申WOOP方法在行动力提升方面的重要性	总结课堂内容，鼓励学生多回顾自己的"WOOP"，在学习和生活中加以运用。	学生获得一项实用的操作技术。
课外拓展	给出理想与现实之间路径的可行性及具体操作手段	拓展任务。	学生将"WOOP"运用到自己身上，在自己的时间轴上（例如，时间长度为一个月）制作出自己的"WOOP"。

四、教学反思

高中生的认知水平和学情实际，将抽象的目标动力转化成具体可见的行动，具有现实意义。因此我们课程非常重视实际操作层面的行动力训练，在课堂内容中引入情境代入和团体转换阶段，学生推人及己，效果明显。过程中，要求教师教学过程重点突出，语言精练有感染力，对学生的启发意义巨大。一开始采用假期短期目标设定事例，学生通过分享寒假作业函数图，揭示学生"deadline才启动"执行实况，从而引出用"如果—那么"来代替"我要……"的"目标意图"的思考方式，并且展示自己的目标意图；学生学习完 WOOP，最理想的状态是立刻有实际事件推进，以巩固学习效果，完成对困境的自我探索。

案例四：《合理情绪疗法》教学设计

合理情绪疗法是著名心理学家阿尔伯特·艾利斯［Albert Ellis］于 20 世纪 50 年代创立，其理论认为引起人们情绪困扰的并不是外界发生的事件，而是人们对事件的态度、看法、评价等认知内容，因此要改变情绪困扰不是致力于改变外界事件，而是应该改变认知，通过改变认知，进而改变情绪。

一、教材分析

1. 主题确定理论及政策依据

（1）阿尔伯特·艾利斯：合理情绪疗法

他认为外界事件为 A，人们的认知为 B，情绪和行为反应为 C，因此其核心理论又称 ABC 理论。引导学生学会合理情绪疗法有助于缓解学生遇到不同问题情境的焦虑情绪，同时可以帮助学生以积极思维的视角解决生活中的困难和挫折。

（2）政策依据

《普通高中学生发展指导纲要（试行）》中提出要在高中阶段培养学生理想方面、学业方面、生活方面、生涯方面、心理方面的针对性指导。培养学生健康生活、努力学习、理想远大、合理规划的意识和能力，激发学生学习动机与兴趣；提高学生学习效率和学习能力。促进学生形成健康的自我认识，悦纳自我；促进学生情绪情感健康发展；促进学生人际关系和谐发展；培养学生的健全人格；促进学生形成坚强的意志品质和挫折耐受力；有效减少学生的心理困扰及其不良影响。

2. 教学目标

（1）认知目标

能理解情绪 ABC 理论，认识到引起焦虑、失落等负面情绪是自己的认知，我们应该对自己的情绪负责。

（2）能力目标

能运用情绪 ABC 理论，找到学业困扰引发情绪问题背后的原因（不合理信念），并能用合理信念替换。

（3）情感目标

减轻因学业导致的情绪困扰，更积极全面地看待自己。

3. 教学重点和难点

（1）教学重点

认识到引起焦虑、失落等负面情绪的是自己的认知；找到学业困扰引发情绪问题背后的原因。

（2）教学难点

找到学业困扰引发情绪问题背后的原因；用合理信念替代不合理信念。

二、学情分析

高中阶段的孩子处于心理学家霍尔描述的"疾风怒涛"时期。这个阶段的学生在情绪表现上出现明显的两极性和矛盾性。随着青春期的到来，高中生在生理上出现了急剧的变化，但心理发展的速度则相对缓慢，心理水平尚处于从幼稚走向成熟的过渡时期，因此充分体现出半成熟、半幼稚的矛盾性特点。

首先，从高中生的情绪内容来看：（1）以积极情绪体验为主，热情饱满，富有朝气。高中生情绪往往高亢强烈，充满激情，开始更多地考虑未来并充满美好的憧憬和幻想。（2）随着学习生活范围的扩大以及自我意识的高度发展，高中生的情感具有多样性。例如对民族前途关注和深厚的祖国情怀、个人前途和社会变革关系的情绪体验、对升学与就业的情绪体验等。（3）情绪情感内容的社会性日益深刻，道德感、理智感、美感的内容和水平愈益丰富与提高。但是因为高中生的认知水平和知识经验的局限，其高级的社会性情感具有一定的狭隘性和肤浅性。

其次，从高中生情绪的体验和表达方式来看：（1）两极性和矛盾性仍然是高中生情绪的主要体验。高中生的情绪容易从一个极端走向另一个极端。例如，取得好成绩时，欣喜若狂，沾沾自喜；一旦失败，又陷入苦恼悲观的情绪状态。这是由于需要层次的提升和自我意识的觉醒，同时其思维方式又具有片面性，因此高中生常陷于主观愿望和客观现实的矛盾冲突中，情绪忽高忽低、忽冷忽热，易走极端。（2）外显性和内隐性并存。高中生对外界刺激反应迅速敏感，喜怒哀乐常可从面部表情进行判断，具有外显性的特点。但与初中生相比，高中生情绪的自我调节方法和情绪的表达方式得到了发展，他们的情感表露越来越带有文饰、内隐和曲折的性质。在特定的场合下，会考虑到自己的形象和价值观，从而支配和控制自我的情感，出现外部表情与内心体验的不一致。（3）稳定性和波动性并存。高中生一方面具有冲动性和爆发性，"血气方刚"，容易为周围同学的情绪所感染。例如为了班上同学或朋友可以"两肋插刀"，同仇敌忾。因此，情绪的波动性很大。同时，随着年龄的递增、知识的积累与经验的丰富，情绪将渐趋稳定。除了少数同学心智不够成熟外，大多数高中生已不会盲目从众，能用理智来思考情绪冲动的后果。

高中生的这些情绪特点与高中生的生理发展、心理水平和社会诸因素的矛盾冲突均有密切关系。

三、教学思路

心理学家皮亚杰认为，人的认知发展规律是指个体自出生后在适应环境的活动中，对事物的认知及面对问题情境时的思维方式与能力表现随年龄增长而改变的历程。它包括知情意行四个方面，在心理学理论中，"知"指的是认知、观念，认知包括感知觉、意识和注意、记忆、思维，整个是一个逐步上升逐步整合的过程；"情"指的是情绪、情感，情绪和情感是由独特的主观体验、外部表现、生理唤醒等三种成分组成；"意"指的是意志；"行"指的是行为。也就是说一个人必须先在认知层面做出调整和改变，外在行为才能随之做出改变，情绪调整也是如此。由此理论，设计教学思路如下。

第一步，情绪觉察。课前利用视频资料和文字资料给学生展示不同情绪的微表情及肢体语言，使学生认识不同情绪的外在表现。协助学生及时觉察自身的情绪变化。

第二步，认识情绪 ABC 理论，课堂上利用案例分析让学生懂得引起我们情绪困扰的不是事件本身，而是我们对事件的解释和想法。

第三步，理论运用，在对具体案例的分析讨论中，学习如何运用理论分析学习和生活中的困扰背后的不合理信念，进行辩驳，找合理信念，深化理解，形成初步合理信念。

第四步，理论内化，运用所学知识解决自己的学业和生活困扰。

第五步，感悟升华。通过实际应用使学生感悟到不合理认知的意义不止于学业，我们自己才是自己内心的救赎者。

四、教学过程

教学活动	教学意图	教师组织	学生行为
视频导入：认识情绪 ABC 理论	播放视频《被离间的情绪》引入主题，让学生更易理解引起我们情绪困扰的不是事件本身而是我们对事件的解释和看法。	提问：两个人经历的事情是一样的，为什么最后产生的感受不同？两个人的想法有什么差别？这差别源于什么？帮助学生分析理解情绪 ABC 理论的内在含义。	观看视频，思考并参与讨论，在不同心态和心态导致的结果分析中，认识到合理认知的重要性。

教学活动	教学意图	教师组织	学生行为
理论运用:案例分析	在对具体案例的分析讨论中,学习如何运用理论分析学业困扰背后的不合理信念,找合理信念,深化理解。	第一部分:小组讨论。找出案例中的不合理信念,并找出可以替代的合理信念。	小组讨论。
		第二部分:成果分享。以小组为单位,把讨论结果用关键词的方式写到黑板上。	各组代表展示。
		第三部分:疑难共分析。老师引导学生分析解决疑难问题:分清事实和想法(A和B),总结合理信念和不合理信念的区别、建立合理认知的方法。	在对疑难问题的分析解决中,进一步深化对理论的理解和认识。
理论内化:觉察自我	运用所学知识,解决自己的学业困扰。	1.写下近期你觉得可能比较困扰你或同学的一个事件A和结果C(情绪),分析背后的不合理信念B1,找出可以替代它的合理信念B2。	完成对自己学业困扰的分析。
		2.组织班级讨论,运用相应技术手段,启发引导学生寻找负面情绪背后的不合理认知。	班级讨论分享。
课堂小结	对案例分析的感悟进行总结。	总结合理信念和不合理信念的区别。	回顾知识要点。

续表

教学活动	教学意图	教师组织	学生行为
课堂延伸	重申理性情绪训练的现实意义，强调在生活中的应用。	总结，延伸。	请学生思考建立合理信念的途径。
课外拓展	情绪ABC理论的应用。	拓展任务。	寻找生活中的事件进行理性情绪训练。

五、教学反思

本节课的题目是"合理情绪疗法"，主要内容是使学生了解有关情绪的概念、产生原因以及如何进行合理信念培养。其中，对认知结构中的不合理信念进行分析，并找出合理的信念进行替代是本节课的重点加难点。由于高中生情绪情感表现出较大的内隐性，小组讨论的方式需要加以改进，教师在课程中的整体把控也可以适当降低，达到以学生为主体，以学生的生活和学习为主要参考信息进行分析，最后总结归纳的时候进行全方位的拔高，以肯定学生的自我成长为主。

此外，高中生由于心智的不成熟，有些情绪感知力不够，对于不同情绪的分析也存在明显的差异。在不合理情绪的辩驳上存在明显的认知力不够，使课程深度挖掘受到一定影响。

附录：11 种不合理信念和与之对应的合理信念的区别

1. 不合理信念：人应该得到自己生活中每一位重要人物的喜爱和赞许。

合理信念：无论别人怎样看待我们，我们都是有价值的。

2. 不合理信念：一个有价值的人应该在各个方面都比别人强。

合理信念：我们尽全力去做事情，若失败，也是努力的失败，我们的价值不会因此而受损。

3. 不合理信念：有些人是卑鄙的、丑恶的，他们应该受到严厉的指责和惩罚。

合理信念：一个人做错事，并不等于他就是一个坏人。

4. 不合理信念：如果事情非己所愿，那将是糟糕的。

合理信念：事情很少像我们所期望的那样发生，若事情有可能改变，我们应尽努力争取，若不能则接受现实。

5. 不合理信念：不愉快的事是由外在因素所引起的，我们必须控制它。

合理信念：情绪是由我们对事情的知觉、评价产生的，是可以改变的。

6. 不合理信念：面对现实中的困难和自己应承担的责任是件不容易的事情，倒不如逃避它们。

合理信念：承担责任、面对困难与逃避相比，是合适的态度。

7. 不合理信念：对危险和可怕的事要随时警惕，应该非常关心并不断注意其发生的可能性。

合理信念：我们要设法避免那些可能发生的危险事情，如无法避免，则应设法减轻其后果。

8. 不合理信念：人必须依赖别人，特别是比自己强的人，只有这样才能生活得更好。

合理信念：每个人都是一个独立的个体，别人至多只能在某些方面帮助你，但不能代替你生活。安全感的获得还是得依靠自己独立自主。

9. 不合理信念：过去的经验决定了现在，而且是永远无法改变的。

合理信念：过去已成历史，但不决定现在和将来，人通过自身的努力是有能力改变现状的。

10. 不合理信念：我们应该关心他人的问题，也要为他人的问题感到悲伤难过。

合理信念：对于他人的问题，我们可以表示关心和同情，有能力时不妨伸出援手，但如果帮不上忙也不必过多牵涉和自责。

11. 不合理信念：人生中的每一个问题都有正确而完美的答案，一旦得不到答案就会很痛苦。

合理信念：并不是所有问题都有正确而完美的答案，对于那些没有确定答案的问题不必一定穷究到底，更不必因为得不到完美答案而痛苦伤心，但求够好，不求最好。

案例五：《职业价值观》教学设计

职业价值观指人生目标和人生态度在职业选择方面的具体表现，也就是一个人对职业的认识和态度以及他对职业目标的追求和向往。理想、信念、世界观对于职业的影响，集中体现在职业价值观上。

由于个人的身心条件、年龄阅历、教育状况、家庭影响、兴趣爱好等方面的不同，人们对各种职业有着不同的主观评价。从社会来讲，由于社会分工的发展和生产力水平的相对落后，各种职业在劳动性质的内容、劳动难度和强度、劳动条件和待遇、所有制形式和稳定性等诸多问题上，都存在着差别。再加上传统的思想观念等的影响，各类职业在人们心目中的声望地位便也有好坏高低之见，这些评价都形成了人的职业价值观，并影响着人们对就业方向和具体职业岗位的选择。

每种职业都有各自的特性，不同的人对职业意义的认识，对职业好坏有不同的评价和取向，这就是职业价值观。职业价值观决定了人们的职业期望，影响着人们对职业方向和职业目标的选择，决定着人们就业后的工作态度和劳动绩效水平，从而决定了人们的职业发展情况。哪个职业好？哪个岗位适合自己？从事某一项具体工作的目的是什么？这些问题都是职业价值观的具体表现。

一、教材分析

1. 主题确定理论及政策依据

（1）生涯教育的理论依据

①赫茨伯格双因素理论

赫茨伯格及他的助手通过调查发现，使职工感到满意的都是属于工作本身或工作内容方面的；使职工感到不满的，都是属于工作环境或工作关系方面的。他把前者叫作激励因素，后者叫作保健因素。赫茨伯格的双因素理论实际上是针对满足的目标而言的，所谓保健因素实质上是人们对外部条件的要求；所谓激励因素实质上是人们对工作本身的要求。根据赫茨伯格的理论，要调动人的积极性，就要在"满足"二字上做文章。满足人们对外部条件的要求，称为间接满足，它可以使人们受到外在激励；满足人们对工作本身的要求，称为直接满足，它可以使人们受到内在激励。

②舒伯职业价值观理论

舒伯职业价值观理论主要集中在他和他的同事们开发出来的一个包括了三个维度、15个因子的价值观量表，这个问卷可以了解人们对于工作的各项特征的重要性的优先顺序。

内在价值维度，指与职业本身性质有关的因素，即工作本身的一些特征。它包括7个因子：智力激发、利他性、创造性、独立性、美感、成就、管理。

外在价值维度，指与工作内容无关的外部因素，即工作的环境。它包括4个因子：工作环境、同事关系、监督关系、变动性。

外在报酬维度，指在职业活动中能获得的因素，它包括4个因子：声望、安全性、经济报酬、生活方式。

（2）生涯教育的政策依据

《普通高中学生发展指导纲要（试行）》中提出要在高中阶段培养学生理想方面、学业方面、生活方面、生涯方面、心理方面的针对性指导。培养学生健康生活、努力学习、理想远大、合理规划的意识和能力，激发学生学习动机与兴趣；提高学生学习效率和学习能力。在生涯发展方面帮助学生全面了解自己的职业性格、兴趣倾向、能力结构和人生价值观；帮助学生了解大学专业信息和社会职业需求，合理规划升学与就业目标；促进学生掌握步入下一个人生阶段的生活、学习、工作所必需的意识和技能；有效减少学生在学习生活和生涯方面的困惑。

2. 教学目标

（1）认知目标：认识职业价值观及探索自己的职业价值观；

（2）能力目标：通过活动感悟，澄清自我认知中的价值取向，初步树立未来自我的价值观。

（3）情感目标：通过体验活动，让学生感受取舍对于未来人生的重要性、认同自我选择，以此激发学习内驱力。

3. 教学重点和难点

（1）教学重点：体验并感受活动，唤醒学生内心深处的价值认同。

（2）教学难点：通过取舍获得未来自我认同价值。

二、学情分析

美国生涯规划大师舒伯将人的一生分为成长期（0—14岁）、探索期（15—24岁）、建立期（25—44岁）、维持期（45—65岁）和衰退期（65岁以后）。十五六岁的高一学生，正是探索的开端，这个阶段学生有强烈的探索自我的需要。然而"理想很丰满、现实很骨感"，调查发现，有很多的同学几乎没有考虑过自己未来的专业和职业。工作价值观是个人追求的与工作有关的目标，亦即个人的内在需求及在从事活动时所追求的工作特质或属性，它是人生价值观在职业问题上的反映。即便当前高中学生还未正式进入到工作环境，还没形成较为稳定的职业价值观，但他们的抽象逻辑思维已经高度发展起来了。开始对

"什么对我来说更重要"有了更加深刻的探索和思考。课堂设计重过程，轻结果，让学生在活动中体验职业价值观的澄清。从职业价值观动态的、发展的视角出发，引导学生了解价值观的形成原理以及可能的发展方向。

三、教学思路

职业价值观是指人生目标和人生态度在职业选择方面的具体表现，也就是一个人对职业的认识和态度以及他对职业目标的追求和向往。我们可从下列两个方面对职业价值观进行理解：

1. 职业价值观是价值观在所从事的职业上的体现，是人们对待职业的一种信念和态度，或者在职业生涯中表现出来的一种价值取向。

2. 职业价值观是个人对某项职业的价值判断和希望从事某项职业的态度倾向，即个人对某项职业的希望、愿望和向往。表明了一个人通过工作所要追求的理想是什么，是为了财富，还是为了地位或其他因素。

那么，人们进行职业选择时为什么要考虑价值观？首先，价值观在人们的职业生涯发展中起到极其重要的、决定方向性的作用，甚至往往超过了兴趣和性格对我们的影响。其次，当我们有矛盾冲突、或妥协与放弃时，常常也是出于价值的考虑。高佛森（Gottfredson）的"限制与妥协"理论就讲：人们在遇到环境限制时，在职业选择上最先放弃的是兴趣，其次是社会地位，最后是性别角色（即人们传统上认为适合男性或女性从事的职业）。但对美籍华人和中国人的调查表明，他们最后放弃的是社会地位。学生在有诱因的条件下均会忽略自己的兴趣而选择热门的科系或工作。由此理论，设计教学思路如下：

第一步，活动导入（抢滩登陆）。用活动暖身，活跃课堂气氛。初步辨识工作价值观，同时体会过程的取舍。

第二步，概念解释（理论基础）。教师简单介绍工作价值观定义。

第三步，活动参与（我的五样）。通过人生不同价值的取舍，澄清自己内心最看重的东西。明辨自己未来人生价值观和工作价值观。

第四步，发展理论（理论基础）。讲解马斯洛需要层次理论，使学生理解需求不同导致的动机不同，理解工作价值观折射出来的人生取舍。辨明工作价值观背后的深层动机。

第五步，价值观拓展。通过拓展阅读及活动感受进一步辨明自己的人生价值观。

四、教学过程

教学活动	教学意图	教师组织	学生行为
抢滩登陆	初步澄清工作价值观并体会在价值观澄清过程中的取舍。	教师解读游戏规则：每位同学选择一种愿意去的工作环境,因为位置有限,如果没有抢到最愿意去的，只能退而求其次。 观察学生在游戏中的反应，找到典型学生提问。 对于犹豫不定的学生，应问："请问你刚才在想什么？"对于直接入座的学生，应问："你怎么这么快坐到这里来？"	体验游戏并引导学生思考游戏过程中的感悟。
概念解析	引导学生理解工作价值观的含义。	教师分享并解析工作价值观。	自主思考，参与讨论。

教学活动	教学意图	教师组织	学生行为
我的价值牌	活动中体验职业价值观的动态澄清过程。引导学生认识价值观形成过程中的可变性。	分步讲解卡牌游戏步骤：第一轮，每人在5张原始牌中，打掉2张自己觉得不太重要或不太喜欢的牌，留下3张牌。第二轮，小组成员依次摸一张，打一张，也可以从新牌中摸一张，全部牌摸完为止。最终留下3张。第三轮，每人翻出自己最终留下的3张卡牌，可以用空白卡牌将他人的好牌复制过来，成为自己价值观的重要组成部分。 设置活动提问，引导学生思考。"这个过程中，让你印象最深刻的是什么？""你最终选择了保留了这些价值观卡牌，是否有受到某些人、事、物的影响？""请你预测一下，未来，在你手上握到的你最重要的价值观内容有可能发生变化？"	1. 分组进行卡牌游戏体验； 2. 学生分享、交流； 3. 根据游戏体验回答问题。
发展	分析并加深学生的认知。	结合马斯洛需要层次理论，分析价值观背后的深层动机。	结合自己的价值观选择，思考对应的内在需求的满足。

续表

教学活动	教学意图	教师组织	学生行为
课堂小结	强调个人价值观的确立源自于个人深层次的内在需求。	讨论职业价值观对人未来选择的影响，强调价值观的可变性。	回顾要点。

五、教学反思

教师在帮助学生澄清职业价值观的时候，应当注意处理好以下几个关系的矛盾。

处理好职业价值观与金钱的关系。金钱是一种成就的报酬，它是在确定职业价值观时首先要面对的问题。有些经济条件不太好的学生在面对未来可能的工作选择时，将金钱作为首选价值观，从根本上讲这并未有错。但是教师在总结经济报酬这项价值观取向的时候，需要说明：对于一些人来说，拥有的知识、能力、经验和阅历还不足以使其一走上社会就获得大量金钱回报。尤其是面对严峻的就业形势，更应理性地降低对金钱的期望值，把眼光放远一些，应尽可能地将自我成长和自我实现作为在毕业求职时的首选价值观。

处理好职业价值观与个人兴趣和特长的关系。职业价值观、个人兴趣和特长是人们在择业时需要考虑的最重要的三个因素。在确定价值观时，一定要考虑它是否与自己的兴趣和特长相适应。

处理好职业价值观的排序与取舍的问题。职业价值观的特性决定人们不会只有唯一的职业价值观，人性的本能也会驱使人们希望什么都能得到，但在现实生活中"鱼和熊掌是不可兼得的"。然而在职业选择中，人们却不能理性对待。既然是选择，就要付出代价，只有舍，才能得。所以，要对自己的职业价值观进行排序，找出你认为最重要、次重要的方面，并提醒自己不可能什么都得到。否则就会患得患失，终其一生也不清楚自己到底想要什么，更谈不上职业生涯的成功和对社会的贡献了。

附录：职业价值观的分类

根据不同的划分标准，人们对职业价值观的种类划分也不同。美国心理学家洛特克在其所著《人类价值观的本质》一书中，提出这几种价值观：成就感、审美追求、挑战、健康、收入与财富、独立性、爱、家庭与人际关系、道德感、欢乐、权利、安全感、自我成长和社会交往。我国学者阚雅玲将职业价值观分为如下12类。

1. 收入与财富。工作能够明显有效地改变自己的财务状况，将薪酬作为选择工作的重要依据。工作的目的或动力主要来源于对收入和财富的追求，并以此改善生活质量，显示自己的身份和地位。

2. 兴趣特长。以自己的兴趣和特长作为选择职业最重要的因素，能够扬长避短、趋利避害、择我所爱、爱我所选，可以从工作中得到乐趣、成就感。在很多时候，会拒绝做自己不喜欢、不擅长的工作。

3. 权力地位。有较高的权力欲望，希望能够影响或控制他人，使他人照着自己的意思去行动；认为有较高的权力地位会受到他人尊重，从中可以得到较强的成就感和满足感。

4. 自由独立。在工作中能有弹性，不想受太多的约束，可以充分掌握自己的时间和行动，自由度高，不想与太多人发生工作关系，既不想治人也不想治于人。

5. 自我成长。工作能够给予受培训和锻炼的机会，使自己的经验与阅历能够在一定的时间内得以丰富和提高。

6. 自我实现。工作能够提供平台和机会，使自己的专业和能力得以全面运用和施展，实现自身价值。

7. 人际关系。将工作单位的人际关系看得非常重要，渴望能够在一个和谐、友好甚至被关爱的环境工作。

8. 身心健康。工作能够免于危险、过度劳累，免于焦虑、紧张和恐惧，使自己的身心健康不受影响。

9. 环境舒适。工作环境舒适宜人。

10. 工作稳定。工作相对稳定，不必担心经常出现裁员和辞退现象，免于经常奔波找工作。

11. 社会需要。能够根据组织和社会的需要响应某一号召，为集体和社会做出贡献。

12. 追求新意。希望工作的内容经常变换，使工作和生活显得丰富多彩，不单调枯燥。

案例六：《生涯唤醒》教学设计

生涯教育是指一系列在教育情境中所设计的活动，致力于协助个人获得有关自我和未来发展的知识，能应用选择、规划、准备工作或生活形态的技巧，使工作在其生命中具有意义，且令人满意。指导和帮助中学生做生涯规划，就是要帮助学生在不断认识自我的性格特质、兴趣爱好、能力倾向的基础上，协助学生找到自己的生涯发展方向，并教会学生如何规划自己的未来人生。

一、教材分析

1. 主题确定理论及政策依据

（1）生涯教育的理论依据

①加德纳多元智能理论

多元智能理论是加德纳于 1983 年提出的，该理论认为，智能是解决某一问题或创造某种产品的能力，而这一问题或这种产品在某一特定文化或特定环境中是被认为有价值的。就其基本结构来说，智能是多元的，每个人身上至少存在八项智能，即语言智能、数理逻辑智能、音乐智能、空间智能、身体运动智能、人际交往智能、自我认识智能、认识自然的智能。

②霍兰德职业倾向理论

美国约翰·霍普金斯大学心理学教授霍兰德于 1959 年提出了具有广泛社会影响的职业兴趣理论。他认为人的人格类型、兴趣与职业密切相关，兴趣是人们活动的巨大动力，凡是具有职业兴趣的职业，都可以提高人们的积极性，促使人们积极地、愉快地从事该职业，且职业兴趣与人格之间存在很高的相关性。霍兰德认为人格可分为现实型、研究型、艺术型、社会型、企业型和常规型六种类型。

（2）生涯教育的政策依据

《普通高中学生发展指导纲要（试行）》中提出要在高中阶段培养学生理想方面、学业方面、生活方面、生涯方面、心理方面的针对性指导。培养学生健康生活、努力学习、理想远大、合理规划的意识和能力，激发学生学习动机与兴趣；提高学生学习效率和学习能力。在生涯发展方面帮助学生全面了解自己的职业性格、兴趣倾向、能力结构和人生价值观；帮助学生了解大学专业信息和社会职业需求，合理规划升学与就业目标；促进学生掌握步入下一个人生阶段的生活、学习、工作所必需的意识和技能；有效减少学生在学习生活和生涯方面的困惑。

2.教学目标

（1）认知目标

感悟人生五种状态，了解不同人生状态产生的原因，思考达成理想人生的重要因素和实施途径，了解生涯选择对人生发展的深远影响，了解高中阶段开启生涯规划教育的重要性。

（2）能力目标

学会通过参加活动感悟生涯状态，提升反思与自省的能力。

（3）情感目标

通过人生五态体验活动，让学生感受生涯规划对于未来人生的重要性，通过感知人在不同人生阶段的生涯角色来确认自己的定位，培养学生尽早树立生涯规划意识，并以此激发学习内驱力。

3.教学重点和难点

（1）教学重点

通过生涯体验与分析，唤醒学生生涯规划意识。

（2）教学难点

引导学生在高中阶段树立长远人生目标。

二、学情分析

目前高中阶段学生在生涯规划方面存在很多问题，主要表现在家长主导，学生缺乏动力规划生涯，学生自我认识不足，读书为考试，生涯规划并非教育目标；不认识职业世界，缺乏体验机会；不明确生涯实践和管理方法，认为事业和求职是离校以后的事情；等等。具体表现如下。

1.高中生对生涯规划的重要性没有清晰的认识

在现阶段各种学业压力、升学压力、学校规则的约束下，学生无暇思考、规划自己的未来。有些学生由于家庭、社会的影响，认为生涯规划是基于变化的社会而形成的，不具有确定性，因而不去思考自己的未来，生涯规划在学生心中并不重要。

2.高中生对自我兴趣和能力的探索与培养不足

调查显示，大部分学生儿童时代均参加过多种兴趣班培训，但真正持续的几乎很少。到了高中，学生更难以得到父母的支持去通过相关培训或活动探索自己的兴趣、挖掘潜力。因此，大部分学生表示不知道自己的兴趣，或不确定。

3.高中生对自我缺乏全面性的自我评估

根据帕森斯的生涯选择理论，明智的生涯选择的第一个重要步骤就是要对自身的兴趣、技能、价值观、目标、背景和资源进行认真的自我评估。而调查显示，大部分学生没有进行过较为全面、认真的自我评估，也不知道该如何自我评估。

4.高中生缺乏与家长、学校进行生涯规划的共同探讨

高中生认为家长是对自己生涯规划影响最大的人，但是自己平时却很少跟家长共同探讨生涯规划。学生反映，家长平日最关心的是自己的学习，其次是心理健康，最后才是兴趣、理想；学校老师最注重的也是学生的学习成绩的提高，老师在重重压力之下，也没有心力去帮助学生全面发展，做好生涯规划。

三、教学思路

心理学家皮亚杰认为，人的认知发展规律是指个体自出生后在适应环境的活动中，对事物的认知及面对问题情境时的思维方式与能力表现，随年龄增长而改变的历程。它包括知、情、意、行四个方面，在心理学理论中，"知"指的是认知、观念，认知包括感知觉、意识和注意、记忆、思维，整个是一个逐步上升逐步整合的过程；"情"指的是情绪、情感，情绪和情感是由独特的主观体验、外部表现、生理唤醒等三种成分组成；"意"指的是意志；"行"指的是行为。也就是说一个人必须先在认知层面做出调整和改变，外在行为才能随之做出改变，生涯规划意识也是如此。由此理论，设计教学思路如下。

第一步，生涯启蒙调研。用调查问卷做前期调研分析，了解学生在成长导航课程之前的生涯启蒙意识，做到有的放矢。根据帕金斯人职匹配理论，个体差异是普遍存在的，每一个个体都有自己的个性特征，而每一种职业由于其工作性质、环境、条件、方式的不同，对工作者的能力、知识、技能、性格、气质、心理素质等有不同的要求。进行职业决策（如选拔、安置、职业指导）时，就要根据一个人的个性特征来选择与之相对应的职业种类，即进行人职匹配。学生进行生涯规划教育不仅使学生了解自己，还有利于学生了解外部世界，包括大学、专业、职业，真正做到人职匹配。

第二步，基本生涯认知。呈现大学生专业满意度调查数据及高中生对大学及专业了解程度的调查数据，让学生分析造成盲目填报志愿的背后原因。使其明确自己了解大学和专业的必要性和重要性。

第三步，生涯体验。通过人生五态的切身体验，让学生意识到没有人生目标、没有未来规划的迷茫。

第四步，生涯彩虹。通过了解生涯彩虹，对现阶段自己的人生目标做一个界定，设定短期目标。

第五步，生涯拓展。通过拓展阅读了解生涯规划的方法和途径、拓展生涯规划视野。

四、教学过程

教学活动	教学意图	教师组织	学生行为
情景导入	用情景置换的手法，让学生更易理解高中生涯规划的重要性。	故事导入，用相亲故事比拟高中生对大学及专业不够了解而盲目进行高考志愿填报导致走了人生弯路的社会现象。 呈现大学生专业满意度调查数据及高中生对大学及专业了解程度的调查数据，让学生分析造成盲目填报志愿的背后原因。	通过盲目填报志愿的社会现象、大学生专业满意度调查数据和高中生对大学及专业了解程度的调查数据，思考并分析背后的原因，从而了解高中阶段开启生涯规划的重要性。
生涯体验	通过人生五态的切身体验，让学生意识到没有人生目标、没有未来规划的迷茫。	第一部分：生涯体验。通过体验"迷茫人生""被控人生""竞争人生""理想人生""和谐人生"五种不同的人生状态体验活动。	同学自愿参加或点名参加，感受五种不同的人生状态。让学生感受每种人生状态的特征和内心体会。

续表

教学活动	教学意图	教师组织	学生行为
生涯体验		第二部分：让参与者分享在体验环节中最喜欢和最不喜欢哪种状态，并说明原因。	分享五种人生状态的体验感悟。
		第三部分：老师引导学生分析不同人生状态的利与弊，每种感受产生的原因以及应对策略，重申生涯规划的重要性。	思考人生目标对生涯规划的重要性，反思自我学习状态，并引发对个人生涯规划的思考。
生涯角色认定	通过了解生涯彩虹，对现阶段自己的人生目标做一个界定，设定短期目标。	向学生展示舒伯的生涯彩虹图，解释生涯彩虹的主要概念、意义和对学生的影响，着重强调彩虹图的价值部分。	参照生涯彩虹图了解人生的完整性，对各个阶段自己该完成的事和该承担的责任做到心中有认知。
梦想愿景	打破学生思考局限性，让学生将对未来的思考延伸到高考之后的更长人生道路。	引导学生在即时贴上写下自己20年后要实现的梦想与愿望。	学生思考自己的梦想与愿望。
课堂小结	重申树立生涯规划意识的重要性。	简述生涯规划的重要性、方法和途径。	回顾知识要点。

续表

教学活动	教学意图	教师组织	学生行为
课外拓展	唤起生涯规划意识，给与学生生涯规划的方法和途径。	拓展任务。	为自己做一张关于生涯愿景的思维导图，构想自己未来的样子（从事职业、生活状态等），然后规划自己的成长路径。
课外拓展	通过拓展阅读了解生涯规划的方法和途径、拓展生涯规划视野。	拓展阅读和拓展电影。	观看电影：《杰出青少年的六个决定》《三傻大闹宝莱坞》《谁的青春不迷茫》

五、教学反思

新高考背景下，一直致力于学习，对外界环境变化知之甚少的高一学生将面临选科和选考。由于之前从未或较少接受过生涯规划相关指导，学生大多缺乏长远明确的人生目标，导致缺乏学习内驱力，学习效率低下。因此，解决学生未来方向和目标问题，是生涯规划的主要任务，生涯启蒙就是让学生开始思考什么样的路是适合自己的，本课的设计初衷也是如此。但是学生在生涯体验和生涯角色探索方面表现出的问题较多，由于对自己和社会了解甚少，很多学生的目标和理想是不现实的，与本人的实际能力和状况相差较大，设定的目标也不具有强大的驱动作用，因此，让学生对外界信息进行较详细的了解，增加其对世界的认识是下一步的重要课程目标。

附录：生涯彩虹图（Life-career rainbow）

为了综合阐述生涯发展阶段与角色彼此间的相互影响，舒伯创造性地描绘出一个多重角色生涯发展的综合图形——"生涯彩虹图"，形象地展现了生涯发展的时空关系，更好地诠释了生涯的定义。在生涯彩虹图中，纵向层面代表的是纵观上下的生活空间，是有一组职位和角色所组成。分成：子女、学生、休闲者、公民、工作者、持家者六个不同的角色，它们交互影响交织出个人独特的生涯类型。

他认为在个人发展历程中，随年龄的增长而扮演不同的角色，图的外圈为主要发展阶段，内圈阴暗部分的范围，长短不一，表示在该年龄阶段各种角色的分量；在同一年龄阶段可能同时扮演数种角色，因此彼此会有所重叠，但其所占比例分量则有所不同。

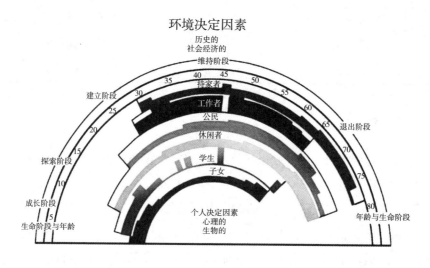

第四节　初中主体性心理健康教育课程体系的建构

《中共中央、国务院关于深化教育改革，全面推进素质教育的决定》明确指出：实施素质教育必须加强学生的心理健康教育。如果学生的心理素质提高了，那么他们的整体心理状态就会保持比较健康的水平。良好的心理素质是人的综合素质中重要的组成部分。初中学生正处于生理发育的高峰期，心理发展的矛盾期，主要体现在：心理上的成熟感与半成熟现状之间的矛盾；心理断乳与精神依赖之间的矛盾；心理闭锁性与开放性之间的矛盾；成就感与挫折感之间的矛盾。随着中学生生理与心理的发育和发展、社会阅历的扩展及思维方式的变化，特别是面对社会竞争的压力，他们在学习、生活、人际交往、升学就业和自我意识等方面会遇到各种各样的心理困惑或问题。因此，在初中阶段开展心理健康教育，深化心理健康教育的课程改革是学生健康成长的需要，也是推进素质教育的必然要求。

一、课程目标

东北师大附中初中部心理健康课程的适应目标与发展目标并重，其首要目标为培养和发展学生积极心理品质。基于心理素质培养的心理健康教育秉承积极心理学对人性持积极评价的取向，重心是重视人和社会的积极因素的教育功能。积极心理健康教育观认为，人人都有积极的心理潜能，都有自我向上的成长能力。基于心理素质培养的心理健康教育将重点放在培养学生内在积极心理品质和开发心理潜能上。因此，基于心理素质培养的学生心理健康教育课程体系的课程目标既应指导学生积极适应，又应有利于促进学生积极心理品质和良好适应能力的发展。

二、课程内容

初一上学期，面对新环境、新同学、新老师、新要求，学生不知该如何应对，入学适应问题表现得尤为突出。因此在整个初一上学期，以适应为主题，以初中阶段学习心理、同伴交往、亲子关系等方面为切入点对学生进行引导，帮助学生在心理方面完成小升初的衔接。

初一下学期已经适应学校生活，这时一部分学生处在儿童期与青春期的过渡阶段，但还残存着儿童期的幼稚和不成熟，这时，学生的自我意识高度觉醒、情绪两极性波动频繁、同伴交往深入并变得越来越重要，既个性独立又跟风从众。针对这个学段学生的心理特点，在初一下学期，以发展正面积极的自我观念、建立良好的人际关系、善于控制和表达情绪、高效的学习习惯等为辅导目标，开设相关课程，帮助学生完成从儿童期到青春期的平稳过渡。初一全学年每周一课时，全学年共32课时，12个单元。

初二的学生正值疾风骤雨的青春期，进入了成长中的"危险期"和"困难期"。由于身体的快速发育、心理的骤变，他们不得不同时面对来自生理、心理、学业、人际、家庭、学校及社会环境迅速变化所带来的种种不适和压力。初二学生心理发展特点主要有以下几个方面：①初二学生思维的独立性和批判性有了一定的发展；②自我意识进一步发展，对"自我评价和认识"特别敏感，更倾向于细心关注那些有助于保持自我形象和关于自己的意见；③独立意识日渐增强，如遇阻碍容易形成逆反心理，判断的独立性也逐渐提高，且具有一定的批判性，不愿盲目依赖和服从权威；④对"我是谁""我要成为什么样的人"等人生问题渴望有更多的了解，开始思考生命的意义与价值；⑤与同伴已经建立了较为熟悉的关系，渴望被同伴接纳，但由于情绪较易冲动，且缺乏人际交往技巧及解决冲突的能力，容易被人际方面的问题所困扰。

由此，我们在初二阶段设置的课程内容为：建立积极自我形象及自我效能感，高效的时间管理及自我调控能力，有效的学习策略及学习动机，维持深入而良好的同伴关系、健康的异性关系，融洽的亲子关系，等等。帮助学生平稳渡过成长中又逆反又冲动的青春期和学习的分化期。初二全学年每两周一课时，全学年共18课时，8个单元。

初三年级学生处在紧张的学习生活中，课业的繁重、频繁的考试、中考的压力会不断地打击学生的自信心，甚至会消磨一部分学生的意志。在长期紧张的备考中，有的学生心理浮躁，有的力不从心，有的压力山大，有的自我阻碍。整个初三阶段，学生的注意力大部分集中在学习上，其他心理问题的出现也几乎与学习有关，所以减压和心理辅导是本校初三阶段辅导的重点。七次模拟考试以及体育中考是学生问题频发的时段，因此在这些学段应对学生进行以活动为主的、讲授为辅的辅导模式，缓解学生课业压力。

由此，我们在初三阶段设置的课程内容为：积极应对学业压力，宣泄不良情绪，促进人际互动间的积极情感反应和体验，增强初三富有挑战意义的成长过程中的心理弹性等。初三全学年每四周一课时，全学年共8课时，2个单元。

年级	单元	单元目标
初一	拥抱初中	帮助学生熟悉校园、初一学习生活和心理健康课。了解新生心理健康状况。
	播种友情	引导学生了解交朋友的各种主动策略，帮助学生建立新的友谊。
	社交技巧	学习倾听、道歉等人际交往技巧，并了解受人欢迎和讨厌的行为，指导自己的人际交往。
	爱的港湾	通过共同制作PPT，增进亲子关系；通过展示PPT，增进班级同学之间的了解，感受父爱和母爱。
	学海适应	引导学生用大脑的七个规则指导学习，调整学生进入初中第一次期中考试之后的不良心态，保持继续积极学习的动力。
	应考有方	引导学生规划管理自己的学习时间，掌握科学的应考技巧。
	自我认同	形成明确而积极的自我认同，提升自我认识，发掘自己优点，懂得欣赏自己和他人并通过成功的经验来提升自信。
	情绪调控	引导学生辨别自己和他人的情绪；表达自己的情绪；以健康的方式处理消极情绪。
	同伴压力	认识从众现象，认识同伴压力的影响，学习合理拒绝的技巧，坚持自己立场。
	青春烦恼	引导学生应对由于步入青春期而带来的心理困扰，悦纳青春期，珍爱生命。

年级	单元	单元目标
初一	自控增效	引导学生健康使用网络，掌握各种睡眠技巧，保证有充分的精力备考。
	轻松应考	引导学生进行积极自我暗示，掌握 NLP 自我放松技术，轻松备考。
初二	和谐人际	引导学生智慧地处理自己的师生关系、亲子关系、同伴关系和萌动的青春情。
	自我效能	引导学生自主改变学生不合理信念从而改善自我认知，提高其自我效能感。
	乐学不倦	激发学习动机，调整考试焦虑。
	自助助人	引导学生积极处理生活变故及应对抑郁情绪的方法，及抚慰他人的技巧。
	分辨是非	引导学生根据一定的社会标准对事件或行为进行辨析。
	心理弹性	培养学生对逆境中压力、诱惑的认识，提高自我应对能力。
	自主独立	帮助学生掌握自主能力所需要的技巧与策略。
	劳逸结合	引导学生科学用脑，集中精力高效备考。
初三	初三加油站	让学生对初三的生活及即将会有的状况，有心理准备。更有信心，更从容。
	轻松应考	引导学生积极面对中考压力。帮助学生处理中考临考前的离别情绪。优化学生的应考心理，让学生能积极面对中考。

第五节　初中心理课程典型案例

案例一：《增强你的记忆力》教学设计

记忆力是智力的重要组成部分。学生在学习过程中，所有知识的学习与掌握都离不开记忆的参与。可以说，记忆能力是学生学习能力的基石。学生从小学进入初中后，学习科目增多，课程难度加大，要记忆的东西较多。因此，引导学生掌握科学的记忆方法，了解遗忘的规律，对于帮助学生掌握所学知识、合理安排复习至关重要。

一、教材分析

1. 主题确定理论及政策依据

（1）理论依据

我国心理学家杨治良在《记忆心理学》中写道："有了记忆，人才能有间接知识，没有记忆，学习也就失去了意义。"因此，记忆是学生学习生活中的重要主题。记忆是一个从记到忆的心理过程，包括识记、保持和再现三个过程。识记和保持是再现的前提，识记和保持效果如何，直接影响到再现这一结果。德国著名心理学家艾宾浩斯对人类记忆遗忘的规律进行了研究，并提出了"艾宾浩斯遗忘曲线"。遗忘曲线显示，有意义材料比无意义材料更容易记忆；人类的遗忘遵循"先快后慢"的原则。因此，赋予学生所学的知识以意义，并辅之以及时复习，是帮助学生增强记忆的必要保证。

（2）政策依据

《中小学心理健康教育指导纲要（2012 年修订）》指出，开展中小学心理健康教育，要以学生发展为根本，遵循学生身心发展规律，要注重心理健康教育的实践性与实效性。初中阶段的主要教育内容包括，适应中学阶段的学习环境和学习要求，培养正确的学习观念，发展学习能力，改善学习方法，提高学习效率。

2. 教学目标

（1）知识与技能目标

了解记忆的类型，掌握 3 种有效的记忆方法，了解遗忘的规律。

（2）过程与方法目标

通过故事引入、小组讨论活动和讲授的方式进行教学，让学生体验增强记忆的有效方式。

（3）情感态度与价值观目标

学生通过所学的记忆技巧，把枯燥的学习内容变得有趣，从而喜欢记忆和学习；并在遗忘规律的指导下，科学合理地安排复习时间。

3. 教学重点和难点

（1）教学重点

3 种记忆方法的掌握，艾宾浩斯遗忘曲线的了解。

（2）教学难点

结合学生自身情况，选用相应的记忆方法，增强记忆力。

二、学情分析

学生从小学进入初中后，学习科目增多，课程难度加大，需要记忆的内容也较多。从语文学科的古诗词、文言文，英语学科的单词、语法，到数学学科的公式、定理，以及历史和地理等学科的年份和图表等。如果仅仅靠死记硬背，反复诵读，记忆效率很低，可能造成学生很大的学习负担。因此，非常有必要引导学生主动使用有意记忆，根据学习任务的内容及自身的特点选择合适的记忆方法。本节课旨在带领学生在了解记忆力的基础上，掌握记忆的方法及遗忘规律，以期帮助学生提高学习效率。

三、教学思路

第一步，引入记忆。由学生的兴趣出发，借由"金鱼的记忆只有 7 秒钟"这一谣言，引入记忆主题。

第二步，介绍记忆的概念及类型。从学生的学习和生活入手，利用举例子的方式，介绍记忆的概念及类型。

第三步，分享并讨论记忆的三种方法。学生亲身体验记忆材料、总结有效的记忆方法，并通过小组讨论的形式，将所学的记忆方法运用到学习中。

第四步，讲授遗忘的规律。介绍艾宾浩斯遗忘曲线，引出合理安排复习时间的重要性。

第五步，课堂小结。总结课堂内容，引导学生将所学的记忆方法和遗忘规律应用到日常的学习生活中。

四、教学过程

教学活动	教学意图	教师组织	学生行为
情境引入	激发学生兴趣，引入记忆这一主题。	《大鱼和小鱼》的故事讲述。小鱼问：妈妈，妈妈，为什么人类说我们的记忆只有七秒？大鱼说：我想想……嗯……你刚刚说什么？小鱼答：嗯？我什么也没问啊！大鱼问：你是谁？小鱼答：我不记得我是谁了，我去找人问问，再见，阿姨！	观看故事，思考并回答金鱼的记忆是否只有7秒钟？
知识分享	初步了解记忆及其类型，意识到记忆的重要性。	结合学生其他学科所学内容，引导学生了解记忆的识记、保持和再现三个过程。	理解并激发内在学习兴趣。

续表

教学活动	教学意图	教师组织	学生行为
知识分享		结合生活中电话号码的例子，共同了解记忆的三种类型：瞬时记忆、短时记忆和长时记忆。	理解并激发内在学习兴趣，认识到不同的记忆类型及其重要性。
体验活动	结合学生其他学科的学习内容及有趣的记忆材料，引导学生了解并体会三种常用的记忆方法。	1.《猫号》故事引入，引出"有意义的材料容易记"这一记忆特点。	阅读故事，思考记忆的特点。
		2. 教师展示记忆材料，引导学生运用适当的记忆方法进行记忆，并且总结提炼每种记忆方法的特点。三种记忆方法分别为：形象记忆法、联想记忆法、谐音记忆法。	学生参与记忆材料的识记，思考、提炼和总结每种记忆方法的特点。
		小组讨论：发挥想象力，运用尽可能多的记忆方法，对所给材料进行记忆。记忆的材料为"basketball""尴尬"。	学生分组讨论、代表发言。
总结拓展	了解遗忘的特点	介绍艾宾浩斯遗忘曲线，总结合理的复习时间点。	结合遗忘曲线，理解关键的复习时间点。
小结	回顾总结知识要点：三种记忆方法和遗忘规律。	总结：运用高效方法，快速记忆；把握黄金时段，多次复习。	回顾要点。

五、教学反思

本节课的题目是"增强你的记忆力"，主要内容是使学生了解记忆的三种方法及遗忘的规律，并将其应用到日常的学习生活中。其中，将三种记忆方法与学生其他学科学习内容的结合是本节课的重点加难点。由于记忆方法是为其他学科的学习起到保障作用，小组讨论与活动的记忆材料的选取就显得尤为重要。本节课选用的记忆材料是对英语单词"basketball"和语文词语"尴尬"进行记忆，结合了学生所学的英语和语文知识，所选材料具有一定的典型性和趣味性，学生进行记忆的兴趣也非常大。但是两个记忆材料也具有一定的特殊性，学生将记忆方法推广到其他材料时，可能会存在一定的挑战性。

此外，本节课的教学重点是三种记忆方法的掌握和应用，遗忘规律的内容未充分展开和深入。三种记忆方法的部分，学生结合教师提供的记忆材料进行了充分的参与和讨论，体现了学生的主体性。但是对于遗忘规律的内容，由于时间和内容安排的限制，更多地是以教师的分享为主。如果设计更多的思考或讨论环节，让更多的学生体验和参与效果会更好。

附录：《猫号》的故事

财主老乔养了一只猫，自认为非常奇特，对外人称它是"虎猫"。一天，他家里来了一帮客人，这帮客人想讨好他，都对他的猫恭维一番。第一个客人说："虎的确很勇猛，但不如狮，狮是万兽之王，就请改名叫'狮猫'吧。"第二个客人说："狮虽然比虎强，但只能在地上跑，而龙可以在天空行走，比狮更神奇，不如改名叫'龙猫'吧。"第三个客人说："龙固然比狮神奇，可是龙升到天空需浮在云上，云不是超过了龙吗？不如称为'云猫'吧。"第四个客人说："云遮住天空，但很快被风吹散了，云挡不住风，请改名叫'风猫'吧。"第五个客人说："大风刮起，墙作屏障就可以挡住了，因此叫它'墙猫'吧。"第六客人说："墙虽然坚固，但老鼠能在那里打洞，把墙破坏，所以叫它'鼠猫'吧。"

案例二：《集中你的注意力》教学设计

注意是人的心理活动对一定对象的指向和集中，是智力的重要组成部分。人的任何心理活动都离不开注意，注意是一切心理活动的开端，并伴随着心理活动的始终。稳定的注意是学生进行所有学科学习活动的前提。初中生阶段的学生精力充沛，兴趣广泛，情绪波动比较大，注意力难以持久集中。因此，引导学生意识到注意力的重要性，掌握提高注意力品质的方法显得尤为重要。

一、教材分析

1. 主题确定理论及政策依据

（1）理论依据

俄国教育家乌申斯基说："注意是学习的门户，凡是进入心灵的东西，都必须通过那扇门。"因此，注意力对于学生的学习生活至关重要。注意力是人的心理活动对一定对象的指向和集中，是智力的重要组成部分。注意力包括四种注意品质，分别是注意力的广度、注意力的稳定性、注意力的分配和注意力的转移。稳定的注意力是学生进行所有学科学习活动的前提，注意力广度的提升是学生提升阅读速度的必要保证，合理地进行注意力的分配并且能做到注意力的灵活转移对提高学生的学习成绩同样有益处。

（2）政策依据

《中小学心理健康教育指导纲要（2012 年修订）》指出，开展中小学心理健康教育，要以学生发展为根本，遵循学生身心发展规律，要注重心理健康教育的实践性与实效性。初中阶段的主要教育内容包括：适应中学阶段的学习环境和学习要求，培养正确的学习观念，发展学习能力，改善学习方法，提高学习效率。

2. 教学目标

（1）知识与技能目标

了解四种注意品质，掌握提高注意力品质的方法。

（2）过程与方法目标

通过活动引入、讲授、游戏参与和分享的方法进行教学，引导学生掌握提升注意力品质的方法。

（3）情感态度与价值观目标

让学生在活动参与的过程中，感知到注意力训练的乐趣和重要性，自觉养成运用课堂所学的方法提高自己注意品质的习惯。

3. 教学重点和难点

（1）教学重点

认识到集中注意力的重要性，学会培养注意力品质的方法。

（2）教学难点

运用注意力品质的培养方法提高自身注意力。

二、学情分析

初中生正处于青春期阶段，他们精力充沛，兴趣广泛，情绪波动比较大，注意力难以持久集中，很容易因突发事件而转移注意力（如，被隔壁教室的笑声吸引走注意力），这不利于学习效率的保持。此外，初中生注意力的分配和转移同样存在一定的问题。很多学生喜欢在写作业的时候听音乐或者进行其他的娱乐活动；部分学生刚上完一节体育课，很难及时地将注意力转移到接下来的数学课中，被噪音吸引走的注意力也很难立即转移回到课堂学习上。这对学生的学习效率也均存在一定程度的影响。

三、教学思路

第一步，游戏导入。通过讲故事和做游戏，激发学生的兴趣，引入注意力主题。

第二步，介绍注意的概念。引导学生参与活动，感受注意力的概念和特点，意识到注意力的重要性。

第三步，讲授注意力的四种品质。引导学生亲身感受和体验注意力品质的提升方法，将所学的方法运用到学习中。

第四步，总结提高注意力的方法。让学生回顾和思考，总结出在课堂上提高注意力的有效方式。

第五步，课堂小结。总结课堂内容，引导学生将所学的提高注意力的方法应用到日常的学习生活中。

四、教学过程

教学活动	教学意图	教师组织	学生行为
情境导入	激发学生上课兴趣，引起学习积极性，引入注意力这一主题。	热身活动：讲《乌龟和乌鸦的故事》并做游戏。 游戏组织：在今天的正式课程开始之前，我们先来做一个热身活动。我接下来会讲一个关于乌龟和乌鸦的小故事，请大家注意听，当念到"乌龟"或"乌鸦"时，大家要迅速拍手一下。在听到其他的词时，不能有任何动作。	活动参与，总结做好游戏的必要方法。
知识分享	引导学生理解注意力的概念，使学生重视注意力在实际学习生活中的作用。	活动：请大家集中注意力看大屏幕。给你们5秒钟时间，数一下大屏幕的图片中有几个6？有几种形状？引导学生对注意力含义的理解。	参与并回答问题，理解并激发内在学习兴趣。

续表

教学活动	教学意图	教师组织	学生行为
体验活动	让学生了解注意力的品质有哪些，掌握提高注意力品质的方法。	1.通过数不规则排列和规则排列的圆形个数的活动，介绍注意力的广度及提高注意力广度的方法。	活动参与，感受提高注意力广度的方式，理解注意力的四种品质。
		2.通过舒尔特方格游戏参与的方式，引导学生理解注意力的稳定性，自主找到提高注意力的方法。	分组派代表参与游戏，体会注意力稳定性的重要性及提高方式。
		3.介绍注意力分配的概念，让学生思考和分享"学习时是否可以听音乐"这一问题。	学生结合自身实际情况，思考和分享。
		4.介绍注意力的转移，通过 stroop 范式训练学生注意的灵活性。	参与活动，感受提高注意力灵活性的方法。
分享交流	引导学生总结和分享提高注意力的方法	组织分享：结合刚刚我们讲到的内容和大家平时的经验，请大家分享一下，课堂上课时，有哪些可以集中注意力的方法？	回顾课堂内容,思考和分享。
小结	总结和强调。	回顾总结注意力的四种品质，再次强调集中注意力的重要性。	引导学生自主领悟。

五、教学反思

本节课主要内容是使学生了解注意力的四种品质及提高注意力品质的方法，并将其应用到日常的学习生活中。四种注意品质的提升方法是本节课的重点和难点，因此，通过一个个生动有趣的活动和游戏来吸引学生，让学生感受和体会提高注意力品质的方法，充分体现了心理课的活动特点和学生的主体性地位。此外，为了引导学生将所学内容与生活学习实际相联系，我引导学生思考，写作业时是否可以听音乐？学生思考深入，发言积极，讨论气氛浓烈，迸发出了思维碰撞的火花。最后讨论的结果是因人而异，因情况而异，学生从中也思考和学习到了很多。

最后，由学生进行分享和总结提高注意力的方法，是在教师互动交流之后进行的回顾和汇总。如果将这一环节提前到课程的开始，是否会起到不同的效果，激发学生更大的积极性，这一问题值得思考。

附录：乌龟和乌鸦的故事

森林里的池塘边住着一只小乌龟，他有一双乌溜溜的大眼睛。

有一天，乌龟在外面玩，突然看见一只乌黑羽毛的乌鸦在天上飞，边飞边喊："兄弟，快跑，巫婆来了！"乌龟连忙把头缩进壳里，乌鸦则躲进了池塘边的茅屋。过了一会儿，乌龟见周围没什么动静，探出头来一看，才发现刚才乌鸦看到的既不是巫婆，也不是巫师，而是乌云。

这时天空乌云密布，眼看就要下大雨。

好心的乌龟把乌鸦请到屋里避雨，可是乌鸦看到乌龟家满地污泥，乌漆抹黑，就喋喋不休数落乌龟，乌龟听了很生气就骂乌鸦无理取闹。

后来，乌鸦把乌龟家弄得乌烟瘴气，乌龟不得不把乌鸦赶到屋外，弄得乌鸦大哭起来。

案例三：《认识你自己》教学设计

自我意识是个体在社会化过程中逐步形成和发展起来的，关于自我及其与周围环境关系的多方面、多层次的认识、体验和评价，是个体对自己多方面觉知的总和。初中生正处于青春期阶段，正是身体走向成熟而心理渴望成熟却仍然稚嫩的矛盾期。在这一时期，引导学生全面、客观地认识自己，从而接纳和完善自己对于学生的健康成长非常重要。

一、教材分析

1. 主题确定理论及政策依据

（1）理论依据

美国心理学家埃里克森的人格发展理论指出，人的自我发展要经历八个重要的阶段，每个阶段都有其核心任务和成长危机。初中阶段的个体处于自我同一性对角色混乱阶段。在这个阶段，个体身体迅速发育并逐渐成熟，而心理发展相对缓慢，这种不平衡的发展状态会引发个体出现很多矛盾和危机。因此，初中生的心理任务就是完成自我意识的整合和统一，排除自我迷惘，即形成"自我同一性"。

（2）政策依据

《中小学心理健康教育指导纲要（2012 年修订）》指出，开展中小学心理健康教育，要以学生发展为根本，遵循学生身心发展规律，要注重心理健康教育的实践性与实效性。初中阶段的主要教育内容包括：帮助学生加强自我认识，客观地评价自己，认识青春期的生理特征和心理特征。

2. 教学目标

（1）知识与技能目标

了解青春期自我意识的特点，掌握自我认识的方法（生理自我、心理自我、社会自我）和途径（自我评价、他人评价）。

（2）过程与方法目标

以视频播放、教师讲授、游戏等形式为载体，帮助学生意识到认识自我的重要性，学会正确认识自我的方法。

（3）情感态度与价值观目标

激发学生认识自我的兴趣，使其主动积极地认识自我，学会在自我评价和他人评价中，全面、客观地认识自己。

3.教学重点和难点

（1）教学重点

掌握正确认识自我的重要性，了解自我认识的方法。

（2）教学难点

客观、全面地认识自己。

二、学情分析

初中生处于自我意识发展的第二飞跃期，这一阶段的中学生，自我意识增强了，对"我是谁"渴望更多的了解。然而，初中生由于自我认识水平的限制，在自我认识与评价中往往存在偏差，缺乏对自己全面和客观的认识，有时过于以自我为中心，有时又过于重视他人对自己的态度与评价。因此，引导学生明确正确认识自己的重要性，了解多途径、全面客观地认识自己的方法，有助于帮助学生成长为更好的自己。

三、教学思路

第一步，视频导入。通过《一颗种子的旅程》引入，激发学生的兴趣，引入认识自我这一主题。

第二步，介绍自我意识的概念及发生发展特点。引导学生对自我的关注，正确理解青春期正常的自我意识状态。

第三步，讲授认识自我的方法。引导学生从生理、社会和心理三个方面全面认识自己。

第四步，猜猜我是谁活动。通过活动，引导学生通过内省的方式，结合他人评价，全面进行自我认识。

第五步，课堂总结。总结课堂内容，引导学生在生活中从多角度、客观、全面地认识自己。

四、教学过程

教学活动	教学意图	教师组织	学生行为
视频导入:《一颗种子的旅程》	激发学生上课兴趣,引发学生对认识自我这一主题的关注。	教师引导:正式上课之前,我们先来看一个视频。大家在看的时候,思考一个问题:"这颗种子在寻找自己是谁的过程中,经历了怎样的心理历程?"	观看视频、思考并回答问题。
自我意识的概念、发生与发展	激发学生认识自我的兴趣,了解自我意识的产生与发展,了解青春期自我意识的特点。	自我意识概念解析。	理解并激发内在学习兴趣。
		视频播放:我们是从什么时候开始具有自我意识的?	观看视频、寻找自我意识出现的时间点。
		案例展示:青春期是自我意识的第二个飞跃期和高峰期。组织学生一起观看案例,激发学生进行自我思考与感悟。	观看案例,了解青春期正常的心理现象。
认识自我的方法	让学生了解自我认识的3个方面,从而全面地认识自己。	教师引导:我们可以从哪些方面来认识自我呢?引导学生依次是从生理自我到社会自我,再到心理自我进行自我认识。	结合自身经历,思考和分享。

续表

教学活动	教学意图	教师组织	学生行为
游戏：猜猜我是谁	引导学生通过内省全面地认识自己，结合他人评价客观地认识自己。	组织活动：以"我"开头写6~10句描写自己的句子，包括生理自我、心理自我和社会自我三个方面。把自己的名字写在纸张的背面，然后交给老师，找同学到讲台上来读，全班同学猜猜这位同学是谁。	自我介绍、参与活动，反思别人猜正确或者错误可能的原因
总结	引导学生从多角度、客观、全面认识自己。	回顾和总结自我认识的方法和途径。	思考、领悟。

五、教学反思

本节课的题目是"认识你自己"，主要内容是使学生意识到自我认识的重要性，了解青春期自我意识的特点，并且可以从多角度、全面客观地进行自我认识。"猜猜我是谁"环节，学生参与活动的积极性很高，课堂氛围热烈，将整节课的气氛推向了高潮。学生在参与活动的过程中，既通过内省对自己进行了全面的认识，也通过活动环节了解了自己对自己的认识与别人对自己的认识是否一致。值得注意的是，活动结束后，对于没有被猜到名字的同学，教师应就这一问题让学生反思别人没有猜到自己的原因，从而引导其思考自我认识是否存在偏差，以及自己是否全面地展示了自己，可以让活动的作用更加深入和升华。

由于学生非常喜欢"猜猜我是谁"活动，因此在时间的安排上，教师应注意时间的分配，避免活动头重脚轻。既保证活动的铺垫和高潮，也要保证最后的升华和沉淀，让学生更好地从活动中受到启迪。

案例四：《毛毛虫变成蝴蝶的等待》教学设计

初中生处于青春期阶段，渴望、喜欢与异性交往，这是青春期学生性心理发展的必然。但是，如果得不到及时和有效的引导，初中生很容易将"欣赏""好感""喜欢"与"爱情"相混淆。若对于异性交往处理不当，还会影响到学生的学习和身心健康，甚至给未来的人生发展留下阴影。因此，懂得什么是成熟的爱情，掌握异性交往的尺度尤为重要。本节课的目的旨在引导学生了解青春期正常的性心理现象和成熟的爱情的构成元素，从而正确对待爱恋之情的萌动，处理好异性间交往的尺度，顺利地度过人生的花季。

一、教材分析

1. 主题确定理论及政策依据

（1）理论依据

青春期的异性情感发展要经历四个阶段的心理历程，分别为异性排斥阶段、异性相吸阶段、异性眷恋阶段和择偶阶段。其中，异性相吸阶段在 12~13 岁出现，持续时间 2~3 年。在这一阶段，个体开始对异性产生好奇和好感。初中生正处于异性相吸阶段，异性之间的正常交往，可以起到学习上互助、情感上互慰、个性上互补、活动中互激的作用，有利于学生的社会化进程和个性的全面发展。然而，如果男女同学交往处理不当，也会影响和妨碍学生的学习和身心健康，带来消极情绪和行为上的困扰。

（2）政策依据

《中小学心理健康教育指导纲要（2012 年修订）》指出，开展中小学心理健康教育，要以学生发展为根本，遵循学生身心发展规律，要注重心理健康教育的实践性与实效性。初中阶段的主要教育内容包括：积极与老师及父母进行沟通，把握与异性交往的尺度，建立良好的人际关系；鼓励学生进行积极的情绪体验与表达，并对自己的情绪进行有效管理，正确处理厌学心理，抑制冲动行为。

2. 教学目标

（1）知识与技能目标

了解青春期正常的心理现象，掌握斯滕伯格的爱情三角理论。

（2）过程与方法目标

通过教师讲解、案例分析的方式，引导学生正确处理与异性的交往。

（3）情感态度与价值观目标

正确认识并接受青春期开始出现的对异性的爱慕和好感心理，感悟到爱意味着责任，学会以正确的分寸感对待爱恋之情的萌动，处理好与异性同学间交往的尺度。

3. 教学重点和难点

（1）教学重点

了解成熟的爱情的构成要素，正确认识异性同学之间的交往与友谊。

（2）教学难点

正确处理异性间交往的尺度。

二、学情分析

随着青春期的到来，初中生在生理上发生了巨大的变化，心理上也出现了前所未有的新特点、新体验。初中生开始对异性产生朦胧的好感，有了解异性、接近异性的欲望。异性同学间相互欣赏、相互吸引，这是他们走向成熟的必经之路。异性同学间健康的交往有助于学生的社会化和个性的全面发展。但在这一阶段，由于年龄、知识和社会经验等原因，初中生对情感、责任、人生的理解和思考还不够深入，所以会遇到很多的困惑与苦恼。如果不能正确地处理好与异性间的交往尺度，就会影响学生的学习和身心健康，乃至未来的人生发展。

三、教学思路

第一步，活动导入。通过想象"毛毛虫变蝴蝶"的活动，带领学生走入青春期异性交往这一主题。

第二步，初中生异性交往案例展示。引导学生了解青春期正常的异性吸引，同时懂得在与异性的交往中要把握尺度。

第三步，介绍斯滕伯格爱情三元素。引导学生认识到，爱情不止有激情和亲密，还有承诺，从而领悟到青春期阶段谈爱尚早。

第四步，主题总结和升华。总结课堂内容，引导学生在与异性交往中把握尺度，正确对待爱恋之情的萌动。

四、教学过程

教学活动	教学意图	教师组织	学生行为
热身活动：想象游戏"毛毛虫变成蝴蝶"	激发学生上课的兴趣，将学生带入主题情境，引出主题。	引导语：请同学们闭上自己的眼睛，以最舒服的姿势趴在自己的课桌上，听着优美的音乐与老师的引导词，一起进入想象的世界。	活动参与、积极想象。
异性交往案例展示	让学生了解青春期正常的异性吸引，引导学生正确对待异性交往的尺度。	教师引导：下面我们来看一个真实的故事，两只毛毛虫的故事。其实这两只毛毛虫是两个14岁的中学生，他们像毛毛虫一样，迫不及待地想变成蝴蝶，在他们变成蝴蝶的过程中发生了什么呢？我们一起看故事。	观看案例、参与讨论和分享。
斯滕伯格爱情三角理论	让学生了解爱情的三个构成元素。	教师引导：青春期异性间的吸引是不是所谓的爱情呢？我们来看看什么是爱情。爱情三元素：激情、亲密、承诺	思考和感悟，了解爱情意味着责任。

续表

教学活动	教学意图	教师组织	学生行为
总结、升华	总结课堂内容，为学生送上青春期交往的寄语。	寄语：毛毛虫变成蝴蝶的等待或许是漫长的，但是我们不能缩短这一段路。中学时代，我们应该健康快乐地成长、好好学习，为以后的幸福打下基础，也为以后的幸福找到活水源头！我们一边努力，一边期待和等待未来的幸福！请大家时刻记住，我们现在还只是一只毛毛虫。	思考和领悟。

五、教学反思

本节课的题目是"毛毛虫变成蝴蝶的等待"，主要内容是使学生了解青春期正常的性心理现象，认识到成熟的爱情的构成要素，从而正确处理与异性的交往。本节课想要上得深入学生的内心，教师本人对待异性交往的态度及异性交往案例的呈现形式尤为重要。首先，异性间的互相吸引是青春期的正常心理现象，教师要以落落大方的态度向学生进行基本知识的讲解。对于异性间不恰当的交往可能导致的不良后果，教师也要把必要的知识教给学生。

其次，异性交往案例的呈现形式也是本节课能否成功的关键。如果直接呈现出男女同学交往影响了双方的学习成绩或同学关系，会显得说教意味较浓。因此在本节课中，案例并没有给出直接的结果。而是为学生创设一种交流的氛围，让他们在案例中有所体会、有所感悟。总之，教师在授课过程中一定要真正走进学生内心，把握他们的心理发展特点和异性交往困惑，帮助他们解决他们最关注的问题。

附录："毛毛虫变蝴蝶"指导语

闭上我们的眼睛，让自己完完全全地放松下来，感觉坐在自己的位置上，非常的舒适，非常的安详，好，非常好！享受这种放松的感觉。

好，现在让我们感觉，来到了一片美丽的花丛，绿油油的草地，阳光洒在我们的身上，好舒服啊，身边飞来了一群蝴蝶，翩翩起舞，树叶上的毛毛虫在幸福地打滚。

好，非常好……现在我们感觉，我们自己就是一只漂亮可爱的毛毛虫，开心地吃着嫩绿的树叶，身边飞舞着漂亮的蝴蝶。

我们看到蝴蝶在吸食着花蜜，她的样子让人感觉很幸福，伙伴们说："为什么我们只能吃树叶，不能吃花蜜呢？"

蝴蝶笑了："因为对毛毛虫来说，树叶才是最正确的选择！"

但是我们不相信，依然学着蝴蝶的样子，去吸食花蜜。花蜜含在嘴里好甜啊！

慢慢地，花蜜顺着我们的喉咙，到达了我们的胃，再到达我们的肠，突然，我们觉得身体发冷，喉咙干涩起来，胃开始绞痛，抽搐着，抽搐着，越缠越紧，越缠越紧，我们透不过气来，实在透不过气！我们蜷缩成一团，从树枝上滚落到地上，痛苦地挣扎着，挣扎着……

突然听到一个声音："孩子，快吃一口身边的树叶吧，那才是真正属于你的养料……"我们赶紧转过身，咬了一口落在身边的树叶，一口，一口，再一口……慢慢地，我们觉得暖和起来，真暖和啊，现在感觉身体又充满了力量，涌入全身。好舒服啊！

"我的傻孩子呀，当你变成蝴蝶的时候，就可以享受花蜜的香甜了！"

终于有一天，毛毛虫变成了美丽的蝴蝶。自由自在地飞舞在花丛中，吸食甘甜的花蜜……

（停顿5秒）

好，大家听着我的声音，当我数到3，2，1的时候，就请睁开你的眼睛。

你也可以在自己的世界里多待一会儿。

3……2……1。

案例五：《爱的唠叨》教学设计

进入青春期之后，初中生的独立意识越来越强，有一种追求自主、摆脱束缚的强烈欲望。但由于初中生在心智上尚未完全成熟，父母在学习和生活上对孩子仍存在很多的担心。当强烈的独立意识与父母充满关爱的唠叨发生冲撞时，亲子冲突很可能随之爆发。本节课旨在让学生理解父母叨唠的原因，学会积极应对父母唠叨的有效方法。从而增进学生与父母之间的良性沟通，提升亲子关系的质量。

一、教材分析

1. 主题确定理论及政策依据

（1）理论依据

鲍尔比的依恋理论认为，个体在与其抚养者进行互动的过程中，会形成关于自己和他人的内部工作模式。如果个体感知到与抚养者之间的依恋关系是稳定而且安全的，那么个体就会认为自己是有价值的、重要的，他人是可信赖的、可依靠的，这个工作模式会影响个体思想、情感和行为。作为个体的主要抚养者，父母与孩子建立的亲子关系质量对个体的社会功能以及心理发展均具有重要的影响。研究表明，融洽的亲子关系能够培养学生的人际交往能力和情绪调节能力等各种社会适应能力。然而，随着初中生年龄的发展，自我意识迎来发展的第二个飞跃期，自主的愿望越来越强烈。当强烈的独立意识与父母充满关爱的唠叨发生冲撞时，亲子冲突很可能随之爆发，从而影响到青少年的健康成长。

（2）政策依据

《中小学心理健康教育指导纲要（2012年修订）》指出，开展中小学心理健康教育，要以学生发展为根本，遵循学生身心发展规律，要注重心理健康教育的实践性与实效性。初中阶段的主要教育内容包括，积极与老师及父母进行沟通，把握与异性交往的尺度，建立良好的人际关系；鼓励学生进行积极的情绪体验与表达，并对自己的情绪进行有效管理，正确处理厌学心理，抑制冲动行为。

2. 教学目标

（1）知识与技能目标

了解父母唠叨的原因，学会应对父母唠叨的方法。

（2）过程与方法目标

通过案例分析和情景扮演的方法，让学生认识到父母唠叨的原因，从而理解并有效应对父母的唠叨。

（3）情感态度与价值观目标

让学生深切感受到父母唠叨自己的良苦用心，能有意识地站在父母的角度看待问题，从而理解父母，主动地改进和父母的相处方式。

3. 教学重点和难点

（1）教学重点

了解父母唠叨的原因，找到有效应对父母唠叨的方法。

（2）教学难点

在实际生活中有意识地使用有效的方法应对父母的唠叨。

二、学情分析

随着年龄的增长，初中生的独立意识越来越强，改变了昔日对父母的依赖，有一种强烈的追求自由的欲望。而与此同时，在学生的父母心中，一方面认为孩子还没有长大，在生活上缺乏独立的能力；另一方面存在"望子成龙，望女成凤"的期待，对于孩子的学习成绩有较高的要求。父母对孩子的良苦用心和殷殷嘱托在遭到孩子的"无视"之后演变成了反复唠叨。当强烈的独立意识与父母充满关爱的唠叨发生冲撞时，学生往往以自己的逆反行为来对抗父母，从而很容易和父母产生摩擦，破坏亲子间的关系。

三、教学思路

第一步，视频导入。通过《妈妈唠叨之歌》的视频引入，引起学生共鸣，引入父母唠叨这一主题。

第二步，游戏互动：让我靠近你。通过"父母"和"孩子"角色扮演的方式，引导学生思考父母唠叨背后的原因。

第三步，化解唠叨有妙招。向学生介绍应对父母唠叨的有效方式。

第四步，学以致用。引导学生将所学的应对方法应用到日常生活里父母唠叨的情景中。

第五步，总结升华。总结课堂内容，使学生感悟到父母唠叨的背后是爱。

四、教学过程

教学活动	教学意图	教师组织	学生行为
播放视频：《妈妈唠叨之歌》	激发学生上课兴趣，引起学生共鸣，引入父母唠叨这一主题。	教师提问：你也深受父母的唠叨之苦吗？请举手。	聆听歌曲，参与互动。
游戏：让我靠近你	通过"父母"和"孩子"角色扮演的方式，让学生了解父母唠叨的原因。	游戏规则：一位同学扮演小孩，另一位同学扮演孩子的父母；孩子站在终点，父母站在离孩子5米左右的起点。任务是父母必须在蒙着眼睛的情况下，通过向孩子提问的方式，安全地抵达终点。过程中触碰到障碍物就算犯规。游戏一共包括三轮。	通过活动思考和反思父母唠叨背后的原因。

续表

教学活动	教学意图	教师组织	学生行为
游戏：让我靠近你		第一轮要求：孩子不可以张口说话，可以通过咳嗽或者拍掌等方式来提醒对方。 第二轮要求：孩子可以说话，但是只能说："可以""走开""你好烦啊"来帮助父母抵达终点。 第三轮要求：孩子可以自由地表达，通过语言帮助对方安全抵达终点。	
		思考问题： 1. 为什么第三轮游戏中，父母不"唠叨"了呢？ 2. 通过游戏，你能发现父母唠叨背后的原因是什么吗？	
化解唠叨有妙招	引导学生思考和总结应对父母唠叨的方法。	思考：面对父母的叨唠，我们可以做些什么呢？	思考应对父母唠叨的有效方式。
		漫画展示：通过几张漫画举例，向学生介绍几种有效的应对方法，如转移注意力法、自我嘲讽法、解释说明法、安静聆听法、写信述说法。	观看漫画、学会行之有效的应对唠叨的方法。

续表

教学活动	教学意图	教师组织	学生行为
学以致用	引导学生将所学的知识运用到实际生活中。	教师引导：在学完本节课后，请同学们想一个父母唠叨的典型情境，思考一下你的做法会有什么不同？设计一个你与父母之间完美交流的情景。	思考情境，将所学运用到实际生活中。
总结升华	总结课堂内容，使学生感悟到父母唠叨的背后是爱	其实父母的唠叨里有对孩子浓浓的关心和浓浓的爱。让我们用理解、宽容以及有爱的心去聆听，父母的唠叨其实是首美丽的歌。	感悟、反思。

五、教学反思

本节课的题目是"爱的唠叨"，主要内容是让学生理解父母唠叨背后的原因，学会换位思考，掌握应对父母唠叨的有效方法，从而更好地与父母相处。若一味地说教，本节课本身就成了唠叨，无法走入学生的内心。所以，本节课采用的方式不是教师的讲授，而是让学生进行游戏体验。让学生在体验中，体会和领悟到父母唠叨背后的原因，从而学会应对父母唠叨的有效方法。也许一节课本身的力量有限，但是若能够给学生提供一个新的视角，让学生意识到父母为什么会唠叨。这会在学生的心里种下一颗新的种子，让学生在面对父母的唠叨时，多一些理解，采用一些新的应对方式，从而改善与父母的关系。

附录：《妈妈唠叨之歌》

快起来 快起来 快点别迟到

快点洗 快点刷 快点梳个头

快点穿 快点穿 快点别磨蹭

面包 吃了没

你的书 你的笔 你的作业本

你的壶 你的包 你的午饭钱

你的鞋 你的表 你的公交卡

统统带齐没

补铁的 补锌的 补啥的 那些破玩意你都带了吗

钢琴班 奥数班 什么班 那些补习班你都别落下

要听话 要努力 要考好 别让你老爸又把脾气发

别调皮 别打架 别逃课 别让我网吧把你抓

快吃 别噎着 快走 车来了 小心 给我回来 头发乱得像个鬼

专心听 认真记 上课关手机

背单词 背公式 全部背下来

不抽烟 不喝酒 不许谈恋爱

做个 好孩子

别乱丢 别乱放 房间整理好

要喝水 自己倒 不要再叫我

你的事 自己做 这么大的人

我不是 你保姆

电话 你快点挂掉它

看电视 坐远点 吃饭别发短信

晚上 你不许再上网

买 PSP 没门 除非你考 NO.1

你去哪 你和谁 你干吗 你打算疯到几点钟回家

讲文明 讲礼貌 讲卫生 你人见人爱到处受欢迎

别皱眉 别翻眼 别嫌烦 别嫌妈说话啰唆又老套

是不是 对不对 好不好 等你长大后就知道

老妈我 过的桥 比你走的路多

等着瞧 有一天 你一定会感激我

考清华 考北大 考个博士生

这世道 就这样 什么都得考

别怪妈 心太狠 逼你这么紧

都是为你好

当超女 当快男 当个大明星

当医生 当老板 当个公务员

买车子 买房子 过上好日子

全靠你自己

看书 你背要挺起来

没坐相 没站相 跟你老爸一个样

睡觉 别忘了要刷牙

洗脚 快上床 自己洗袜子

今天唠叨多少遍 我明天还要来一遍 你要问我是为什么

因为 因为 因为 因为

妈妈 妈妈 妈妈 妈妈

I LOVE YOU LOVE YOU LOVE YOU

爱你 爱你 爱你 爱你 爱你 爱你

妈妈 妈妈 妈妈

爱你

案例六：《用耳朵为你赢得好人缘》教学设计

倾听，指的是认真地听，是人际沟通的重要环节，也是建立良好人际关系的必要保证。初中生正处在发展人际关系的重要时期，良好的同伴关系在学生的发展和社会适应中起着重要的作用。本节心理课的目的旨在让学生感受倾听的重要性，了解合格的倾听者的必备要素，并反思和改进自己的倾听行为，提高倾听的能力，从而为自己赢得好人缘。

一、教材分析

1. 主题确定理论及政策依据

（1）理论依据

倾听，是心理咨询最重要的技术之一，在咨询关系的建立当中起着十分关键的作用。著名的心理学家弗洛伊德说过："人们都想谈论自己的事情，希望别人来倾听自己，这样，不单单是能够让自己宽心，而且有时能够救自己一命。"因而他创立了倾听患者讲述内心各种感受和各种经历的"即刻治疗法"。弗洛伊德这个心理分析疗法，就是让患者自由地表达，这开辟了心理学的新时代，也为生活指导心理疗法奠定了基础。在人际交往中，会倾听他人的人，也会为自己赢得他人的信任，从而获得良好的人际关系。

（2）政策依据

《中小学心理健康教育指导纲要（2012 年修订）》指出，开展中小学心理健康教育，要以学生发展为根本，遵循学生身心发展规律，要注重心理健康教育的实践性与实效性。初中阶段的主要教育内容包括：积极与老师及父母进行沟通，把握与异性交往的尺度，建立良好的人际关系；鼓励学生进行积极的情绪体验与表达，并对自己的情绪进行有效管理，正确处理厌学心理，抑制冲动行为。

2. 教学目标

（1）知识与技能目标

认识到倾听的重要性，掌握合格的倾听者的必备要素。

（2）过程与方法目标

通过小组讨论、分享和实践体验的方式进行教学，让学生在活动过程中体悟倾听的重要性，并进行倾听训练。

（3）情感态度与价值观目标

反思自己在倾听中存在的问题，结合正确的倾听方法，提高倾听能力。

3. 教学重点和难点

（1）教学重点

认识到倾听的重要性，掌握合格的倾听者的必备要素。

（2）教学难点

反思和改进自己的倾听行为，在实际生活中运用，养成倾听好习惯。

二、学情分析

现在的初中生，大多是独生子女，在家里享受着父母，乃至爷爷、奶奶、外公、外婆六个长辈共同的宠爱。这导致他们较容易凡事以自我为中心，而不太注重他人的感受。往往只注意自己"说"，而忽略了"听"别人，难以做一个好的倾听者。例如：在听别人说话时漫不经心、似听非听，随意打断别人说话，自己说个滔滔不绝而不听别人表达等。这些不良习惯影响了同学间的正常沟通和交往，还往往容易引起同学间的误会和矛盾，导致初中生人际关系的紧张，产生不必要的烦恼。

三、教学思路

第一步，游戏导入。通过"青蛙跳水"的游戏引入，活跃课堂气氛，初步体悟倾听的重要性，引入倾听这一主题。

第二步，《小金人的故事》。通过故事引导学生思考倾听的重要性，并总结倾听的必备要素。

第三步，倾听技能实战训练。同桌之间互相练习倾听的技巧，学以致用。

第四步，总结和提升。重申倾听的重要性，鼓励学生将倾听技巧运用到实际生活中。

四、教学过程

教学活动	教学意图	教师组织	学生行为
游戏：青蛙跳水	活跃课堂气氛，引导学生初步体悟倾听的重要性，引入倾听这一主题。	教师引导：从第一位学生开始，轮流说成一句话："1只青蛙，1张嘴，2只眼睛，4条腿，扑通跳下水。"每人只能说两个字，第一位学生说"1只"，第二位接着说"青蛙"，第三位学生说"1张"，第四位接着说"嘴"，第五位接着说"2只"，依次类推。当一只青蛙说完之后，下面的同学接着说"2只青蛙，2张嘴，4只眼睛，8条腿，扑通、扑通跳下水"。直至游戏结束。 提问：在刚才的游戏中，要正确反应的前提条件是什么？	认真参与游戏，思考正确反应的必要条件。
《小金人的故事》	通过《小金人的故事》，引导学生思考倾听的重要性，并总结倾听的必备要素。	小组讨论：学生四人一组，讨论为什么第三个小金人最有价值？并合作画出心目中最有价值的小金人的样子。	小组讨论，进行绘画；分享、介绍小组作品。

续表

教学活动	教学意图	教师组织	学生行为
《小金人的故事》		学生分享：请同学介绍小组的绘画作品。作品中的小金人有怎样的特点？为什么？	
		教师解释并总结倾听的必备要素：诚心、专心、用心、耐心、应心。	
倾听技能实战训练	给学生提供实践的机会，对良好的倾听习惯进行强化训练。	同桌 A、B 两人为一组，向对方介绍自己喜欢的电视剧、电影、综艺节目或明星（任选其一）。时长为 1 分钟。首先由 A 作为讲述者，B 作为倾听者。然后 A 和 B 互换角色，A 做倾听者，B 做讲述者。 分享：刚才的活动中，你发现你的同伴有哪些好的表现？有哪些还需要改进的地方？	分享故事，尝试做一个良好的倾听者；对同桌的倾听技能提出提升建议。
总结提升	总结并重申倾听的重要性。	教师寄语：当人们认真倾听我们说话，对我们来说就是一份特殊的礼物。让我们都来做个积极的倾听者吧！这样，我们就会有更多的朋友，更好的人缘。	思考、感悟。

五、教学反思

本节课的题目是"用耳朵为你赢得好人缘"，主要内容是让学生懂得倾听的重要性，掌握合格的倾听者的必备要素，并应用到实际的生活中，从而为自己赢得好人缘。倾听的重要性不言而喻，但是知难行易，所以心理课的重点在于让学生在活动中体验。因此，本节课采用让学生小组讨论和绘画最有价值的小金人的方式，将倾听的必备要素以绘画这一具象的形式展示出来。学生在小组讨论和绘画的过程中自然地总结出了倾听的必备要素，以绘画的形式作为载体也让学生的印象更加深刻。

此外，采用实战演练，让同桌之间互相练习倾听的方式让学生身临其境去体验被倾听所带来的愉悦感，并指出彼此在倾听中存在的不足。从而帮助学生在活动过程中认识到倾听的重要性，也掌握了倾听的方法和技能，不知不觉中完成了本节课的教学目的和教学内容。不过，较多的活动环节对教师的组织能力是一个很大的考验，教师应在课前考虑到活动环节可能会出现的问题，未雨绸缪，从而更好地把握课堂。

附录：小金人的故事

曾经有个小国的使者到中国来，进贡了三个一模一样的金人，金碧辉煌，把皇帝高兴坏了。可是这使者不厚道，同时出了一道题目：这三个金人哪个最有价值？

皇帝想了许多的办法，请来珠宝匠检查，称重量，看做工，都是一模一样的。怎么办？使者还等着回去汇报呢。泱泱大国，不会连这个小事都不懂吧？

最后，有一位退位的老大臣说他有办法。

皇帝将使者请到大殿，老臣胸有成竹地拿着三根稻草，插入第一个金人的耳朵里，这稻草从另一边耳朵出来了。第二个金人的稻草从嘴巴里直接掉出来，而第三个金人，稻草进去后掉进了肚子，什么响动也没有。老臣说：第三个金人最有价值！使者默默无语，答案正确。

第四章
学生活动系统

　　在现代社会中，中学生的心理健康问题是一个不容忽视的问题，需要学校做出很多的努力，也需要学校系统地规划与设计。2012 年，教育部印发《中小学心理健康教育指导纲要》的修订版。在指导思想一部分提出，"开展中小学心理健康教育，要以学生发展为根本，遵循学生身心发展规律"，"科学开展心理健康教育，注重心理健康教育的实践性与实效性，切实提高学生心理素质和心理健康水平"。在心理健康教育的途径与方法中指出，"要将心理健康教育与班主任工作、班团队活动、校园文体活动、社会实践活动等有机结合，充分利用网络等现代信息技术手段，多种途径开展心理健康教育"，"心理健康教育课应以活动为主"。

第一节　概述

　　在现代社会中，中学生的心理健康问题是一个不容忽视的问题，需要学校做出很多的努力，也需要学校系统地规划与设计。2012 年，教育部印发《中小学心理健康教育指导纲要》的修订版。在指导思想一部分提出，"开展中小学心理健康教育，要以学生发展为根本，遵循学生身心发展规律"，"科学开展心理健康教育，注重心理健康教育的实践性与实效性，切实提高学生心理素质和心理健康水平"。在心理健康教育的途径与方法中指出，"要将心理健康教育与班主任工作、班团队活动、校园文体活动、社会实践活动等有机结合，充分利用网络等现代信息技术手段，多种途径开展心理健康教育"，"心理健康教育课应以活动为主"。

　　根据对以上文件精神的理解，以学生发展为本，充分发挥学生的主体性，活动成为心理健康教育中主客体的连接点和汇合处；要想让心理健康教育更具实效性，就必须有学生自主的心理活动，有学生开展心理活动的载体，学生心理社团活动就成为一个充分凸显学生主体性的契合点和活动载体。

一、学生社团及学生心理社团的界定

　　《教育大辞典》中对学生社团的界定是：学生在自愿基础上结成的各种群众性文化、艺术、学术团体。目的是活跃学校学习空气，提高学生自治能力，丰富课余生活；交流思想，切磋技艺，互相启迪，增进友谊。《中国大百科全书·教育卷》中学生社团的定义是：中国中等学校和高等学生社团在自愿基础上结成的群众组织。这些社团可打破年级、系科以及学校的界限。团结兴趣爱好相近的同学，发挥他们在某方面的特长，开展有益于学生身心健康的活动。

在英文中，学生社团的表述也不尽相同，其中使用"student club"比较常见，但是美国的学生社团更强调与学习和专业比较相近的团体，因此，在美国艺术类的社团不是属于"club"的范畴之内。

心理社团是社团中的一类，在国内中学，社团都是由共青团指导的，根据社团的界定，心理社团也是由学生自发组成的群众性组织，是学校与学生相互联系、听到学生声音的一种方式，是学校与学生之间的桥梁和纽带之一。但心理社团由于是以学习与应用心理健康的知识为前提，因此在社团的活动理念、目标定位与活动内容方面与其他社团不同。

因此东北师大附中将心理社团界定为以"自助、他助、互助"为宗旨，以学生活动为载体，以专业性、学术性和辐射性为准则，以认识自我、提高自我、完善自我为目标的学生自愿组成的学术团体。

二、心理社团活动中学生主体性的体现

1. 坚持以学生为核心、由学生设计并组织活动

心理社团是以提高学生心理素质为目标，要起到调节学生情绪、缓解学生压力、塑造学生人格等方面的作用，因此心理社团是以学生为中心，为学生服务的一个团体。要使社团的活动更具针对性，发挥"因材施教"的作用，根据学生自身特点自我教育就是核心，由于自愿参加社团的学生本身具有极高的热情与积极性，对心理健康知识都是主动获取，根据社团学生这一特点，社团活动开展中就应该充分发挥学生的主体性，以学生为核心，让学生获得最大限度的存在感。因此东北师大附中学生的社团活动都是由学生自主设计的，指导教师仅起到引领与辅助作用，在适当的时机给予学生相应指导与专业支撑。

2. 坚持培养学生自我调节能力

我们在组织学生心理社团的工作中坚持培养学生的自我调节能力，使参加社团的学生可以获得两个方面的提高，一方面参加心理社团可以获得参加普通社团的发展态势，例如提高学生参与学校生活的意识，提升设计、组织、协调等管理与人际交往能力，更重要的是可以获得自我心理状态向积极方向改变；在活动中，学生可以感受到尊重平等的团队氛围、轻松和谐的交往环境，体验集体活动的乐趣、集体的力量，使学生获得责任感与归属感；另一方面，由于心理社团的特殊性，每个参加心理社团的成员还会感受到心理学的魅力，不自觉地在组织活动中、帮助他人中进行自我剖析与自我解读。因此，参加心理社团的学生能够通过利用自身的资源、环境与优势，充分发挥个人优长与潜力，获得更多的积极评价，从而增加正向的自我认识与自我评价。有的学生在进行学习焦虑的调查研究中，自己获得了科学的心理认知，成为第一个受益者，焦虑水平大幅度下降。

3. 充分发挥学生朋辈互助的作用

中学阶段，由于学生的身心发展规律类似，经历相似，面对的境遇及心理困扰有很多相同的地方，因此中学生不愿意与成人交流，但是面对同年龄的同学、朋友时心灵却是开放的，这就是中学生闭锁性的表现——对成人封闭，对朋友开放。因此朋辈互助的效果是心理社团要挖掘的宝藏，如果充分发挥朋辈互助，心理社团的指导教师就必须引导学生设计一些集体与个体交融的活动，例如开展成员之间的心理讲座、进行感兴趣主题的团体训练以及对一些心理咨询技术进行体验等等。

4. 主动添加校园文化氛围中的心理元素

学生是否能够主动地发现自我与完善自我，能够主动地寻求心理支持，是一所学校的文化所决定的。因此心理健康教育一项非常重要的工作，就是学校文化氛围中心理元素的比重。对于学生心理社团来讲就是要以自己的实际行动添加学校文化氛围中心理元素。例如学校坚持了十几年的高一新生入学心理问卷的调查与分析，是全体学生期待的，也是全体班主任需求的；例如学生心理社团在运动会、学校文化节等多种大型活动中的亮相与参与，让每个学生完善自我心理素质的意识不断强化，并最终付诸行动。

学校师生对心理健康教育理念的认同和对心理健康教育工作的热情、付出与文化氛围都是密切相关的，心理社团在其中发挥着重要的作用。因此，心理社团活动不仅通过自助、互助、他助让成员个体主动面对心理问题，主动提升自己的心理品质，还通过活动让全体同学提高对心理健康教育及心理咨询的接受度，让每位同学都具有自我完善的意识，从而形成积极向上、关注心理健康的校园文化氛围。

三、心理社团活动实施中的关键点

在心理社团活动中，形成良好的团体氛围是基础，有明确的规章制度和明晰的成员责任与义务是保障。当然，在活动的过程中，如何培养成员的主体意识，提高成员的主体能力，挖掘学生的心理潜能，有几个实施的关键需要注意：

1. 建立亲密感和信任感

心理社团与其他社团的区别是，除了可以体会到团队所带来的互相关心、互相爱护、互相帮助的情感，还需要在团队互助中利用心理学相关知识达到完善自我、提高心理素质的目标。因此，团队还需要在亲密感的基础上建立信任感，这是心理社团发挥作用的重要因素，亲密感与社团活动的效果密切相关，信任感与学生个体的心理收获密切相关。

2. 增强认同感和归属感

每一个人心中的想法和每一个面临的心理困惑是一个人内心深处的秘密。因此，如果心理社团能够发挥完善自我的作用，就必须使每一个成员能够坦诚相待，触及心灵，所以团队必须有很强的凝聚力，成员才会产生强烈的认同感与归属感。有了对团队的认同，才能在团队的活动中真心感受，真情互动，成员之间才有心灵共鸣；只有成员之间具有认同感与归属感，才可以通过活动交换想法，互诉心声，实现互助。也可以通过研讨同龄学生正在面对的难题或可能出现的问题找到有效的解决办法，使自己的心理认知发生改变，从而调节自己的行为，使自己更自信、更乐观并具有更健康的目标。

3. 通过互助与助人实现自助

心理社团开展活动的过程是自助、互助与助人的过程。这三者之间的关系是：通过互助与助人实现自助。助人是快乐之本，每个成员在助人的过程中，都可以发觉自己对别人存在的意义，使自身找到存在的价值，收获喜悦感、满足感，从而获得自信心。互助是一种积极的人生体验，在社团活动中可以充分感受到，并迁移到日常生活中，同时由于心理社团成员是在心理成长中的互助，因此自助的技巧与自助能力是每个成员最大的收获。

第二节　高中心理社团活动实践与探索
——绘心心理社社团活动

一、高中心理社团的意义

东北师大附中心理社团是在国家大的教育背景下，依托学校社团发展的实际而产生的。

教育部在 2017 年 9 月 25 日发布的《中小学综合实践活动课程指导纲要》中提出：综合实践活动是从学生的真实生活和发展需要出发，从生活情境中发现问题，转化为活动主题，通过探究、服务、制作、体验等方式，培养学生综合素质的跨学科实践性课程。

东北师大附中的学生社团联合会由学生自主管理组织，在校内一直蓬勃发展，丰富多彩的社团活动是我校培养学生综合素质一直坚持的途径，丰富的学生课余生活拓宽了学生的视野，多年来，学校一直有六大类、三十余个社团。

因此，参与心理社团，学生可以学习心理学知识、应用心理学技术、开展心理学实验和调查等。近几年来，学校高中部的心理社团为学生提供了学习生活与心理生活紧密融合的环境，既能学习科学的心理学知识，增强学生对自己的认识，又能丰富高中学习生活，促进形成良好的人际关系，对学生形成良好心理品质，实现个性成熟与完善，起到一定积极促进作用。

二、绘心心理社背景及建立

东北师大附中高中心理社团建立在多年的心理健康教育工作的基础上，是由学生自主发起而成立的。前期工作的积淀是心理社团工作能够稳步运行的重要原因，学生自发的行动使心理社团的成员一直以饱满的热情投入工作。绘心社团的成立主要基于以下心理健康教育工作的成功积淀。

1. 校园心理剧的成功展演

2007年，在长春市教育局的推动下，校园心理剧进入东北师大附中，应用于心理课堂、班团队会等，我们在推进心理剧的同时创造性地拓宽了心理剧的应用途径。学校在家长会中进行心理剧展演，开设活动类校本课程——心理剧。校园心理剧成为凸显我校学生主体性的重要方面，主体性成为我校校园心理剧的特色。

在正式立社之前，"绘心"社团指导教师是三个学期的活动类校本选修课程《校园心理剧》的开课教师，带领选修本门课程的近100位学生排演过以亲子沟通、异性交往、同伴关系为主题的多个心理剧，并且在校内进行了公演。每个剧本都是由学生原创，再由指导教师和学生共同研究后进行调整与修改，并根据剧本需求在选课学生中进行角色匹配和具体分工，之后由学生和指导教师共同参与导演，经过数次排演，最终成功搬上舞台，在校内产生较大的影响。

2. 心理沙龙与心理干预工作的积淀

学校在2011级高一新生中间，开展过一系列以"提升积极心理品质"为主题的团体心理沙龙和心理干预，收效颇佳。对心理学充满浓厚兴趣的学生群体不断壮大，学生对心理学知识与实践的要求越来越多，越来越高，自主发展的需求不断提高。

2013年，学校已有三位专职心理教师进行系统授课，心理咨询持续开展十余年，学校专门开设一个工作邮箱，在线提供心理支持，平均每个月仍能收到数十封求助邮件。心理健康教师与学生之间的联系越来越紧密，教师成为学生心理不断完善的指导者，学生与教师的关系从信任走向对心理学探究的合作者。

3. 系列的心理研究活动的蓬勃开展

研究性学习课程是国家的必修课程，我校从2001年开始每周开展两课时的研究性学习课程，至今持续近二十年，出版学生研究性学习成果文集近二十部。我校每年的研究型学习选题最多的一直是"心理学类"，平均每年有80—100组心理学类选题，"中学生异性交往""精神分析""微表情"等一直都是热门选题。

2011年开始，我校心理教研组面向全校师生开展了"5.25心理健康周"系列活动，包括了线上心理测试、线下心理分析，大型心理剧展演、心理知识讲座等活动，广受师生欢迎。

由于具备了以上的工作基础，2017年，由学校心理教师提议，部分对心理学具有浓厚兴趣的学生自发组织了心理社团，由一直指导学生活动的专职心理教师担任指导教师。虽然我校心理社设立时间不长，但由于前期经验储备丰富，师生基础良好，为后来社团活动的开展做了充分的准备工作，也打下了良好的群体基础。

三、绘心心理社团的名字内涵及组织机构

1. "绘心"一词内涵

绘心心理社完全由学生根据自己的心理愿望而命名。立社初心，是几名学生受到电影《解忧杂货店》的启发，想要设立"解忧信箱"，通过匿名形式寄信，让身边的人多一层保护色，促使其能够坦诚内心最真实的想法与困惑，陪伴他们度过不愉快的时光，增进心与心的交流，在帮助别人的同时，收获自己的心理成长。

在这几名学生与指导教师沟通后，2017年，经过校团委的同意，设立了绘心心理社，"绘心"二字是由社团成员讨论决定的。"绘心"强调"描绘、描写、叙述学生心理，对学生的心理进行分析、解释，帮助学生更好的理解自己与同伴，为学生真实的内心发声"。

2.绘心心理社团组织机构

社团设有社长、副社长各一位，协同管理社内事务，参与配合学校相关活动，设指导教师一名。为了方便工作的有效开展，社团设四个分部，分别为：实验部、书信部、秘书部和宣传部，每个部门分别设一位部长，负责管理安排部门内的主要工作及对成员进行培训，并及时将日常活动与两位社长进行汇报。

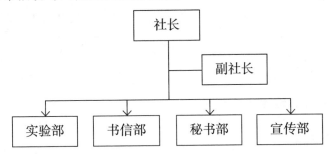

3.各部门职责

（1）书信部

书信部是"绘心"的"初心"，负责接收全校投递到"解忧信箱"的信件，并回信。每个寄信人除了意在寻求关怀、理解、支持和帮助外，也十分担心自己的秘密可能被外泄，所以书信部的成员都要经历初期的选拔和后期的培训，按照心理咨询员的标准进行简单培训，要求成员在收信和回信的过程中，必须做到保密、尊重、真诚、理解。

（2）实验部

实验部是"绘心"的"排头兵"，负责觉察和发现生活中的心理学，关注学生间的热点问题，策划和实施实验，组织调查研究，收集和分析数据，并形成研究报告，对学生中不同群体的行为，进行科学分析，为学生提供更多的实时有效信息，促进高中生发现和了解自己及身边的人。实验部成员的选拔标准，主要以对心理学的兴趣和相关知识的占有为参考依据。

（3）秘书部

秘书部是"绘心"的"后勤保障"，负责统筹安排社团的各项琐碎事务、协调各部门之间的关系、保证社团的各项活动可以顺利开展和进行、记录社团日常活动并形成档案、管理社团财物等。秘书部成员需要做事认真负责，细致稳妥，可以很好地锻炼到成员的组织和协调能力。

（4）宣传部

宣传部是"绘心"的"扩音器"，负责宣传工作。社团的每次公开活动，如心理沙龙、心理讲堂、心理剧展演、心理健康周等面向全校师生的活动，需要进行恰当的宣传，让有意愿的师生了解我们的活动，主动参与到活动中来，让我们所做的工作发挥最大效果。因此，宣传部成员还需要具备一定的书画基础。

四、绘心心理社活动开展

1. 解忧信箱

我们设有两个实体信箱和一个电子信箱，接受全校师生的匿名来信，回信方式由每个寄信人自行决定，针对每个人的需求给予关怀、理解、开导、建议等。每封信保证只经手一人，并且该成员不得在其他场合与其他人（自杀念头等特殊情况除外）分享信件内容，如果遇到负责成员也无法应对的难题，会直接向指导教师求助，而不是将信件内容分享给其他成员，至于信件原件也会遵照寄信人的意愿保留、归还或是处理掉，最大限度地实现对寄信人的尊重和保护。自从设立"解忧信箱"以来，我们收到了许多来信，并且大部分寄件人会坚持书信往来的行为至高中毕业，甚至还有人会在考上理想大学后，将感谢信寄到电子信箱。可见"解忧信箱"在我校学生的心理支持方面确实起到了一定的作用，而书信部的成员们在帮助别人的同时，自己感受到了被信赖和认可，收获了成就感，提升了自信心，逐渐发现看待问题也不再只是站在自己的角度，思考问题的方式也变得更成熟，获得心灵成长。

2. 心理讲堂

每学期定期开展两次心理讲堂，每次开讲前，先由社员开会选题，确定当次活动的主持人和活动的宣传方式，指定几位有意愿主讲的社团成员先行准备资料，主讲内容要求兼具科学性和实用性，在正式开讲前还需要指导教师给予理论方面的支持。每次心理讲堂准备时间为两周，宣传时间为一周，通常是由宣传部成员手绘宣传海报，张贴在学校规定的宣传板上，还需要秘书部成员负责借教室，并在活动当时留存视频、照片、文字等，为社团的发展留下宝贵资料。另外，我们会根据不同的内容，限定参加人员。心理讲堂活动可以作为心理课程内容的补充，用科学的方式解释生活中的现象，学习心理学大师们看待问题的方式，提升逻辑思维能力和解决生活实际问题的能力，为热爱心理科学的人提供学习途径。

心理讲堂的经典题目："经典心理学实验分析"系列、"在别人向你倾诉时，如何有效回应？"等。

3. 心理实验与调查

（1）心理实验

每学年我们会进行定期的"常规实验"和不定期的"创新实验"。一般定期的常规实验通常与学校行为有关，如我校每年"11.11 单身情歌大合唱"时，心理社成员都会进行从众观察实验；每次新生开学时，我们也会利用新生对学校的不熟悉为实验条件，设计实验等；而不定期的"创新"实验通常会有某些特殊诱因，而我们的实验部成员，对诱因下的行为进行了多种预测，并在第一时间设计实验、实施实验，实验结束后会由实验部成员进行资料整理，再结合心理学理论进行科学分析，形成文章，最终将实验结果发表在《耳语心空心理报（学生版）》。

开展过的实验："'11.11 单身情歌'大型从众观察实验""新生教学楼内流动观察实验""考试前后图书馆使用情况观察实验"等。

（2）心理调查

每学年我们会选择多数学生关注和困惑的问题来设计调查问卷，

通过一对一不记名采访，收集原始资料，回收问卷后，进行整理和分析数据，再结合相关的心理学理论深入分析讨论形成文章，最终将调查结果发表在《耳语心空心理报（学生版）》。

成员在实施实验和问卷调查过程中，能够锻炼沟通能力，学习基础的科学研究方法，了解到要以客观事实去思考和评价，激发个体的学习兴趣，增强学习动力，为今后的深入学习打下良好基础。

开展过的调查："异性交往调查研究""你倾向哪种复习方式？"等。

4.《耳语心空心理报（学生版）》

《耳语心空心理报（学生版）》是"绘心"的主媒体，社团成员可以通过报纸宣传心理社，登载实验结果和调查报告，可以将成员获得的资讯，通过它传递给每一个学生。每学期我们会为各年级设计2期报纸，一个学期共计6期，报纸印好后，由各班心理课代表负责取回报纸，发给同学。每期报纸有A、B、C、D共4版，其中A、D版由心理教研室教师根据近期学生的心理需求摘选和编辑内容，保证报纸科学性与实用性，也可作为课外心理学知识的补充，B、C版为学生版，主要由社员自行撰写，也欢迎非本社学生投稿，文字形式和主题不限，要求贴近生活，真情实感，具备一定的积极价值。在与学生的交流中，我们发现多数学生非常期待心理教师在报纸中提供的观点、建议和策略，同时对"自己人"写下的思考和感受也表示赞同，认为这些感受说出了自己的心声，对我们的工作十分认可。

社员曾发表在心理报上的文章：《盲盒一入深似海》《关于"直男"的讨论》《"大海"谢谢你！》《异性交往调查研究报告》《直击大型从众现场——观11.11单身情歌活动》等。

5.心理沙龙

心理沙龙是由社员选取时下"高关注""紧贴生活"的话题，每次沙龙准备时间为2个星期，宣传时间1个星期，需要先行选定沙龙主持人，为了避免参与人员因不熟悉、个性内向等因素导致场面尴尬，我们每期会安排至少4名社员参加，在必要时活跃氛围，但若是沙龙氛围良好，我们便不再过多调节气氛。心理沙龙不限参加人员，每次沙龙人数限制在 10 —15 人，时长 30 —40 分钟，若发生报名火爆，则会分多次进行。心理沙龙通过营造轻松包容的氛围，使参加活动的人在安全的环境里谈论自己感兴趣的内容，抒发情感，可以起到调节情绪、提升人际沟通能力、完善个性的作用。

开展过的心理沙龙主题："好久不见的朋友""过去的我和现在的我""追星女孩的日常"等。

6. 内部成员定期培训和拓展训练

因为心理社具有服务和成长双重性质，社员的心理状态和应对能力是保证社团发展的重要因素。成员会定期、规律地开展培训，包括：针对书信部成员的科学回信方式、针对实验部成员的心理研究基本技能培训等。另外，为了防止各部门间过于独立，造成成员间疏于沟通，会定期开展全体的拓展训练，促进成员间的熟悉，拉近距离，增加社团凝聚力，同时提升社员心理素质。

建立社团以来，历次社团评比均被评为"十佳社团"，丰富了校园文化生活，在心理健康教育工作中一直贡献着一份力量。

第三节　初中心理社团活动实践与探索
——阳光心理社团活动

中学生处于身心发展的重要时期，随着生理和心理的发展变化，学生在学习、生活、自我意识、情绪调节、人际交往和就业压力等方面，都会遇到各种各样的困扰。为了满足学生的心理需要，学校心理健康教育应该从学生的心理实际出发，运用多种手段，有目的、有计划地开展心理健康教育。心理社团是心理健康教育的重要环节，在培养学生自我教育方面起着不可替代的作用。通过心理社团，学生可以了解到专业的心理知识，通过多样的互动形式，帮助学生学会自我思考，调节心态，培养积极的生活方式，助人自助。

一、阳光心理社团建立的意义

为促进我校心理健康教育工作的发展，提高学生关注自我及维护自身心理健康的意识，发挥学生在心理方面的特长，以便更高效、更愉悦的学习和生活，东北师大附中初中部于2017年组建了"阳光心理社团"。"阳光"，指太阳光，寓意为积极向上、乐观开朗、活泼有朝气，同时，太阳能散发出热量，给周围带来温暖和能量，因此，希望阳光心理社团的成员不仅自身能保持积极的生活态度，同时也能温暖和照亮身边的每一位同学。

1.阳光心理社团宗旨

阳光心理社团由对心理学有浓厚兴趣的学生组成，主要目的在于为学生提供一个了解心理学、感受心理学魅力的交流平台。社团以"自助、助人"为主要宗旨，通过学习及普及心理学知识，引导学生探索自我，运用心理健康知识对自己的身心健康进行调节，提升自我心理水平，促进人格完善。

同时，社团通过组织社团活动，将心理知识传递给全体学生，扩大心理健康教育在学生中的影响，鼓励社团成员帮助周围同学，增强身边同学的心理健康水平。

2.阳光心理社团组建形式

（1）组建和纳新的形式

阳光心理社团隶属于校团委，也是一个独立的社团组织，社团由专业的心理教师进行指导。在每年9月份，学校团委组织进行社团的纳新活动，心理社团通过海报和现场宣讲的方式，吸引有兴趣的同学积极参加。在每一年的纳新活动中，感兴趣的同学可以通过填申请表的方式进行自愿报名，社团指导教师通过审核报名表，确定新纳入社团的成员。

新成员进入后，组织新老成员见面，由指导教师介绍社团的主要活动方式和主题，让同学们有所了解，并为新加入的成员建立个人档案，便于指导教师了解每个学生的个性特点和能力差异，使教师能更合理地安排接下来的社团活动，提高活动质量。

（2）阳光心理社团的组织结构

阳光心理社团隶属于校团委，由一名心理教师直接管理，设有社长一名，下设两个部门：秘书部和活动部。

主要职责如下：

社长：负责心理社团工作的统筹和协调管理，积极配合学校的活动安排，及时与指导教师沟通联系，对社团成员的思想动态和工作状况进行了解和及时汇报。

秘书部：负责社团的日常工作，包括会议记录、活动现场布置、备品保管、社团人员档案建立等。

活动部：负责社团活动的策划和组织，协助社长及指导教师，开展多种社团活动。

二、阳光心理社团的活动形式

1. 心理调研

心理社团的学生都来自于学生群体，对于学生普遍存在的心理困惑了解较多，因此，每学期，心理社团的成员将自己了解到的学生心理困惑进行集中，发觉具有研究价值的心理问题，在社团指导教师的指导下，设计心理调查问卷进行调研，一方面可以在调研活动中培养学生的自主研究意识，另一方面，为社团活动的开展提供了数据支撑。比如：新生刚入学时，部分学生对新的学习环境和学习方式适应不良，社团成员为了解此情境下的学生心理与行为表现，制定"新生入学心理调查问卷"，帮助教师了解学生的心理现状，为后期调整学生学习状态的心理活动设计提供资料借鉴。

2. 团体心理体验式活动

体验式学习理论认为，学习是指从阅读、聆听、研究、实践中获得知识或技能的过程，这一过程只有通过亲身体验才能最终有效地完成。通过围绕一定的目的，心理社团设计以心理游戏为主的心理系列活动，让学生通过参与体验，使外在的要求转化为学生内在的心理品质，通过学生亲身参与社团活动，在活动中理解、感受，进而反思自我，提升自我。主要活动流程为：活动体验—分享—反思—活动体验—分享感悟。体验活动在指导教师的指导下进行，在活动中注意保证每个人都参与进来，且注意学生是否认真参与活动，在活动中是否有收获。在活动结束后，给学生留出足够的时间和空间进行分享，让学生在积极、开放的环境下，分享自己的困惑。在学生分享的过程中，教师进行引导，让学生发现心理困惑与实际生活的联系，同时，教师通过讲述与活动主题相关的心理知识，让学生联系到自己的学习、生活，认识到困惑背后的心理需要，帮助学生解决实际问题。

如：新生入学心理调整、同伴交往中的困惑。

3. 校园心理剧展演

校园心理剧是通过戏剧的方式，将学生在生活、学习、人际交往中的心理冲突、烦恼、困惑等，通过小品表演、角色扮演、情景对话的方式，在剧中融入心理学的原理和知识，使学生发现问题，从中体悟心理的变化，进而达到宣泄，领悟其中的道理。

每年的下半学期，阳光心理社团成员根据平时收集到的资料，会进行心理剧的编排和表演训练，在学期末进行心理剧展演。通过校园心理剧的准备和表演，一方面能让学生在表演的过程中更深入体悟剧本中人物的心理变化，另一方面也能培养的学生的表演能力，提高学生的兴趣。如，为了提升学生的自信心水平，帮助学生积极的面对生活，我们编排了《做自己的天使》这一剧目；而《聪明县官巧断青春案》这一剧本的编排则是为了帮助学生解决青春期遇到的问题，促进同学间的友好交往。

4. 社团内部培训

阳光心理社团活动的顺利开展需要社团成员的共同努力，同时也需要社团成员拥有自主的能力和一定的心理知识水平为基础，因此，心理社团成员定期会开展内部培训，提升学生的心理知识水平，对专题的活动进行指导和培训，提升社团活动的效果。

（1）进行心理知识培训

阳光心理社团的活动设计都是以心理学的知识作为基础的，所以对于社团成员会定期开展心理知识培训。如自我认识、情绪调整、人际交往及对生活中一些事件背后隐含的心理知识进行讲解，一方面提升社团成员对心理学的兴趣，另一方面，通过心理知识培训，帮助成员多方面地了解自我，完善自我人格。

（2）观看心理电影

每学期社团会进行心理电影的播放，电影的选择一方面来自经典的与心理学相关的电影，同时，社团成员在平时活动中也会进行推荐。通过电影的观赏，社团成员能更形象地了解心理学，同时也能通过电影情节、人物的设计给学生带来心灵上的震撼。如《放牛班的春天》《头脑特工队》等。在电影播放结束后，由社团成员对电影中的人物和情节进行分析，也可以针对故事提出自己的疑问，由指导教师进行解答，引导学生认识到电影背后的心理学原理和其深刻的主题对我们的启示。如《头脑特工队》讲述了主人公莱莉因为父亲工作的原因，一家人由原来生活的地方搬到了陌生的环境，正准备适应新环境时，莱利大脑中控制欢乐和忧伤的两位动漫人物离开了大脑控制台，只剩下掌管愤怒、害怕与厌恶的三位动漫人物，导致本来乐观的莱莉发生了很大的转变。乐乐与忧忧必须要尽快在复杂的脑中世界回到大脑总部，让莱莉重拾原本快乐正常的情绪。这部电影，可以帮助我们认识我们的情绪，告诉我们梦产生的原因、我们为何会遗忘，帮助我们认识自己，以及在成长过程中与父母的相处方式的变化等。

阳光心理社团的成立，对于学校开展心理健康教育活动提供了很大的助力，能够调动学生积极性和主动性，获得良好的心理健康教育的效果，打造社团精品活动，让心理社团在学校心理健康教育中发挥出更大的效能。

第四节　学生社团活动成果

研究报告：盲盒一入深似海

——游戏机制是如何渗透到我们的生活并掏空钱包的

"诶！这个也太可爱了，我要再抽一个，我还差俩这个系列就都都买全了。"对于这位同学来讲，在她满满的盲盒柜里，又挤上了一位新成员。

我曾经对于这种收藏类的爱好从不涉及，也并不了解，最初的印象就是在2018年末各大商场里"福袋"式的自动贩卖机，然而我只在里面拆开过9.9包邮的拼多多款自拍杆和美宝莲的唇膏，而后不到半年，学校附近的文具店就已经开始出现盲盒。直至今日盲盒依旧是文具店老板手中的摇钱树之一。

"买它，只有0次和无数次。""每次都说是最后一个，但是每次都会忍不住，59元一个也不贵，就当买个开心吧。"通常情况下，盲盒里装的是不同形象的潮流式玩偶手办或者文具，同一系列会推出12款不同样式的常规款和一个隐藏款。购买盲盒时，卖家只能选择系列，不能选定款式，玩偶盒内有金属内衬，无法预知打开的是哪一款，所以一切都是未知的，这也是盲盒让人上瘾的地方。抽到自己想要的款式属实幸运，而没抽到的总是会继续抽，甚至会抽到重复的，尽管如此，还是有大批的玩家从未间断过购买的步伐。阿里巴巴发布的"95后玩家剁手力榜单"显示，近20万消费者每年花费两万余元收集盲盒，潮流百货商"泡泡玛特"（POP MART）在2018年开始发售Molly系列产品，销量超过400万个，公司总销售额超过2亿，净利润达到2100万元，比2016年转型前增长了140倍。

泡泡玛特CMO在接受采访时说："盲盒能让人上瘾，除了本身的吸引力，另一个主要的原因是如今快速的生活节奏让很多在城市打拼的年轻人十分孤单，他们需要精神寄托，而潮玩没有背景，没有故事，本身不包括深刻的符号意义与价值观，这让年轻人很轻易地把自身的情感和认知复制到潮玩身上。"而现在的学生也是如此，学习压力在逐渐增加的同时娱乐方式也很有限，这种低门槛的娱乐方式正好迎合当代青年的需求，且小额多频的购买方式就像是慢刀割肉，毫无痛感，相比于炒鞋来说，风险也小得多。

这些套路都逃不过"游戏机制"

盲盒吸引大家的不只是随机性，还有潜在的奖励机制——隐藏款。每个系列一箱12套，144个盲盒才会有一个隐藏款。这样诱惑的完整的游戏机制囊括了惊喜奖励，让买家有社交和互动体验，层层击中玩家的消费心理，从而让无数人心甘情愿地掏空钱包。这种好玩带来的满足感远远超出单纯的购买欲，这都是建立在游戏机制上的最基本因素：量化用户行为，以此建立任务，为任务设定奖励。例如火爆一时的旅行青蛙、QQ签到集齐卡片、和平精英签到满积分兑换宝箱、阴阳师的抽卡机制等；事实上游戏机制已经被越来越多地运用到商业产品中，一点一滴地渗透到生活当中。滴滴公司为了捆绑司机，推出了各种层级的奖励机制——在早晚高峰时段完成滴滴的任务单量就能拿到当天的奖励，如果当日的流水量不足，也可以获得相应的保底金额，完成速度越快，奖励金额也越大。淘宝也费尽心思来圈套买家，无论是2018年的双十一合伙人，还是今年618的"叠猫活动"，都是利用小游戏，让客户心甘情愿地做那些原本觉得浪费时间的事。

2015年11月发刊于《心理学理论》的《基于行为心理学理论的大学生网络游戏成瘾机理与解决办法研究》一文中解释过游戏化机制起作用的心理因素，包括经典和操作性条件反射，给予人一定的奖励就能使人习得某一种行为；期待理论，如果人相信自己的行为一定能够带来某种结果，那么人就更容易去做这种事情；目标设置理论，当人的目标变得具体、可量化，并在能力范围内可以实现，那么人就更意愿采取行动去接近这个目标。

在《游戏化思维》一书中，在沃顿商学院任教的凯文·韦巴赫与丹·亨特列解释了游戏化机制受欢迎的原因——真的很挣钱。游戏的本质是失败。人在游戏的时候会经历各种失败，但是我们可以重新开始，所以失败感没有那么沉重。在大多数游戏中，人们是无法永久持续的获胜，获胜既没有相当困难，也没有那么容易，玩家就会更加积极地提升自己的技能。游戏的设定会鼓励他们不断尝试新的，不同的，甚至是疯狂的玩法，从而找到更好更快的通关方法——这也正好迎合当今快速变化的商业环境对不断创新的要求。

游戏机制的大规模运用很大程度上与物质的愈加丰富有关，如今消费者的选择越来越多，购买商品也越来越便利，这也就使得消费者常常会货比三家，企业想要脱颖而出，就要具备更多对消费者产生吸引力的因素，推出各种新奇的活动，而游戏机制化能够增强购物体验，让大家在娱乐中购买到商品从而产生差异化竞争。由此，游戏化机制逐渐渗透到我们的生活并让人们心甘情愿的买单。不过仔细想想，相比于 70 后炒房、80 后炒股、90 后炒鞋，00 后却炒盲盒，年轻一代的商业活动还真是朝着低风险的趋势进发。

实验部部长张展铭

2019 年 12 月 7 日

调查报告：高中生的爱情观

一、调查概况

为了了解现代高中生对待爱情的看法与态度，2018 年 12 月 15 日，绘心心理社团的试验部开展了为期 15 天的调研，主题为"全校的爱情观"，以调查问卷的形式面向东北师大附中三个年级共计 150 名学生发放问卷。在2019年初，在本社研究部的合作下将数据进行整合和分析，最终将调查结果展现给全体师生。

二、调查范围

2017级总样本容量为37，其中女生28人，男生9人。
2018级总样本容量为90，期中女生66人，男生24人。
2019届总样本容量为23，其中女生15人，男生8人。
三个年级共计6张无效信息答卷。

三、数据收集

高三组：刘佳盈、韩琳熙。
高二组：刁英超。
高一组：孙　哲、李祎卓。
数据统计分析：孙敬雅。

四、数据分析

调查问卷设定为五道题，第一题设定为性别选项，第二、三题确定年级和班级，第四题为"你认为高中能否谈恋爱？"仅可回答能或不能，最后一题是简单阐述你的观点。通过较为简单的题目能够更高效、更准确地提取受访者的信息。

从2018年末开始，我们分年级陆陆续续地随机抽访了150名学生，在150份数据中我们获得了相当可观的有效信息，包括各位同学的答卷情绪、爱情观念、对于爱情的认知及看法等。

高一的受访人数最多，达到了90人，其中女生赞成占同性的76.12%，男生赞成的占同性的73.91%。与其他年级数据不同的是认为"年龄不准许"的仅有4.55%，（或许他们有更好的理由没能表达出来，因此在接下来的调查中有所涉及），认为"影响学习"依旧是理由居多的大头，占比31.82%，且女生居多，占据九成；赞同恋爱的占比最高的两项"属于正常行为"与"满足心理需求"共计70.56%，其次是"其他"，占 20.59%。

高一女生调查结果

参与者	数量
女生反对	16
女生赞成	51

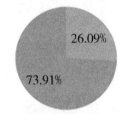

饼状图

●女生反对 ●女生赞成

高一男生调查结果

参与者	数量
男生反对	6
男生赞成	17

●男生反对 ●男生赞成

高一学生表示赞成的理由

理由	数量
相互促进	6
属于正常行为	27
其他	14
满足心理需求	21

●相互促进 ●属于正常行为
●其他 ●满足心理需求

高一学生表示反对的理由

理由	数量
影响学习	7
影响情绪	4
年龄不准许	1
其他	10

●影响学习 ●影响情绪
●年龄不准许 ●其他

　　高二统计的数据较为可观，但是愿意答卷的同学中女生占多数，接近 3∶1。在统计的环节出现了一位执意填写中立的同学，占据了总比的 3.57%，是其他组别调查没有发生过的情况，由于案例特殊，我们并不会视为有效数据，但是会让其存在于饼状图中。我们还进行了更细致的统计：认可高中生恋爱的占总样本的 75.68%，其中女生赞成占同性总数 78.57%，男生占同性总数的 66.67%。我们将赞成和反对的理由各分为四种，赞成理由包括"相互促进""属于正常行为""满足心理需求"与"其他"；反对理由包括"影响学习""影响情绪""年龄不准许"与"其他"。在持有认同的行列中认为"属于正常行为"的居于首位，占比 31.03%，"满足心理需求"与"相互促进"均占 27.59%；在持有反对意见的队伍中，最多的理由为"影响学习"（这样如此标准的回答我们默认为受访者的真实想法），"其他"和"影响情绪"均占 25%，仅有 12.5% 的同学认为"年龄不准许"。如果我们改变观察角度，并不从单一的赞同与否出发，而是将同学给出的理由简化，可大致分为四大类，即学习类、可行性类、身心类以及其他，我们可以发现，高二年级的学生更关注是否影响学习，其次是恋爱是否可行，最后才是是否会影响心态。

高二女生调查结果

参与者	数量
女生反对	5
女生赞成	22
女生中立	1

高二男生调查结果

参与者	数量
男生反对	3
男生赞成	6

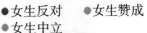

高二学生表示赞成的理由

理由	数量
相互促进	8
属于正常行为	9
其他	4
满足心理需求	8

27.59%　27.59%
13.79%
31.03%

●相互促进　●属于正常行为
●其他　　　●满足心理需求

高二学生表示反对的理由

理由	数量
影响学习	3
影响情绪	2
年龄不准许	1
其他	2

25%　37.5%
12.5%
25%

●影响学习　●影响情绪
●年龄不准许　●其他

在高三的调查结果显示 73.91% 的学生认为高中生可以谈恋爱：其中女生赞成占同性总数 80%，男生占同性总数的 62.5%；由于样本容量不大，数据统计失真较为严重，只能大体上了解情况。而且在控制变量合理、独立实验避免相互影响方面相对完善的情况下高三年级的理由相对于其他年级理由竟然惊人的相似。至少我们可以看出高三的爱情观念还是较为统一且逻辑条理清晰的。数据显示，在赞成的范围内，持有"相互促进"态度的占比重最大，为 37.04%；排名第二的理由为"其他"占比 25.93%，这些学生给出的理由也着实令人惊奇的，例如"可以让自己更加与众不同"，甚至只有一个词"开心"，给整理数据的同学制造了不少的麻烦，出于无奈和缺少经历，我们将类似这样的答案直接归为"其他"并不进行详细统计与研究。认为可以相互促进或者满足心理需求占少数，均占比 18.52%。在反对一栏中，"影响学习"占比惊人，达到 46.67%，我们是在无法区分这些高三学生是出于真心还是"求生欲望"强烈，暂且看作是他们心声的真实表达，也作为他们跻身于专心学习行列的理由；不少学生认为"影响情绪"也是主要原因，这一理由还是相当客观且真实的，占比 26.67%。由于高三年级的样本容量较小，统计学生分布较为集中，有些分析无法避免失真，仅做部分参考。

高三女生调查结果

参与者	数量
女生反对	3
女生赞成	12

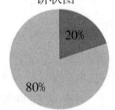

饼状图

- 女生反对　　女生赞成

高三男生调查结果

参与者	数量
男生反对	3
男生赞成	5

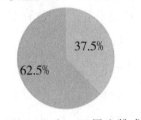

- 男生反对　　男生赞成

高三学生表示赞成的理由

理由	数量
相互促进	10
属于正常行为	5
其他	7
满足心理需求	5

- 相互促进 ● 属于正常行为
- 其他　　● 满足心理需求

高一学生表示反对的理由

理由	数量
影响学习	7
影响情绪	4
年龄不准许	3
其他	1

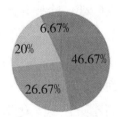

- 影响学习　　● 影响情绪
- 年龄不准许 ● 其他

　　显而易见的是各个年级虽然调查情况不同，但是结果极为相近，毕竟年龄差距可以小到忽略不计；或许我们可以认为，在相邻同时代的青少年认为的爱情观都是不尽相同的。

　　在 2019 学年期中测试前，我们已经进行了第二次关于爱情观等调查，而且为了避免性别比例造成的数据失真，我们特地印发了 840 张调查问卷，也就是说每个班级都将有 10 份问卷随机发放给班内的每一位同学。除去即将面临的高考的高三学生，我们也至少在两个年级统计了 300 名同学，以保证数据的真实性。数据报告将出现在下一期的"耳语心空"。这样规模的同类型调查在全国的高校都应是绝无仅有的，因此我们几乎没有可参照的类似活动，也无法在网络上获取经验，由此我们也非常衷心地感谢各位同学积极参与配合社团的调研。

　　我们都尊崇理性，但是我们不能只是依靠逻辑和理性来生活；人需要爱，无论何时，我们都需要爱，但是爱不能从逻辑和理性中抽离。在我们的演化过程中，我们见过太多偏向一边，从而导致悲剧的故事；这或许说明了人的内在天性，那就是同时需要理性并合乎规则但又不失感性与关怀，或许两面的平衡，才是我们所渴望的。

附录：校园心理剧——羽化成蝶

人物简介：

朱梦梦：女，品学兼优且个性阳光，平时积极参加学校组织的各种活动，但是由于一次考试较平时有些失误，母亲就非常不高兴，最后母女吵架，冷战开始……

薛戈：男，是一个书呆子，每天除了学习就是做题，再不就吃饭、睡觉。他很郁闷，因为自己什么都不会，体育不好，音乐不好，连做方便面都能把锅烧漏……

高小玉：男，化学超好，但是十分自私，不想让别人超过自己，于是处处防着同学。

梅灵灵：女，富二代，眼高于顶，同学们已经习惯了。但这个女孩很缺爱，是单亲家庭。

第一幕：母女争执

朱梦梦：妈，我回来了。（推门而入，心情不好时的语气，失落）

妈：回来了，那快吃饭吧。（普通语气，正在摆菜）

妈：这次考试怎么样啊？成绩发下来了吧？

朱梦梦：知道还问！（语气不好，有些生气，低头吃饭，小声嘟囔）

妈：第几名啊？薛戈她妈告诉我，薛戈又考了个第一，诶，看看人家。（开始疑问性很强，说薛戈的时候有些失落，又有些嫉妒）

朱梦梦：23，看人家干啥？我又不是他！

妈：23？怎么搞的？不是我说你，我看你最近学习状态就不好。（过了一会儿）我那天去薛戈他家，看到了成摞的练习册！打捆往出卖，我看市面有的练习册人家都做过，人家考试能不会？背都背下来了！你再看看你，让你做个练习册，抽筋拔骨的，那个费劲！怎么和人家比？人家闭着眼睛都能比你考得好！你给我好好反思反思！（激动的，有感情的）

朱梦梦：人家好？（鄙视地说），你去找人家当儿子去！我好好反思反思？不知道咱俩谁该反思！

妈：我反思？我反思的结果就是我又给你找了一个数学班，周日上午，正好，和下节物理连上了，早上不用睡懒觉了！不给你报班你就效率低！还让我给你自由时间，给你了，你学习吗？从今往后没有自由时间！现在谁还不在外面上个课？！你有本事自己学能学好啊，你上一节课的效率多高，你自己学2个小时效率啥样？！

朱梦梦：课外班老师教的效率才低呢！我又不是不上，那得有点儿主见吧，跟你讲你也不懂，天天就知道上课上课，我不上！（离开饭桌，摔门而入自己的房间，锁上门）

朱梦梦心理独白：诶，是我不学习吗？我抓紧了一切时间在学习啊，只是她每天看不到罢了，她的眼里只有分！再说谁让我是宣传部的部长呢，如何能学习工作两不误？我又没有三头六臂……（她看了看在

厨房忙碌的妈妈）诶，妈妈其实也挺辛苦的，每天白天在幼儿园里哄这个，抱那个的……是我错了吗？（此时沉思）

朱梦梦走到窗前，看起来很累的样子，好像是在呼吸新鲜空气，好像是在看天空……此时全场寂静，妈妈仍在厨房干活。

朱梦梦母内心独白：诶，这姑娘大了是不好管，还是小孩该多好啊，给个糖，抱一抱就能消停。现在这成绩万一保持不住怎么考名牌大学啊，一个女孩，得自己有点儿能力啊，前天她看上的那个衣服到底买不买啊？诶……

第二幕：走在上学的路上，朱梦梦偶遇薛戈，两个人聊了起来

此时要有一些家长领着孩子上学，展现家长和孩子关系很好，后文朱梦梦会表现出羡慕他们的神色。

朱梦梦：诶，薛戈！

薛戈：快走吧，要晚了，我单词还没背完呢！

朱梦梦：你还用背单词啊？

薛戈：不是学校的，我妈让我考雅思，这词太难背了，相当恶心，我考考你，run 你知道有几个意思？

朱梦梦：3 个？跑步、经营、驾驶！对，没了！

薛戈：我告诉你，你可别打我，run 有 35 个意思，分及物动词、不及物动词、名词。意思有跑、逃跑、渗开、变得、刊登、一连串、类型、发烧、开动机器、经营……

朱梦梦：停，停。我不是向你请教这个的。

薛戈：那你干什么？快点儿走！

朱梦梦：好好好，大忙人，快点儿！我想问你，你天天真做那么多练习册？一摞一摞的？你不累啊？

薛戈：诶，是啊，我不写练习册干啥啊？我什么都不会……再说我爸妈看我一本本地做练习册高兴啊，那就让他们高兴呗。累嘛，有时候也累，但是坚持下来就好了嘛，我现在也在发愁，我怎么吃都不胖，前两天难受去医院检查，医生说啥事没有，但是我就是难受，医生说

我可能有心理问题，要多娱乐放松，可是……

　　梅灵灵：说什么呢，说什么呢！（急匆匆地跑过来，还打了个喷嚏，后面还有两个保镖）这太冷了，没空调！

　　朱梦梦：哎哟喂，这不是大小姐嘛，快回你爸的大路虎里吧，别再冻着！

　　梅灵灵：今天我是自己来的，我爸都出国 2 周了，哪还能坐路虎啊，今天做我自己的小跑来的。

　　薛戈：他俩呢？别告诉我是跑着跟过来的。（回头看向梅灵灵的两个保镖）

　　梅灵灵：哦，那倒没有，他俩也是开着 X6 来的，哪能让人家跑啊，真是的！

　　薛戈：真阔气，还有俩保镖接送！

　　梅灵灵：那是！看看人家穿的，库奇、阿玛尼，还是库奇。

　　朱梦梦：行了，行了，什么哭泣哭泣的，快上学吧，我还得问薛戈点儿事呢。

　　梅灵灵：呦呦呦，这是让我回避是不是，行了，我还得吃早饭呢，我先走了！

　　朱梦梦：瞎说什么，再瞎说你等着的，别以为有两个小保镖我就怕你！

　　……

　　朱梦梦：刚才说到哪了？

　　薛戈：额……说，医生让我娱乐放松，可是……可是……

　　朱梦梦：可是什么？快说，别磨叽！

　　薛戈：我不会玩电脑，我也不喜欢看电视。

　　朱梦梦：那你可以打打球啊，篮球、足球，不会打还不会跑啊？！

　　薛戈：我……跑步不行，没时间锻炼，我感觉……我走路都累挺。

　　朱梦梦：那……你来我们社团吧，参加活动总会吧？说说话，跑跑腿，放松一下学习的神经，我觉得相当不错哦！

　　薛戈：哦，那我考虑一下吧，我得先把那些练习册写完，单词背完。

朱梦梦：好！还有啊，我想向你请教一道化学题，一会儿课间给我讲啊。

薛戈：第一节啊？恐怕不行，我昨晚有一大篇物理题不会要问老师呢，再说，高小玉的化学比我好啊，你怎么不问他呢？

朱梦梦：他啊，你是没问过他题，问他道题相当费劲，早上给的题，中午都不一定想给你讲，还有可能弄丢，我告诉你……这事可别跟别人说，好像我背后说人坏话！

薛戈：好，你看我也没什么时间跟别人说话。

朱梦梦：也是，高小玉其实并不想给咱们讲，好几次我明明看到题签就夹在他书里，他就说弄丢了，我也提醒过他几次，结果都是他说他再看看，一点儿都没有诚意，自私！

薛戈：是吗？我怎么没发现？

朱梦梦：你？你天天忙着学习，知道啥，化学题包你身上了啊！

薛戈：哦，我也得再看看。

朱梦梦：对了，我妈昨天跟我吵架，简直不可理喻！看看别人家的家长，羡慕啊。（指着那些送孩子的家长）

薛戈：为什么吵架啊？咱们都多大啦，还上学接送？

朱梦梦：我只是说这种融洽的关系啊，我也特讨厌家长接送，多烦啊！

朱梦梦：她昨天说，你看看别人家孩子不玩游戏，不聊 qq，天天就知道学习，回回年级第一。我越看越像你！多像啊！（此时上课铃响起）

薛戈：像啥，快跑吧，上课了，晚了都赖你！

朱梦梦：你学习那么好，老师不会说你的！

……

第三幕：办公室与学生谈话

老师：上课怎么这么不老实？

高小玉：第几次啊………

老师：你说呢？

高小玉：我……第一次是我和同桌闹我错了……第二次是随口说的，不是有意的！

老师：好吧，其实我找你来不是为这事。

高小玉：啊？我最近没犯错误啊？

老师：没犯错误就不能找你？

高小玉：不是不是，老师，您说，您说！

老师：同学之间除了学习，就是人际关系了，你要多跟同学分享交流，多承担，人际关系才会真的好。

高小玉：啊？我人际关系不好？老师，我可是咱班人缘最好的了，只要我一说话，没有几个不跟上的，我可是绝对的被拥护者啊！

老师看着高小玉笑。

高小玉：啊？

老师：那我给你举个例子吧，看看你讨不讨厌这样的人，随地乱扔纸屑和杂物，而轮到他清扫又一走了之。

高小玉：那确实很烦人，都不需要讨论！

老师：是，那对学校和班级的活动总能找出理由，能不参加就不参加的人呢？

高小玉：这也不太对，这是锻炼我们的机会啊！啊？老师，我之前不参加，都有原因啊！

老师：算是吧，你也参与过，就是每次都挑最轻松的做。

高小玉：那个，我……

老师：其实产生这种心理很正常，现在社会竞争激烈，各方面压力都很大，你比较成熟，可能认为自己一次两次这样，也不影响什么，但是长期下去，你形成这样的惯性行为模式，大家还不会发现吗？你的人际关系还会像现在这么好吗？最重要的是，你自己也会错失很多不同的体验和感受，有些事你不做，永远都不会知道会获得什么，明白吗？

高小玉：老师，我错了！

老师：你一直都很有上进心，但是要用到正确的地方。

高小玉：老师，我明白了！（师生相视而笑）

第四幕：放学

老师回班以后，说了学校要举办篮球赛，可以邀请家长来观摩，大家有意愿的回去以后通知一下自己的父母。

此时，梅灵灵陷入沉思了，别人退场，然后梅灵灵慢慢地走到中央，略显悲伤地拿出新款iPhone，拨通电话：喂，爸。

梅灵灵爸：闺女，什么事啊？

梅灵灵：你什么时候能回来啊？

梅灵灵爸：这个还说不准啊，等这个事情办完了，很快就回去，新手机收到了吗？好玩不？

梅灵灵：好玩，那个……爸爸，我们周五举行篮球赛，老师说家长可以来看。

梅灵灵爸：你们篮球赛能有什么看的？我这边的事才要紧啊！

梅灵灵：好吧，那你快忙你的吧。

梅灵灵爸：宝贝，乖啊，在家好好学习，我要上飞机了。

梅灵灵：嗯（电话挂断的声音：嘟嘟嘟嘟……）

不一会儿，梅灵灵哭了，就在这时，一位男同学跑了过去，但是又跑回来了……想了想，坐在了她的身边，问：怎么了？

梅灵灵不语，仍然大哭。于是男同学就开始劝她：别哭了，有什么事说出来听听。

然后梅灵灵哭着说：跟你说有什么用！

男生说：不说怎么知道有没有用！

……

第五幕：交流

几天后，梅灵灵和男生在一起走，梅灵灵说：我有点儿喜欢你了。

男生原本正在喝可乐，听到这句话后，喷了出来。莫名其妙地看着梅灵灵……

梅灵灵接着说：看把你吓的，又没说要跟你在一起！

男生缓了缓接着说：你喜欢我，只是因为那天停下来的是我，换成别人，你现在可能还像以前一样看都不看我一眼！

梅灵灵：我有那样吗？那你那天还理我！

男生：我善良啊！

梅灵灵：嗯，换成别人那天哭，你也一样会去安慰，对吧！

男生：应该是的，所以……

梅灵灵：所以，我就喜欢你这两天，你抓紧得意哈！

两人一起大笑。

第六幕：落幕

薛戈的结尾

薛戈中午去吃饭，一个年轻的老师本想跟他讲一个冷笑话，就问他，薛戈啊，太阳从哪边升起，哪边落下啊？

薛戈：东升西落啊，老师，为什么说这个？

老师：猜，要是这么简单我就不问你了。

薛戈：嗯……从C座升起，从B座落下，对吧，这多形象！

老师：不是，再猜，猜！

薛戈：老师，我每天来学校的时候太阳还没升起来，晚上放学回家太阳已经落下了，我怎么知道怎么回事啊。别为难我了！

老师：啊？真的啊，你好辛苦啊。

薛戈：这算啥啊，我家对楼有个小学生，天天我吃早饭的时候他就在写作业，晚上我快睡了，他那屋才灭灯，才小学啊，肯定不长个！

老师：是啊，学生们每天在学校和家之间旋转，家长们为了不让孩子们输在起跑线上不惜一鞭子又一鞭子地猛抽孩子这个陀螺转动。你现在还是以写练习册为娱乐项目？

薛戈：我啊，我现在天天进行体育锻炼，还参与朱梦梦的社团活动，已经变得丰富多彩了！

老师：那你还能完成原来的学习计划内容吗？是不是时间紧张了？

薛戈：没有，我觉得参加完活动我写练习册的效率也提高了啊，我现在时间规划得更好了！

老师：嗯，我希望你下一次还是年级第一啊！

薛戈：老师，我妈都不这么要求了，我妈都同意我参加这些活动了，不是第一也无所谓了，看淡了。

老师：呦呦呦，有进步！

薛戈：我本来就是这么想的，嘿嘿！

老师：快去吃饭吧，然后锻炼啊！

薛戈：好的，老师再见！

朱梦梦、高小玉、梅灵灵的大结局

场景：篮球赛

薛戈：朱梦梦，如果没有你那天在上学的路上跟我说话，我今天也不会发现打篮球的乐趣，现在班级在我这个书呆子的带动下，都在积极参与这次活动，这可是你的功劳啊！

朱梦梦：我做了你推荐的那些练习册，成绩也更好了，我妈现在也能享受那种把练习册捆成一捆往出卖的乐趣了，我也得谢谢你啊，按照现在我学习的速度啊，高三，我没准儿能超过你，你可要注意了！

此时高小玉跑过来，看到俩人聊得正欢，故意清了清嗓子，高小玉：别聊啦，赶紧去篮球赛现场吧，大家都等着看着，朱梦梦，你得赶紧去给我们分配任务，我看大家都在忙，就剩我一个闲人了，你多给我安排吧！

薛戈：我也可以帮忙啊！

三个人一起朝篮球赛现场走去。到了现场看见了许多和孩子站在一起的家长，梅灵灵一个人站在边上，玩着手机，忽然梅灵灵的电话响了，但是梅灵灵看起来不太想接，朱梦梦走过去，碰了梅灵灵一下，说：干嘛呢？接电话啊！

梅灵灵：不想接！

朱梦梦：谁呀！

梅灵灵：有钱人！

朱梦梦：啊？

梅灵灵翻了一个白眼。

朱梦梦：你爸啊！

梅灵灵：嗯，八成又要告诉我，忙！来不了！

朱梦梦：那你也要接电话啊，起码你爸记得现在你想让他来啊！

这时，断掉的电话再次响起，梅灵灵接了起来。

梅灵灵：喂，爸。

梅灵灵爸：闺女，你们篮球赛在哪啊？

梅灵灵：你来了？

梅灵灵爸：是啊。

梅灵灵：你现在在哪？我去接你！

画面中所有的人，一起看向梅灵灵，露出开心的表情！全剧终。

2011 级高一 13 班　张策

指导教师：林蕴博

第五章

咨询干预系统

人类在本质上是一种需要情感交流、心灵沟通的感性生灵。在心理健康教育系统中，尽管心理咨询及心理治疗工作是心理辅导课程的一种辅助手段，但同时对于已出现心理问题及心理疾病的学生又是一种有效的补救措施。因此心理辅导及心理咨询工作是实施心理治疗不可缺少的一种途径。

第一节　概述

人类在本质上是一种需要情感交流、心灵沟通的感性生灵。在心理健康教育系统中，尽管心理咨询及心理治疗工作是心理辅导课程的一种辅助手段，但同时对于已出现心理问题及心理疾病的学生又是一种有效的补救措施。因此心理辅导及心理咨询工作是实施心理治疗不可缺少的一种途径。

一、中学心理咨询内涵界定

心理咨询是学校心理健康教育系统中不可缺少的重要组成部分。对于心理咨询的界定，心理学研究者们持有着不同的看法。1942年，Rogers认为，心理咨询是咨询师与有意愿咨询的求助者在持续、直接的接触中通过咨询师提供心理帮助使求助者行为发生改变的过程；Riesman将心理咨询看作通过建立人际关系而达到的一种帮助、教育和成长过程；中国学者陈仲赓则认为心理咨询是咨询师和来访者之间的一种同伴关系，双方合作努力促使来访者人格和行为改变的过程。

尽管对于心理咨询的表述不尽相同，但是中外研究者在定义中却存在许多共识，例如，心理咨询过程中需要建立和谐人际关系，心理咨询是一个帮助来访者发生改变的过程。因此在实际的工作中，我们将中学的心理咨询理解为咨询师（教师）和来访者（学生或家长）共同建立和谐关系，并利用相关的心理学知识努力帮助来访者（学生）

解决心理问题的全过程。

2016 年 Koole 和 Tschacher 认为，心理咨询也被称为谈话治疗，是来访者在与咨询师交谈的过程中，问题得以恰当解决。因此谈话是心理咨询的主体手段。

二、主体性心理健康教育理念下心理咨询的关键

通过建立咨询者（教师）与来访者（学生）的工作同盟，并充分发挥学生在工作同盟中的主体性作用的原则。这是主体性心理健康教育中心理咨询工作的关键点。

同盟，原是政治领域术语，指为实现共同政治目标而结成的组织，十九世纪六十年代，Greenson 将工作同盟的概念引入到心理咨询中，在他看来工作同盟是指病人和心理治疗师之间存在的一种非神经性、理性的密切关系。

2016 年 Koole 和 Tschacher 认为，心理咨询中的工作同盟特指咨询者和来访者双方在结构化的阶段中共同工作以解决来访者的问题，减轻来访者的问题，也可称为治疗联结、帮助同盟。

心理学中的工作同盟概念最早由精神分析学派提出，后来逐渐为人本主义和认知行为心理学所接受。精神分析学派的西格蒙德·弗洛伊德认为，在心理治疗中，存在来访者对治疗师的移情，移情将来访者与治疗师联结在一起，治疗师在移情的作用下可以帮助病人加强对治疗的信任，即使在治疗过程中产生高水平焦虑，还依然坚持接受治疗，这是来访者与治疗师之间的工作同盟。人本主义学派尽管坚持来访者为中心的治疗思想，但是，它依然强调治疗师对于治疗效果的重要作用，强调治疗师在工作同盟中所肩负的重要责任。1957 年，人本主义学派的 Rogers 认为，心理咨询的效果不仅来源于治疗师的能力，还强调咨询师与来访者之间的真诚的、共情的关系，这就是人本主义学派对于工作同盟的理解。在认知学派中，工作同盟依然是一个重要概念，良好的工作同盟被看作是心理咨询与心理治疗的前提条件。

东北师大附中的心理健康教育工作在深入理解工作同盟的内涵之

后，将其应用于中学的心理咨询中，并作为主体性心理健康教育指导下的心理咨询的特征，强调在咨询者（教师）和来访者（学生）之间建立积极的工作同盟的重要意义。将中学的心理咨询理解为教师与学生之间建立积极的工作同盟，共同解决心理问题的过程。

在实际的心理咨询工作中，学校尝试形成了建立工作同盟的三个关键因素：

1. 共同目标

心理教师与来访学生之间形成指向学生心理良性发展的目标。在东北师大附中，每一次心理咨询都是学生寻求教师的帮助，并在教师的指导下设计自己阶段成长规划的过程；每一次心理咨询，心理教师与学生之间都会经过磨合形成共同的目标，例如如何更自信，如何与母亲形成和谐的亲子关系，等等。

2. 共同任务

在咨询过程中，心理教师和来访学生形成共同任务，就是双方都认可的咨询行为与心理认知。双方共同认为，经过这样的咨询行为与心理认知，可以达成在咨询伊始就制定的咨询目标。在形成共识的基础上，双方共同努力，共同履行这些行为，承担这些责任。例如为了实现减轻焦虑水平的目标，教师和学生之间形成共同的任务单，例如与父母的有效交谈（可提前列出交谈的要点）、学习计划的制定（要有具体到每一天的计划表、监督人及执行方式等）、对自己的正确评估（可通过采访朋友和老师等列表）等等一系列共同任务。这些任务不是心理教师的独角戏，而是与来访者共同执行的，从而使心理咨询过程中学生的主体性得到最充分体现。

3. 有效的情感联结

在许多心理学流派中，情感联结指来访者和咨询者之间形成的个人依恋，包括二者之间的信任度、接受度等。而在我校的心理咨询中，有效的情感联结，除了来访者与咨询者之间形成的依恋感，更重要的是教师对学生的爱，学生对教师的信任。强调在咨询过程中教师与学生的平等位置。

这种有效的情感联结是我们在开展心理咨询工作中最关注的。我们主要从两个方面入手：第一，营造有利于心理咨询工作开展的文化氛围。这种有效的情感联结与学校形成的文化氛围是密切相关的。东北师大附中开展系统的心理咨询已经有27年，现在每一个进入学校的学生，在没有特殊情况下，初中三年或高中三年的心理老师是一个人，每周一节的系统的心理课程，经常开展的心理健康教育活动，为每一位学生与心理教师之间建立良好的情感联结提供了充足的平台。第二，情感联结是学校对心理老师进行系统的培训一直秉持的理念，更是学校对心理教师提出的素质要求。

在多年的心理咨询工作中，心理工作同盟的质量决定了心理咨询的工作效果。

三、主体性心理健康教育理念下心理咨询的实施

1. 以个体咨询为主，关注学生心灵成长

现代中学生由于特殊的家庭环境、社会环境，心理发展也比较特殊，心理问题的发生率比较高。同时越来越大的竞争压力使得掌握科学的学习方法、用脑方法及心理调适方法成为每个中学生重要学习策略之一。因此每个中学生在学习和生活中都需要教师的指导，面对一些心理问题时需要教师及时的心理帮助。学校从1993年就开始设立专职的心理教师为学生提供指导，和他们心灵沟通，为他们排忧解难，每学期每位心理教师都会接待百余名学生。

学校的个体咨询除教师与学生面对面地进行心灵沟通外，在学校发展的过程中，先后经历了心理咨询信箱、电子书信咨询，到现在学生普遍采用的微信咨询与面对面咨询相结合的方式。

2. 建立心理活动空间，解决学生成长烦恼

除了个体咨询，学生心理的调节还需要学校提供合适的活动空间。在不同的时代，学校采取了不同的形式。例如，2004年9月，为了应对现代中学生生理与心理发展相互矛盾的特点，预防学生各种心理问题的发生，学校为初中生们营造了一个合理的心理活动空间——朗晴

地带，"从心灵的阴雨中走出来，从生活的迷惘中走出来，从情感的沙漠中走出来，感受'朗晴地带'给你的温馨、阳光、晴朗"是"朗晴地带"的宗旨。

在朗晴地带，学校开辟了五个心理活动空间，让学生在活动中减轻心理压力，降低焦虑情绪，拥有健康的心理。

释心室可以消除心理压抑、发泄不良情绪，减弱攻击性行为。

宁心室可以倾听舒缓音乐、采用涂鸦等方法放松心情，疏缓神经。

启心室可以借谈话方式启迪心灵，借阅读方式放松心情。

畅心室可以通过先进的媒体帮助学生走入一个丰富多彩的心理空间。

历心室可以通过感受和体验帮助学生实现情绪情感的内在成长。

自从朗晴地带建立，学生表现出极大的热情，利用率达100%，每天接待几十名学生。国内三十几家报刊和网站对我校的心理活动室作了专题报道。

到2010年，学校根据社会发展的形势，开始利用现代化的心理调节工具与手段为学生提供更好的环境。目前我校心理支持中心集中采购了心理自主咨询自助服务系统、心理健康教育云平台、智能多维生物反馈放松训练系统和沙盘等专业设备，对于心理咨询起到重要的辅助作用。

心理自主咨询自助服务系统是针对心理咨询学生或教师设计的心理自助服务设备，集心理测评、心理科普、预约咨询等功能于一体，可以提供全面、专业的心理健康服务，帮助学生有意识地自我调节和训练，从而有效改善情绪和心理问题。

高效的心理健康教育云平台（自2009年开始启用并不断升级）可以针对全校师生进行不同学段、不同性别、不同年龄的心理健康水平全方位评估、大数据告知心理健康状况水平；也可以点对点直接进行个体施测，为学生提供心理健康测试和生涯发展倾向预测，帮助学生进行深入的自我分析。

智能多维生物反馈放松训练系统（通过计算机终端实现）是以物

联网技术为主的专业心理咨询室身心放松训练系统，系统可满足心理减压放松及减压放松过程中生理数据反馈，便于及时直观感受减压放松效果。心理教师可根据反馈数据报告调整及完善学生或教师减压放松方案，从而达到更好的使用效果。

心理沙盘作为心理咨询的一个良好平台，帮助学生在简易的沙盘世界将自我的心理冲突和矛盾通过箱庭制作有意无意地进行释放和整理，帮助来访者营造出心灵深处意识和无意识之间的持续性对话，对存在学习困难、社交焦虑、自信心不足等常见心理问题的学生进行有针对性的辅导训练，疏导情绪，改善认知，塑造健康人格，增强自信心，可以通过心理沙盘唤起童心，人们找到了回归心灵的途径，进而身心失调、社会适应不良、人格发展障碍等问题在沙盘中得以化解。

3.拓宽心理咨询渠道，推广专栏咨询成果

我校配合个别心理咨询及辅导工作，还采用了面向全体学生的专栏指导形式。我校最初采用的专栏咨询是以报刊为主体的，1997年创办了《中学生心理健康报》，每半月一期，包括"心理指导""心理知识面面观""你问我答""学习方法介绍"等许多栏目。现在报纸更名为"耳语星空"。2000年以后，随着东北师大附中网校的成立，心理咨询的专栏也从报刊形式发展到网络形式，网校设立专门的"心理咨询"版块，现包括"心海漫游""心海导航""心理测试""千味苹果（问答栏目）""学生论坛"等栏目，实现了资源共享，让更多的学生接受了心理教育。2005年，学生自制心理网站，加强学生中的伙伴咨询的力量，同时将最新的、具有较强实用性的知识送达到网站，学生在共建网站的同时呵护着自己的心灵。

东北师范大学附属中学心理咨询与教育中心网站秉持尊重、理解、共情、助人自助的宗旨，开设十个子频道，内容如下：

首页：预约（流动页面）、心闻动态、心灵驿站、心情故事。

中心简介：领导机构、制度保障、服务内容、专家队伍、工作地点、工作时间、联系方式。

心理百科：心理健康、学习心理、人际交往、情绪调控、生涯发展规划、自我意识、新生专栏、走过高三、趣味心理。

心情故事：学生心情随笔。

心理测试：专业测试、趣味测试。

"耳语心空"心理健康报。

"耳语心空"心理协会：协会简介、组织机构、协会活动、协会博客（后更名为绘心心理社团）。

心灵驿站：理论、案例分析、咨询手记、专家解疑。

心理咨询：规章制度、心理咨询必读、预约咨询、心理热线。

服务专区：家长专区、教师专区。

学校心理网站是学校心理工作对外宣传的窗口，也是加强对校外联系、互相学习、共同发展的阵地。心理网站的建设对促进师生普及心理健康知识，了解心理疏导技术起到至关重要的作用。

第二节　中学阶段高频心理咨询问题简述

一、自我意识

自我意识是个体对自身和对自身与周围世界关系的意识，包括自我认识、自我体验和自我控制三种心理活动机能，是一个多层次的心理功能系统。中学阶段，人的自我意识处于迅速发展成熟的阶段，需要完成埃里克森心理发展八阶段性任务中的自我同一性的发展。这一时期对于自我的探索和确定是青少年成长过程中的重要主题。作为心理咨询师，帮助学生塑造健康和谐的自我，解决成长过程中的各种可能的内心冲突，正确地认识自己，引导学生很好地处理自己和他人的关系，其实都是在帮助学生更好地发展自我同一性。

中学阶段，与自我意识相关的主要心理问题有自我中心、自我妨碍、自卑、自控力、自我伤害行为等。在自我问题的心理咨询中，角色扮演法，同伴评价法、归因训练、认知重构、态度接种、心理隔离、寻优训练、自我疏导等方法都能对学生的自我问题进行有效干预。

二、同伴关系

同伴关系是指同龄人或心理发展水平相当的个体间在交往过程中建立和发展的人际关系。亲子关系、师生关系、同伴关系是学生发展中最重要的三种关系。和师生关系、亲子关系相比，同伴关系的最大特点是平等性，对于学生的心理发展而言，它具有前两种关系所不能代替的功能。同伴彼此之间互相分享心情和感受以及个人思想，彼此帮助解决个人交往中的困惑和冲突。学生可以从同伴交往的过程中获得情感支持与鼓励，可以使同伴获得认同感和归属感，保持积极乐观的态度，塑造健康人格，促进学生的社会化发展。

中学生进入了青春期，出现了许多心理上的不安和焦躁，非常需要有能倾吐烦恼、交流思想并保守秘密的同伴。中学生在同伴交往中有了初步分层，开始根据亲密程度区分同伴关系，并由此形成了许多小型的非正式群体，同伴关系也相对稳定。中学生交友的范围逐渐缩小了，最要好的朋友一般是一至两个。

然而，中学生在同伴交往的过程中，由于认知偏差、个性缺陷、人际交往经验有限等原因，很多时候会出现同伴交往的困惑或困难，如人际交往中出现自卑、不良的同伴压力、校园欺凌、友谊的持续维护、同学间的不良竞争、嫉妒、敌视、怨恨、吵架、斗殴等。同伴交往对中学生又十分重要，因此，当同伴交往出现问题时，很多情绪和学业问题也相继出现，如抑郁、焦虑、孤独、压抑、注意力不集中、学习成绩下降等。

在同伴交往问题的心理咨询中，理性情绪疗法、角色书信疗法、角色扮演法、沟通技巧和策略的传授等方法都能对同伴交往问题进行有效干预。当出现不良同伴压力、校园欺凌、打架、斗殴等严重事件时，咨询师可以和学校学生管理处、班主任、家长等多方合作，确保学生安全及不良事件得到有效解决。

三、异性交往

随着中学生身体的逐步发育成熟，中学生开始体验到了从未有过的成人感和对异性的兴趣，学会与异性交往也是这一时期青少年发展的主要任务之一。然而在学生的成长过程中，世界观和人生观尚未定型，在与异性交往的过程中往往理性不足、感性有余，从而出现各种各样的问题。有的是拒绝异性交往或异性交往困难。其中有些学生是因为讨厌异性而不愿意交往，而有些中学生本身十分渴望与异性交往，具有强烈的异性交往动机，但在实际的情境中，往往由于自身的各种原因不敢同异性往来。有的是过于频繁与异性同伴来往，超出友谊界限，出现"早恋"现象，影响了自身的学业。发生在青少年之间不恰当的恋爱关系会成为其心理健康发展的极大障碍。中学生在建立这一关系时，由于自身心智、情绪的成熟水平有限，当经历失败的"早恋"时，往往体验到自我怀疑、自尊水平降低、嫉妒、猜疑等情绪体验，以及注意力降低、冲动等行为障碍，甚至出现不良行为、适应困难及产生消极人生态度等。

在中学生异性交往的心理咨询中，认知重构法、情绪宣泄法、故事引导法、活动转移法、比喻说理法、"爱"的价值观引领、寻优训练法等都可以有效干预学生的异性交往问题。必要时咨询师可以和家长、班主任配合，形成教育合力，这对于引导青春期学生正确对待早恋和解除早恋的困惑非常必要，帮助学生在经历中建立自我同一感，更好地发展和成长。

四、亲子关系

对青少年来讲，亲子关系既是最亲密的一种人际关系，也是最重要的一种人际关系。但中学阶段是亲子冲突集中爆发的时期，父母与子女之间敌对、疏远和隔阂的现象屡见不鲜。亲子冲突（Parent-child conflict）最早由美国心理学家霍尔提出，19世纪初期，霍尔在研究儿童心理发展特点时发现，个体在青少年时期会与父母之间产生激烈的冲突和矛盾。并指出这种亲子间的冲突与不一致在个体发展过程中不可避免。而现实情况也是，亲子冲突是中学阶段心理咨询最为主要的内容之一。初二由于"第二反抗期"的出现，亲子冲突呈现爆发式的增长。

亲子冲突的方式和程度各异。初中生与父母发生冲突最多的内容是在学业方面、交友方面和日常生活安排方面，有时也会涉及个人隐私。在亲子冲突的表现形式上，初中生同父母的冲突主要有言语、情绪和身体等三种类型。

亲子冲突对青少年心理发展有很大影响，尤其体现在情绪和心境等方面。亲子冲突通过对个体情绪和心境的影响，进而也会影响到青少年当时的学业和后期人格特征的形成以及品德行为和社会关系的发展。因此，有效干预亲子冲突成为中学阶段心理咨询的重要内容。

在亲子冲突的心理咨询中，共情、理解、尊重等基本的心理咨询技术尤其重要；其次，认知重构、合理情绪疗法、空椅子技术、角色扮演、情景模拟、传授沟通技巧、行为契约法等方法都可以对亲子冲突进行有效干预。在亲子冲突的干预中，很多时候对父母的再教育也很有必要。

五、考试焦虑

在激烈的考试竞争压力下，各种各样的考试心理问题应运而生。考试焦虑是中学生最常见的情绪障碍。作为一种消极情绪，考试焦虑不但影响学生的考试成绩，而且影响学生的身心健康发展。考试焦虑可以体现在以下三个方面：

自我认识方面：产生一些消极的自我评价，担心考试成绩不理想。

生理方面：具体表现为心率加快、呼吸加剧、胃肠不适、多汗尿频等。

行为表现：根据每个人性格特点的不同而有不同的表现形式。

这三个方面的表现常常交织在一起，因此，考试焦虑的外在表现是一种非常复杂的现象。

在最早的考试焦虑中，其主要表现是不尽合理的自我期待、失败后的恐惧感以及对考试的消极认识。随着学生年龄的增长，如果缺少必要的指导，这种焦虑会随之变得严重，一段时间后就可能成为学生考试行为困扰中一个突出的问题，导致学生缺乏自信，严重的甚至患上"考试焦虑症"。

综述近年有关考试焦虑的咨询与研究，大概有 20%~30% 的中学生存在考试焦虑问题，其中初三年级和高三年级学生的考试焦虑水平较高。考试焦虑多集中在数学、物理、化学等理科上，它严重妨碍了学生真实学习水平的发挥，损害了学生的身心健康。

在考试焦虑的心理咨询中，情绪宣泄法、放松训练法、系统脱敏法、自信心训练法、积极自我暗示法、表象训练法、合理情绪疗法等都可以对学生的考试焦虑进行有效干预。有时咨询师还需要帮助学生跟家长进行有效沟通，减轻家长给学生带来的巨大考试压力。

六、情绪问题

人的情绪具有帮助人类适应社会、促进人际交往、激发个体活动的动机和组织功能。学生情绪调节能力发展的前提是神经系统的发育，主要是皮质抑制机制的发展。学生的神经系统，特别是大脑皮质的变化是巨大的，由于大脑皮质机能的逐渐完善，兴奋和抑制越来越趋于平衡，能够逐步在一定程度上调控自己的行为和情绪。青春期阶段，学生的大脑皮质机能还不够完善，大脑兴奋功能强，抑制机能还有待发展，所以处在青春期阶段的学生，情绪往往具有不可遏制性。"青年心理学之父"霍尔形容此时期是"疾风怒涛"期。

中学生常常因为一点儿小事就欣喜若狂、手舞足蹈，或者垂头丧气、无精打采，有时彼此之间只因为一句话不合就怒不可遏、拔拳相向。在父母看来，中学生易冲动、情绪暴躁、惹不起。中学阶段也是亲子冲突最多的阶段，一旦发生亲子冲突，就伴随着强烈的情感情绪爆发。中学生的情绪还不稳定，容易从一个极端走向另外一个极端。好胜心强与经验不足常常是造成中学生情绪波动的原因，另外身体的成熟也会给他们带来情绪上的一些扰乱。

在情绪问题的心理咨询中，合理情绪疗法、自我暗示、注意转移、表达抑制、情绪宣泄等都可以对学生的情绪问题进行有效干预。

第三节　心理咨询典型案例

案例一：初二男生自我妨碍的咨询报告

摘要： 本案例介绍一名初二男生因体育测试成绩低引发焦虑而导致一般心理问题的心理咨询过程。咨询师运用合理情绪疗法及归因训练帮助来访者改变其非理性信念，建立了对自己和考试的合理认知，同时运用放松训练改善其焦虑情绪，使其积极乐观地面对学习生活中的挫折与挑战。

关键词： 归因训练；放松训练；自我妨碍

一、一般资料

小 A（化名），15 岁，初二男生，因自身体质在体育方面不擅长。在一次体育随堂测试中成绩排在班级的倒数，从而导致每次大型或小型体测前都伴有恶心、心跳加速、腹部疼痛等身体症状，导致无法正常参加考试。虽然竭尽全力在控制和放松但还是无法解决问题，自身感觉很痛苦，主动要求进行心理咨询。经过正规医院的诊断，身体器官一切正常，排除器质性疾病。家族无精神疾病史。

二、个人主诉及班主任和家长陈述

来访者主诉：一家三口人生活在一起，父母都为普通职员，家庭经济情况一般，母亲在家里比较强势，家里的事情大多是母亲一个人说了算，父亲对家里的事不闻不问，对于来访者的教育也并不上心。母亲是一个对其要求非常严格的人，并且提出要求后来访者一定要无条件服从，立刻行动，如有反抗就大声斥责。随着课业的难度逐渐增加，母亲没有办法进行系统的辅导，于是就从网络或者是一些学生家长的沟通中又给来访者增加一些学习内容，而这些学习内容来访者觉得并无用处，反而压力骤增，来访者也变得越来越狂躁，和母亲的关系日益疏离。

来访者在小学阶段由于自身聪慧、理解能力强在数学方面非常有天赋，在班级中的学习成绩一直名列前茅。但是自从升入初中以来，班级中优秀的同学很多，自己的学习成绩变成了中等，班主任和科任老师对其也不太重视，数学的优势也发挥不出来，物理成绩也并不理想，但是自认为并不是自己能力的问题，都是马虎或者审题不仔细。在班级中没有特别要好的朋友，觉得大家都不太喜欢自己，自己也不喜欢他们，觉得同学太虚伪太做作，明明考得好结果非要撒谎，明明自己做了很多题，结果不承认。自己很鄙视那样的人，能让自己看上眼的没有几个。自从知道体育会加入中考成绩并占 40 分后，就感觉很害怕，因为自己从小在体育方面并不擅长，不喜欢任何体育项目，在初一时上体育课总是想方设法地装病不去，在班级里写作业或者刷题。现在体育课只要不考试的话，跑步或者跳绳等不会有恶心等症状，但是只要有考试就没有办法正常进行，最严重的一次吐在了操场上，并回家休息了几天，但还是感觉到头发沉，没有精神，到医院进行细致的检查后没有发现任何问题。

班主任陈述：该生性格内向，不爱说话，不爱参加任何班级活动，在班级学习成绩中等，在一些团体活动中特别消极，面容沮丧。曾因为作业的事情批评过该生，但是该生的表现有些异常，不发一言甚至还会用仇视的眼神看老师。该生在班级没有太要好的朋友。

家长（母亲）陈述：小 A 在家中愿意和母亲谈学校中发生的事情，比如和谁有矛盾了、和谁关系好等。但是自从学习成绩下降之后就很少谈起学习方面的事，家里人只要一说学习，小 A 情绪就很激动，说他们什么也不懂。有时候也会做一些过激的举动比如撕书、砸东西、打滚儿等。也督促其进行一些体能训练，但是小 A 表示无法坚持并且无用。

三、观察

来访者智力发展正常，语言表达清晰，但是陈述时眼神始终躲避，愿意低头，说话声音极小，有时候会对自己说的前后逻辑不一致的或者缺乏因果关系的事情进行辩解。无幻觉，无妄想，无智能障碍。情绪激动时大声哭泣，说到无人理解自己时反应激烈。

四、评估与判断

1. 评估与判断

该来访者表现出焦虑、烦躁、体测前恶心等症状。从严重程度标准看，该来访者的反应强度比较强烈，但反应集中在体育测试上，其他的考试并没有受到影响，学习成绩也没有下降，睡眠状态良好，没有影响逻辑思维等，无泛化，没有对社会功能造成严重影响；从时间看，状态欠佳有 1 个多月。综合以上资料判断，该来访者为由于体育考试引起的一般性心理问题。

来访者还存在"自我妨碍"的思维方式问题。自我妨碍是指个体给自己的表现制造一些想象的或真实的障碍，从而为个人的潜在失败提供一个预先的借口。来访者自我妨碍的目标是希望自己和他人不因为结果而否定自己的能力，因此在对结果进行解释的时候，能力不会被看作失败的因素。来访者上体育课总是想方设法不去，拒绝参加任何体育测试，也就没有机会证明自己体育不好，良好的自我形象得以继续得到保护。

2. 原因分析

生物学原因：来访者年龄为 15 岁，属于青春期，情绪波动较大，有成人感但经济不独立；处于埃里克森自我同一性形成的重要阶段，自我探索程度较高；来访前做过全面体检，身体一切正常。

社会原因：存在负性生活事件，觉得在家庭和学校中得到的理解和支持少，由于成绩的落差造成的自我效能感低，自身能力不足无法在体育上取得好成绩。

心理原因：存在认知错误，觉得自己学习成绩和体育成绩不好的主要原因是自己马虎。来访者自信心不足，自尊超强，由于家庭因素对事物要求过高，过于追求完美，对挫折或身体不适容易过分紧张。并且有轻微的强迫性思维，自我防御机制强，在遇到解决不了的问题时习惯采取否定、退行、逃避等心理防御机制。

五、咨询目标的制定

根据具体、可行、积极、双方可接受、属于心理学性质、可评估、多层次统一这七个基本要素，咨询师和来访者共同商定了以下咨询目标：

具体目标与近期目标：帮助来访者分析成绩下滑的主要原因，缓解来访者的焦虑情绪；帮助来访者学会肌肉放松技术，消除因紧张和焦虑引发的身体症状；帮助来访者融入同龄人群体。

最终目标与长远目标：正确认识和处理学习困惑；在交往过程中成长，并正确地看待自我；改变非理性信念和不合理的行为模式，建立新的、合理的信念和行为模式；学会用积极乐观的方式面对现实生活，最终达到促使该来访者心理健康发展，达到人格完善的目的。

六、咨询方案的制定

1. 主要方法与原理

（1）合理情绪疗法

合理情绪疗法旨在通过纯理论分析和逻辑思辨的途径，改变来访者的非理性观念，最终帮助其解决情绪和行为上的问题，在解决其强烈焦虑情绪的问题上采用 NLP 技术。

（2）肌肉放松训练

肌肉放松训练是行为疗法的一种技术，它源于交互抑制的基本原理。具体方法是让焦虑者闭上眼睛，均匀调整自己的呼吸，通过控制肌肉，感受到自己肌肉的紧张和放松的状态，从而帮助放松心情。

（3）归因训练

归因训练是指咨询师引导来访者对自己的成功和失败进行合理的归因。从而提高来访者的心理健康水平和行动力。在自我妨碍的咨询中，咨询师引导来访者的归因为：当成功的时候，把成功归结到自己的能力和努力，在失败时，也同样归因于自己的能力和努力，使学生形成一致的归因模式。尤其在失败的时候，不仅要让他们意识到这是没有努力造成的，也要让他们意识到这种不努力的行为本身是一种"不光彩"的行为。

2. 双方的责任与义务

遵照国家职业资格培训教程中的相关说明，使用结构化技术，在咨询方案施行前向来访者介绍清楚。

3. 时间

每周一次，共四次，一次四十分钟。咨询者与来访者达成协议，来访者在这个过程中要付出相应的时间和精力，请积极主动参与咨询并重视这个自我调节的过程。

七、咨询的过程

1. 第一次咨询

（1）目标

收集资料，建立咨询关系，进行心理判断，确立咨询目标。

（2）过程与方法

填写来访者登记表和保密协议，向来访者说明心理咨询的性质和双方的权利和义务，特别强调咨询师的保密原则。通过摄入性会谈了解来访者相关资料。根据收集到的资料及临床观察，形成初步印象。

通过倾听、共情、积极关注，让来访者尽情地倾诉，与其建立良好的咨询关系。在征得来访者同意后，对其施测焦虑自评量表（SAS），施测结果提示中度焦虑。由于来访者在自述时情绪崩溃，出现伤害自己的倾向，经过其本人的同意告知其班主任和家长，并向班主任及家长了解来访者的相关情况。建议来访者将困扰自己的事件回忆并记录下来，同时让来访者写出当时的情绪和对现在可能产生的影响。

2.第二次咨询

（1）目标

让来访者了解合理情绪疗法的基本原理，解释 ABC 理论，使来访者领悟其不良情绪和行为是不合理信念造成的。鉴于其此次来正好恰逢一次体育测试，焦虑情绪过于强烈，做必要的情绪处理。

（2）过程与方法

在了解其家庭情况及其个人成长情况之后，咨询师运用启发式谈话的方法使来访者发现其认知的不合理之处。在了解其通过打滚儿表达自己愤怒情绪的时候，咨询师反问其什么样的人会用打滚儿的方法来发泄情绪，目的又是什么，让来访者意识到自己已经是一个思维较成熟的中学生。小 A 也意识到就算自己有道理用这种大喊大叫或是打滚儿的方式也是无法有效解决问题的。小 A 在家还愿意分享自己在学校的见闻，说明其认为家庭还是其精神支柱，亲情也能带给他温暖，充分利用这一点鼓励其多与父亲和母亲沟通，就算与父母有矛盾也是一种普遍现象，引导其意识到青春期的一些心理变化，不用将小矛盾扩大化。

在谈到即将进行的体育测试时小 A 坐立不安，并表示自己一想起来考试就会有恶心的感觉。鉴于这种强烈的焦虑情绪反应，运用 NLP 技术中的混合法，为其处理情绪。具体做法：咨询师以 90 度直角坐在小 A 右边，左手按在他背后的大椎穴上，右手则以拇指及食指二指做成一个叉型，轻轻按在他左右两眉中点的上面位置，引导他深呼吸加以配合，轻按三分钟后，他的情绪有所好转。同时教给他 NLP 中消减自己不良情绪的技巧——生理平衡法，并在生活中练习。具体做法：

①双腿伸直，双脚交叉，双手手指也交叉结合，反拗到胸口。双手交叉，假如右脚在左脚之上，则右手也在左手之上。伸出手指，双手拇指向下，如此，掌心自会相对。双手手指交叉合掌。双掌握成的拳头向下再向胸口拉近并翻转向上直至紧贴胸口，眼睛下望可以看到手指。

②舌尖向上顶住口腔内上颚门牙稍后的地方，把呼吸调慢。

③全部注意力放在心脏上，维持 3 分钟。

帮助来访者进行认知重构，其间通过对来访者的不合理信念进行质疑，启发来访者认识到自己持有的是绝对化和以偏概全的非理性信念，并启发其建立新的、合理的信念。小 A 之所以紧张到引发身体症状的程度是因为其属于完美主义者，这与他对待学习的态度是很相似的，当无法达到自己预设的目标时就会引发其强烈焦虑的情绪，因为在学习上小 A 处于中等的位置，心中还有那种"比上不足，比下有余"的心态。而在体育上，在得知体育成绩加入中考成绩后就会让他感觉自己最差最弱的一面要被拿出来比较，最后一名这种强烈的打击使其上初中以来一直持续的低效能感最终爆发，因此性格变得孤僻乖张，他一直以来安慰自己的托词比如"我和别人不一样""我能力不错就是马虎"这样的自我安慰都被体育不好给拉回了现实，无法进行自我麻痹后就出现情绪失控，引发了身体症状。对于其拒绝进行体育训练，咨询师对其进行了认知重构，建立更合适的认知模式：由于其害怕出现"我练习了成绩也不好"的情况，所以干脆不练习不训练；告知他，这是他一直以来的思维模式，即遇到问题之后逃避，遇到问题之后自我安慰。每一个人都有自己不擅长的方面，成熟的人就是在自己不擅长的方面尽力而为，做好了成就感会更高，如果他在体测上因为训练而成绩有进步，那么对于他更擅长的学习领域的进步也有一定的促进作用。能够使其建立自信，用积极的方式思考问题。

3. 第三次咨询

（1）目标

在进一步摒弃非理性信念和建立合理信念的同时，解释行为疗法的一些原理，学会肌肉放松训练技术以消除有时仍然存在的焦虑情绪。

（2）过程与方法

小 A 第三次咨询明显感到其在自述时愿意和咨询师对视，基本不会再基于一些错误的认知观念进行无理反驳。并且告知咨询师上次咨询后他体育测试的时候完整的跑完了一千米，尽管是倒数第一但是全班同学都给他鼓掌，让他感受到了前所未有的被别人支持和肯定的感觉，但是在跑步时还是感到有些恶心，想进一步学会如何放松，于是本次咨询主要通过渐进性肌肉放松训练的方式帮助其学会自我放松，缓解焦虑。具体过程如下：

①紧握左拳，感受手和臂部的紧张感，5秒钟后放松。

②紧握右拳，感受手和臂部的紧张感，5秒钟后放松。

③自左腕关节向上弯曲左手，尽量使手指指着肩部，感受手背和前臂肌肉的紧张，然后放松。

④自右腕关节向上弯曲右手，尽量使手指指着肩部，感受手背和前臂肌肉的紧张，然后放松。

⑤举起双手臂，用力将手指触致双肩，感受双臂肌肉的紧张，然后放松。

⑥耸起肩膀，越高越好，感受肩膀的紧张，然后放松。

⑦皱起眉头，感受紧张，然后放松，并略微闭上眼睛。

⑧紧紧地合上双眼，再轻轻闭着眼睛，感受紧张与放松。

⑨用力将舌头抵住口腔上部，感受口腔内肌肉紧张，然后放松。

⑩紧闭双唇，感受口腔与下腭的紧张，然后放松。

⑪用力向后仰起头部，感受背部、肩部以及颈部的紧张，然后放松。

⑫用力低头，尽量将下巴靠住胸部，感受颈部与肩膀的紧张，然后放松。

⑬弓形弯曲背部并离开椅背，双臂向后推，感受背部和肩膀的紧张，然后放松。

⑭做一次深呼吸，并持续一段时间，感受背部和胸部的紧张，吐出空气，然后放松。

⑮做两次深呼吸，持续一段时间，吐出空气，然后放松。

⑯吸气时轻轻扩张腹部肌肉，感受腹部的紧张，然后放松，感觉到呼吸更加稳定。

⑰收紧腹部肌肉，感受腹部的紧张，然后放松。

（吕　航　提供）

⑱臀部用力并压住椅子，感受臀部的紧张，然后放松。

⑲收紧腿部肌肉，伸直双腿，感受腿部肌肉的紧张，然后放松。

⑳双脚脚趾向上，并逐渐抬起双脚，感受双脚和小腿肌肉的紧张，然后放松。

㉑向下弓起脚趾，犹如要将脚趾埋入沙土一般，感受双脚弯曲时的紧张，然后放松。

咨询师引导来访者进行放松训练，让来访者逐步掌握这种放松方法。

4.第四次咨询

（1）目标

继续巩固来访者学到的理性信念和行为模式，评定咨询效果，结束咨询。

（2）过程与方法

对来访者建立的新的、合理的信念和行为模式进行及时的阳性强化，使来访者进一步理顺自己问题的前因后果，明确今后努力的方向，积极进行体育锻炼增强自身体质，并且认识到自己的实际不足，接受自己能力上的缺失并进行积极的努力。帮助来访者运用学到的方法和经验应付生活中的其他问题，从而促使身心全面健康发展。为了评定咨询效果，再次让来访者自评焦虑指数。

八、咨询效果评估

来访者自我评估：身体症状等问题基本得到解决；对自己的优缺点有了正确的客观评价，能够客观分析失败和挫折的原因并提出合理的解决方案；负面情绪也减少；和家人、同学的关系得到明显的改善。

咨询师的评估：完成了咨询的具体和近期目标，小A能够运用合理的认知方式看待问题，并且会通过放松训练的方法缓解自己的紧张情绪。

效果评估：完成咨询任务，达到咨询目标。

案例二：初二女生人际交往困扰咨询报告

摘要： 咨询师运用角色扮演法、合理情绪疗法等方法，针对一例初二女生因好朋友渐行渐远而产生的人际交往问题进行了心理咨询。通过咨询，来访者的烦躁、哭闹、沮丧等情绪得到释放，也认识到自己对好朋友情绪的疏忽，对交朋友存在的不合理认知，并尝试咨询师的建议，努力修复了与好朋友的关系。

关键词： 人际交往；角色扮演法；合理情绪疗法

一、一般资料

1. 人口学资料

小 A（化名），女，15 岁，汉族，初二学生，无精神病史及家庭病史。

2. 个人成长史

独生子女，家庭经济状况良好，家庭和睦。

3. 社会功能

因人际交往问题引发负性情绪困扰，自信心下降，成绩有所下降，与同伴、同学不能正常交往。

4. 身体及精神状态

烦躁、苦恼，上课精力不能集中，觉得同学都不太喜欢她，有时与同学交谈中感觉很生气也很沮丧。

二、个人主诉

1. 求助原因

因与一直交往的好朋友突然变得生疏而产生沮丧情绪，联想到自己在之前与同班同学交往过程中的问题，变得更加苦恼，不知道如何与同伴相处，导致学习时注意力难以集中，学习成绩下降，急于解决问题，主动前来求助。

2. 主诉

从小学开始，学习成绩十分优秀，父母对自己的要求也很高。进入初中以来，学习成绩稳定在班级前5名，十分认真刻苦，深得老师的喜爱，但与同班同学交流较少。一开始不知道怎么和身边的人交流，没有共同话题，参与不到身边人的交谈当中，后来觉得同学们不太喜欢她。有一次班级中需要复印作业，有些同学家中没有打印机，来访者主动提出帮忙，但第二天并没有收到感谢，感觉很难过。

上一周，发现自己最好的朋友渐渐与其他同学走得很近，来访者不知道发生了什么，主动去询问，好朋友说什么事都没有。来访者没有得到确切的结果，但与好朋友的关系还在渐渐变远。来访者很苦恼，也很无助，上课注意力难以集中，晚上睡眠质量也受到影响，影响了学习成绩。

来访者想尽快摆脱这一困境，集中精力好好学习，缓解与好朋友之间的矛盾，主动寻求帮助。

三、观察

女生长相清秀，衣冠整洁，说话有礼貌。能清晰地陈述自己目前的状况。说话声音小，语速慢，肢体较拘束。谈到自己在班级中的人际交往现状时，表现得十分难过，流下眼泪。

来访者平时的学习成绩很好，在班级中朋友不多，在发现自己的好朋友与自己变疏远之后，体验到失落、沮丧等情绪，进而导致学习效率低下、注意力不集中等现象出现。

四、评估与判断

1. 评估与判断

该来访者主客观统一，知情意协调一致，个性稳定，有自知力，主动寻求心理咨询，并且没有表现出幻觉、妄想等精神病的症状。小A状态欠佳一个星期左右，反应强度不强烈，社会功能的损害程度小。

从资料的不同来源看，来访者主诉与咨询师观察到的情况一致。在综合收集了来访者的多方面资料后，初步判断来访者的主要问题在性质上属于一般性心理问题，在种类上属于人际关系问题引起的情绪困扰。

2. 原因分析

社会原因：来访者处于初二下学期，学习任务加重，大部分精力用于学习，与同学之间发生矛盾，没有太多时间应对，同时，来访者缺乏处理人际关系的技巧。

心理原因：来访者存在认知偏差，缺乏独立性，对朋友依赖性较强。

五、咨询目标的制定

根据具体、可行、积极、双方可接受、属于心理学性质、可评估、多层次统一这七个基本要素，咨询师和来访者共同商定了以下咨询目标：

具体目标与近期目标：帮助来访者剖析人际交往中存在的问题和不良情绪产生的原因，消除其不合理的认知和行为模式，转变观念；悦纳自我，建立积极的自我评价；建立合理的认知来认识过去的经历。

最终目标与长远目标：完善来访者的个性，促使其在交往过程中成长，并正确地看待自我；促进其心理健康和发展，达到人格完善。

六、咨询方案的制定

1. 主要方法与原理

（1）合理情绪疗法

采用合理情绪疗法改变来访者的不合理信念。合理情绪疗法又叫做 ABC 理论，A 代表诱发事件，B 代表个体对这一事件的看法、解释和评价，C 代表在这一事件发生后，个体的情绪反应和行为结果，属于认知行为疗法。它认为引起人们情绪困扰的并不是发生的事件，而是人们对事件的看法、解释和评价等因素。因此，通过改变来访者对事物的非理性认知和看法，就可以改变其不良情绪和行为。

（2）角色扮演法

向来访者呈现某种行为榜样，让其观察示范者有何行为以及他们的行为产生了什么样的结果，以引起他们从事相似行为的治疗方法。角色扮演是模仿法的一种方式，是由咨询师和来访者一起进入一个确定的情境，咨询师扮演来访者生活中遇到的人，来帮助来访者学习和别人交往的技巧。

2. 双方的责任与义务

遵照国家职业资格培训教程中的相关说明，使用结构化技术，在咨询方案施行前向来访者介绍清楚。

3. 时间与费用

一次四十分钟。本案例属于学校心理咨询服务的范围，按规定，属于义务咨询，免费。但向来访者强调说明，虽然咨询是免费的，但来访者在这个过程中要付出相应的时间和精力，请其重视咨询过程并积极主动参与咨询。

七、咨询的过程

1. 评估和咨询关系建立阶段

在咨询中，利用倾听、共情让来访者倾诉，在这一过程中让来访者感觉被尊重、被接纳，从而促进来访者的自我开放。咨询师运用开放式提问，收集来访者的相关信息和资料，确定来访者的主要问题及发生过程。

小 A 从小就是一个很听话的女生，学习成绩很优秀，但由于自身人际交往能力较差，知心朋友很少，在班级同伴交往中总是尽可能地融入、亲近同班同学。近期学习压力增大，因为这件事一直处于苦恼之中。而小 A 消极情绪体验主要是由于其不合理的认知导致的，在交谈过程中，发现来访者存在以下不合理认知：我对别人好，别人就要对我好；我朋友少，我是一个不受欢迎的人；我的朋友不能和其他人成为亲密的朋友。

2. 咨询阶段

这一阶段的主要任务是帮助来访者分析和解决问题，与来访者一起探讨解决问题的方法，并对来访者进行相关指导。

由于来访者家庭管教较严格，所以来访者在做事情时十分小心，总是想要获得他人的肯定，因此在性格上较自卑。所以在咨询过程中，咨询师找寻来访者身上的优点，加以肯定，让来访者发现自己的价值。紧接着，通过解释和辩论的方法改变来访者的不合理认知，建立新的合理信念。

比如，来访者认为"我对别人好，别人就要对我好""我的朋友不能和其他人成为亲密的朋友"。引导来访者思考，交朋友并不是物品交换，大家有选择自己朋友的权利，也可以发展更多的朋友，拓展自己的交友范围。来访者对自己朋友的依赖过高，自己缺乏独立性，也许，自己好朋友在交新朋友的同时也还一直在关注她、支持她，只不过来访者感觉自己获得的关心变少了，因此希望好朋友能一直只陪伴在她身边，给予鼓励和支持。

为了帮助来访者提高人际交往能力，咨询师运用角色扮演法进行疏导。来访者提到，因为自己学习压力增大，所以利用课余时间学习，有几次自己的好朋友来找她，她都没有陪她出去。因此，咨询师与来访者一起模拟了这个场景，通过角色扮演，来访者体会到了当时好朋友难过的心情，认识到自己只关心了自己的心情和处境，而在交往中忽略了好朋友的情绪。

布置家庭作业：

（1）询问与自己关系还不错的同学，对自己的看法，通过实际调查，消除猜疑。

（2）主动与好朋友修复关系。通过面对面或者写信的方式，向好朋友说明近期的情况，告诉好朋友自己的错误认知，以及对朋友情绪的忽略，主动承认错误，表达希望和好的念头。

八、咨询效果评估

来访者自我评估：离开咨询室时，来访者表示心情好转，承认自己在人际交往中有很多没有注意到的地方，回去后会和自己的好朋友好好谈谈。后来再遇到来访者，得知她与好朋友的关系已经得到修复，并在主动了解和学习人际交往的方法，成绩也在提高。

咨询师的评估：咨询的具体和近期目标基本实现，来访者的情绪得到宣泄，在认知上得到改善，自信心增强，建立了积极的自我评价。

效果评估：完成咨询任务，达到咨询目标。

案例三：初三男生情感困惑咨询报告

摘要：咨询师运用认知行为疗法，辅于认知领悟疗法、空椅子技术等方法，针对一例初三男生因失恋而造成的心理困扰和学习困扰进行了咨询。通过咨询，来访者的心理困扰得到了基本的解决，在这过程中帮助来访者更清楚地认识了自我，在失恋中成长，注意力能基本集中于学习，基本上达到了咨询的效果。

关键词：自我；认知行为疗法；认知领悟疗法

一、一般资料

1. 人口学资料

小 A（化名），男，15 岁，汉族，长春人，初三年级。无精神病史及家庭病史。

2. 个人成长史

独生子女。乐观开朗，但不善于表达自己的负面情绪。与父母关系很好。父母为开阔其眼界，经常带着小 A 外出旅游。

3. 社会功能

因早恋带来负面情绪困扰，对自己的吸引力产生怀疑。好朋友对其仍然支持，与班主任关系好。父母也对其心情表示理解，但因其成绩从年级一百多名下滑到年级六百多名，父母很担忧。

4. 身体及精神状态

负面情绪导致其入睡困难，焦虑烦躁，上课精力不能集中。情绪低落。

二、个人主诉

1. 求助原因

因和早恋女友的情感困扰而产生强烈的负面情绪，学习时注意力难以集中，导致学习成绩大幅下降。失眠，入睡困难，急于解决问题，主动前来求助。

2. 主诉

一年前喜欢上同班的一个女孩，半年前该女孩在 QQ 上主动对其表白。相处一段时间后，小 A 发现，女友对班上另一个男生 A 比较关注。男生 A 学习在班上倒数，上课也不专心，调皮捣蛋，也没有什么特长。最近的一次，男生 A 因为上课调皮，被老师训斥，女友表现得特别激动，一直向同桌表达对老师训斥男生 A 的不满。上课时，女友有时也偏头一直看男生 A。男生 A 有时像在故意刺激小 A，表现得跟女友很要好。这些都刺激了小 A，心中感到非常的嫉妒与气愤，感觉自己就要发疯了。于是就找女友理论，质问其与男生 A 的关系，每次女友都大哭，说自己和男生 A 没有关系，并保证下次不再做类似的事情。但下一次还是会发生类似的情况。现在小 A 对女友充满了怀疑，甚至于恨。小 A 非常痛苦和苦恼，还有六十多天中考，学习时精力不能集中。平时一想起这件事，就感觉伤心得不行。晚上也伤心得睡不着，睡了就不想再醒，因为想到每天醒来要面对这样的事情就感觉非常痛苦。

自己有三个关系非常好的同学，学习都在班上前四名，一个特别仗义，一个"为情所伤"之后就全身心地投入学习，这两个平时都不听自己的诉说。另一个刚开始还听自己诉说，后来就越来越不耐烦了。因此自己的满腹心事，没处诉说。父母虽知道自己早恋的事情，但也表示能理解自己现在的心情，并没有对自己进行训斥。但是母亲害怕早恋影响学习，因此将手机没收。

二模刚刚结束，自己成绩从年级一百多名下降到六百多名，下滑这么多，但学习时还是不能集中精力，马上又要中考了。

来咨询的主要目的就是想不要再这么痛苦，能够将精力集中起来好好学习。

三、观察

来访者比较高，身体比较结实。总面带笑容，即使讲的是痛苦的事情，也是面带笑容。健谈，讲话滔滔不绝，手势动作多，情绪变化快。倾诉欲望强烈，有些坐立不安和焦虑。语言表达清楚，有逻辑性，自知力完整。

四、评估与判断

1. 评估与判断

该来访者的知情意协调、一致，个性稳定，有自知力，主动寻求心理咨询，并且没有表现出幻觉、妄想等精神病的症状，小 A 状态不佳三月左右，持续的时间虽长，但社会功能的损害程度小。所获资料真实可靠，来访者主诉与咨询师观察到的情况一致。在综合收集了来访者的多方面资料后，可以初步界定来访者的主要问题在性质上属于一般性心理问题，在种类上属于恋爱不顺引起的情感困扰。

2. 原因分析

生物学原因：情绪不稳定的青春期对异性情感的萌动。

社会原因：恋爱不顺造成学习困扰。

心理原因：认知偏差，因恋爱不顺而对自己及整个经历持否定态度；面对中考压力的焦虑。

五、咨询目标的制定

根据具体、可行、积极、双方可接受、属于心理学性质、可评估、多层次统一这七个基本要素，咨询师和来访者共同商定了以下咨询目标：

具体目标与近期目标：宣泄失恋所带来的负面情绪和消极体验；成熟处理异性交往；降低由异性交往困惑而对学习产生的不良影响；悦纳自我，建立积极的自我评价；建立合理的认知来认识过去的经历；调动和整合来访者自身的资源。

最终目标与长远目标：正确认识和处理异性交往；在交往过程中成长，并正确地看待自我；促进心理健康和发展，达到人格完善。

六、咨询方案的制定

1. 主要方法与原理

认知行为疗法：认知行为疗法是一组通过改变思维或信念和行为的方法来改变不良认知，达到消除不良情绪和行为的短程心理治疗方法。具有代表性的有艾利斯的合理情绪行为疗法（REBT）、贝克和雷米的认知疗法（CT）和梅肯鲍姆的认知行为矫正技术等。本案例主要采用艾利斯的合理情绪行为疗法。

2. 双方的责任与义务

遵照国家职业资格培训教程中的相关说明，使用结构化技术，在咨询方案实施前向来访者介绍清楚。

3. 时间与费用

鉴于初三准备中考时间紧迫，定为每周一次，共三次，一次四十分钟。本案例属于学校心理咨询服务的范围，按规定，属于义务咨询，免费。但向来访者强调说明，虽然咨询是免费的，但来访者在这个过程中要付出相应的时间和精力，请其重视咨询过程并积极主动参与咨询。

七、咨询的过程

将咨询过程分为评估、咨询、巩固三个阶段。

1. 评估阶段

这一阶段的主要任务是建立咨询关系、收集相关信息、进行心理调适、确立咨询目标、制定实施方案等。

第一次的会面：

方法：摄入性会谈。

运用倾听、共情等技术建立关系，并始终保持真诚、尊重、热情、积极关注和温暖的咨询态度，营造出安全、温暖、接纳的氛围，促进来访者的自我开放，促使其表达相关的感受。在这个过程中，咨询师详细了解来访者问题的表现、形成原因、发生的背景和演变过程，搜集相关的材料。在这些资料的基础上，咨询师可以界定来访者的问题在性质上属于一般性心理问题。

同时与来访者商定咨询目标、咨询阶段。

小 A 本身是个活泼开朗的学生，因为这件事情，情绪总是处在起伏不定的状态中。满腹的心事也没处诉说。烦恼主要来自于两方面，一是对于女友关注另一个各方面都不如自己的男生感到很受挫，对自己的自信下降；二是还有近两个月就要中考，而这段感情的现状已经严重影响到了学习，想集中精力学习，但是做不到。针对这两个主要烦恼，在第一次咨询中，我主要是倾听、共情和接纳。快结束时，小 A 说将积攒已久的情绪都倾诉了出来，感觉好了很多。针对小 A 解决烦恼的急切心情，我建议他下课期间，只要有时间就走出教室，到操场或走廊走走，远离能引起自己情绪波动的情境。第一次咨询快结束时，我为小 A 安排了两个家庭作业，一是写出自己的优点、缺点，二是写下这段感情经历的利弊，并约定下次咨询时一起探讨。

2. 咨询阶段

这一阶段的主要任务是帮助来访者分析和解决问题，与来访者一起探讨解决问题的方法，并对来访者进行相关指导。

第二次会面：

方法：会谈法、启发式提问和尝试性提问。

通过咨询师的启发式提问和尝试性提问，引导来访者明白，不管这个女生做何选择，自己仍然是那个有缺点也有优点的自己，优点还是自己的，缺点也还是自己的，不会因为她不选择自己，自己就一文不值，而且可以改变缺点让自己更完美；根据小 A 写下的优缺点，逐条让他解释并具体化；对于优点（善良、帅、篮球打得好、愿意帮助别人处理感情问题）给予肯定，并且我根据自己的观察，还提出两条，一条是守时，一条是开朗阳光，并根据具体事例进行阐述；对于缺点（骂人、随地吐痰、情绪不稳定、做事有时让自己不能理解），逐条探索改进的办法，并提出改变不是瞬间就能完成的，而是意识到了，坚持一点一滴地去做，然后改变。对于"情绪不稳定""做事有时让自己不能理解"这两条，引导小 A 认识到这是处在青春期的青少年普遍具有的心理特征。

对于感情经历利弊的分析，让来访者意识到这段经历有利也有弊，重要的是自己在这段经历中成长了，成熟了。减少他对之前经历过的事的后悔情绪，正确看待这份经历，感谢这份经历，减少来访者对女友的愤怒情绪。来访者认为这段经历带来的利有：每周末无聊时有人给自己打电话，不孤单；让自己思想极度超脱，富有变化；身边的人没有异性依靠，而我有，感到自豪和温暖；总觉得有一个人默默地关注着自己，感到幸福；有时喜欢写日记诉说一些事情，感觉自己很有文采。来访者在讲述每条优点时，咨询师及时肯定并鼓励他做正向思考，理解他的感受并接纳他的想法。

来访者认为这段经历带来的弊有：感到她对我不真诚，很伤心；总感觉有人约束你，不自由；每天都在想一些事，好累；学习成绩下降；有压迫感，不能静下心来独自做一些事。来访者在讲述每条缺点时，咨询师对其体验到的负性情绪进行共情，帮助来访者宣泄负面情绪。

然后引导来访者认识到，既然之前那么长时间都没弄清女友和男生 A 是什么关系，索性暂时搁置这段感情，集中精力备战中考，等中考结束再探讨。来访者也表示现在最想的就是集中精力备战中考，也不那么强烈地期望和女友有什么发展。

接着咨询师和来访者探讨在什么情况下容易激化双方矛盾，并探讨来访者集中精力学习的方法。

对于避免激化双方矛盾的方法，来访者提出可以减少两人接触的时间和空间：一是自己可以调座位至前排，上课就不会看见她；二是下课后就离开教室，眼不见心不烦，而且上操场运动运动，走一走，还可以呼吸新鲜空气，放松大脑；三是自己少和其他女生说一些或做一些能让这个女生误会的事情，避免刺激到女友。

由于来访者之前学习成绩一直很好，所以知道具体且有效的学习方法，对于集中精力学习的方法，主要就是解决注意力分散的问题。为此，来访者和咨询师共同制定了以下策略：（1）如果学习时想到了女孩，就告诉自己，"哎呀，太好了，我又想到她了"，减少自己的负疚感；（2）课前预习，有针对性地听讲，利于集中注意力；（3）若在课堂上受到刺激，忍受到下课，下课后上操场疯跑，释放情绪；（4）将不好的心情和想法写下，写什么都可以。

3. 巩固阶段

第三次会面：

方法：会谈法。

距离上一次解决问题的咨询，已经近一个月。在这中间也有在征得来访者同意的情况下与来访者的母亲沟通，关注着来访者的情况。后来，来访者主动表示要再做最后一次咨询，还有10天来访者参加中考，因此，此次咨询时间较短，只有20分钟；

来访者表示很满意自己这一个月的状态，上课时用一些方法故意躲避和那位女生的接触，也能集中注意力上课，下课就出教室放松大脑，有时间还和同学打打篮球。刚过去的二模考试成绩上升幅度蛮大，很令自己和父母满意。心情也愉快了很多，学会了好些调节情绪的方法。已经不怎么感觉痛苦了。来访者表示已经彻底和女生分手。现在其他什么都不想，还有两周就中考，就想好好学习。

咨询师对来访者身上发生的积极变化及时给予肯定和鼓励，也强调助人自助及来访者的个人力量，咨询师只是帮助来访者调动其内在的资源。另外表示只要他有需要，中考结束前随时可以给咨询师打电话，并期待他的好消息。

八、咨询效果评估

来访者自我评估：失眠等问题得到基本解决；对自己有了更客观的评价；负面情绪也减少了；也能将注意力更多地集中到学习上，成绩也有大幅提高，现在全力备战中考。

咨询师的评估：咨询的具体和近期目标基本实现，失眠问题得到解决，情绪调控能力增强，对自我和感情经历有了更多积极的认识。

效果评估：完成咨询任务，达到咨询目标。

案例四：初二男生亲子关系心理咨询报告

摘要：本案例介绍了一名初二男生因学习成绩诱发和母亲的人际冲突从而导致一般性心理问题的心理咨询过程。咨询师运用认知疗法帮助来访者改变其非理性信念，建立了合理认知模式，并且帮助其构建了正确的学习动机和人际冲突的有效沟通模式，领悟了情绪宣泄的合理途径，改善了其不良的亲子关系，使其以更加良好的面貌和充足的内心能量面对未来的挑战。

关键词：认知疗法；人际冲突；亲子关系

一、一般资料

小 A（化名），15 岁，初二男生，因为在初一下学期的期末考试中取得了非常好的成绩，假期时有了一些懈怠，不太听从母亲对他的管教和督促，在开学初的测验中成绩大幅度下滑，亲子矛盾逐渐升级。来访者有时会尽力控制自己不和母亲争吵，但是有几次没有控制住，出现推搡、摔打甚至离家出走。自己感觉很痛苦，主动要求进行心理咨询。经过正规医院的就诊，身体器官一切正常，排除器质性疾病。家族无精神疾病史。

二、来访者主诉及班主任陈述

来访者主诉：家里是外地的，没有任何亲属在本市，母亲和父亲的工作也都在外地，因为来访者求学，母亲辞去了之前还不错的工作在本市找了一份相对轻松的工作，负责照顾来访者的衣食住行，父亲不在身边，但是每周末会来本市陪伴母子俩，父母关系融洽，家庭氛围一直比较和谐。

来访者在小学时学习成绩不错，擅长文科类的学习，并且愿意表现自己，积极参与各种活动。上初中以来班级里优秀的学生增多，来访者的"存在感"并不强烈，但是表示很喜欢现在的科任老师和班级，在开学初竞选班干部时他竞选了班级的学习委员，但是落选了。自己还主动参与过学校举办的"故事会"和演讲比赛，但是都在班级初选的时候就淘汰了，对此很伤心和沮丧，觉得自己的能力没有被别人看到，很多人不理解自己。在一次和同学下课玩闹时不小心挫伤自己的右手手指，因此不能写字，无法参加初一第一个学期的期中考试，他觉得自己错失了证明自己真正实力的机会，对此懊恼了很长时间。但是在以后的考试中成绩一直在班级中上等水平，与自己之前较高的自我期待完全不一样，于是开始特别用功特别努力地学习，但进步幅度很小，也逐渐觉得班级同学不是很喜欢自己，同学或者老师有时候是在故意针对自己。也觉得自己对不起父母。来访者反复强调自己是外地来的，和别人不一样，母亲总和自己灌输"知识改变命运"，只有学习好才能改变生活的现状。进入初二以来，又时常听别人和自己的母亲说，初二是一个分水岭，成绩在这个时候上去就上去了，上不去就永远上不去了，长此以往自己也持有这样的观念。虽然很想努力，但在学习时总感到力不从心。母亲还会给自己报一些课外班，也会给自己布置额外的学习任务，还经常督促自己进行体育锻炼（体育纳入中考）。这些事情让来访者感觉很烦躁，觉得母亲越来越不理解自己，有时候控制不住会向母亲发脾气。最严重的一次是父母都在家时，由于学习的问题来访者和母亲大声吵架，父亲来劝架，他又冲父亲大喊，父亲情急之下将家里的电饭锅砸了，母亲也给气哭了，来访者带上手机就离开了家，天黑之后才回家。

在保密协议的前提下，咨询师在没有泄露来访者咨询的任何信息的基础上向班主任了解来访者的在校表现。

班主任陈述：小 A 是一个"心比天高"的学生，志向远大但是不切实际，小 A 目前的实力和他对自己的评价严重不符。小 A 在班级学习成绩中等，积极参加班级和学校的活动。过于关注自己的成绩，过于依赖老师，"情商"并不是很高，为人活泼外向，但是上课时又会通过一些小动作和接话来引起老师和同学的关注，心思重，敏感，容易把事情想复杂。

三、观察

来访者干净整洁，体态中等。智力发展正常，语言表达思路清晰，无幻觉，无妄想，无智力障碍。说到自己情绪激动时没有过于夸张的外部表现，无多余的表示焦虑或紧张的小动作。

四、评估与判断

1. 评估与判断

该来访者的知情意协调、一致，个性稳定，有自知力，主动寻求心理咨询，并且没有表现出幻觉、妄想等精神病的症状，该来访者的心理冲突与现实处境直接相联系，涉及公认的重要生活事件，社会功能的损害程度小。该来访者表示人际关系紧张时自己会情绪失控，但没有造成严重后果，也没有对自身或他人造成损伤，睡眠状态良好，没有影响逻辑思维等，无泛化，没有对社会功能造成严重影响；从时间看，来访者状态欠佳只有 1 个月。综合以上资料判断，该来访者为一般心理问题。

2. 原因分析

生物学原因：来访者年龄为 15 岁，正处于身心发展的关键期，第二性征出现，生理机体的形态、功能都产生了巨大的变化，自我意识逐渐觉醒，独立意识也明显增强。来访前做过全面体检，身体一切正常。

社会原因：存在负性生活事件，由于成绩落差导致亲子矛盾升级；一直以来的努力学习但并没有取得显著进步从而引发紧张、焦虑的情绪，在班级中没有明显的存在感、缺乏朋友支持将负性情绪累积，并在亲子矛盾中通过并不理智的方式宣泄出来。家长也没有及时地进行正向引导，导致冲突持续存在。

心理原因：存在认知错误，没有正确客观地认清自己的真实能力而导致现实和幻想之间落差巨大；小A的性格也比较敏感脆弱，微小的刺激就容易引起其强烈的情绪反应；家庭的教养方式也导致其无法和父母静静地坐下来沟通解决问题，思想激进，易被母亲的不当言行影响。

五、咨询目标的制定

根据具体、可行、积极、双方可接受、属于心理学性质、可评估、多层次统一这七个基本要素，咨询师和来访者共同商定了以下咨询目标：

具体目标与近期目标：根据认知疗法的原理，帮助来访者分析学习成绩和亲子关系问题，重新建立自己的学习动机和学习目标；帮助来访者合理地宣泄负性情绪。

最终目标与长远目标：正确认识和处理学习困惑；在交往过程中成长，并正确地看待自我；改变非理性信念和不合理行为模式，建立新的、合理的信念和行为模式；学会用积极乐观的方式面对现实生活，最终促使来访者心理健康发展。

六、咨询方案的制定

1. 主要方法与原理

认知疗法：认知疗法是一组通过改变思维或信念和行为的方法来改变不良认知，达到消除不良情绪和行为的短程心理治疗方法。具有代表性的有艾利斯的合理情绪行为疗法（REBT）、贝克和雷米的认知疗法（CT）和梅肯鲍姆的认知行为矫正技术等。本案例主要采用艾利斯的合理情绪行为疗法。合理情绪疗法旨在通过纯理论分析和逻辑思辨的途径，改变来访者的非理性观念，最终帮助其解决情绪和行为上的问题。

2. 双方的责任与义务

遵照国家职业资格培训教程中的相关说明，使用结构化技术，在咨询方案施行前向来访者介绍清楚。

3. 时间与费用

每周一次，共三次，一次四十分钟。本案例属于学校心理咨询服务的范围，按规定，属于义务咨询，免费。但向来访者强调说明，虽然咨询是免费的，但来访者在这个过程中要付出相应的时间和精力，请其重视咨询过程并积极主动参与咨询。

七、咨询的过程

1. 第一次咨询

（1）目标

收集资料，建立咨询关系，进行心理评估，确立咨询目标。

（2）过程与方法

填写来访者登记表和保密协议，向来访者说明心理咨询的性质和双方的权利和义务，特别强调咨询师的保密原则。通过摄入性会谈了解来访者相关资料。根据收集到的资料及临床观察，形成初步印象。

通过倾听、共情、积极关注，让来访者尽情地倾诉，与其建立良好的咨询关系。在了解其家庭情况及其个人成长情况之后，咨询师运用摄入性谈话和启发式谈话的方法使来访者发现其认知的不合理之处。当谈到来访者的母亲说"初二是一个分水岭"这样的话时进行追问，母亲的观点是否正确，来访者表示赞同。咨询师紧接着追问："你不是觉得母亲什么也不懂，随意干涉你的学习生活，为此还总是生气，为什么对母亲这样的话深信不疑呢？"来访者表示母亲这句话是对的，其他的很多言行都是错误的，咨询师接着追问来访者根据什么来对母亲的话进行正确和错误的评价，有什么样的根据。来访者此时语塞，说不出话来。通过这一段的谈话使来访者意识到自己的观点和母亲的观点一样有对有错，但是自己已经具备判断正误、识别是非的能力，因此在初中阶段和母亲发生观念上的冲突是一件非常普遍的事情。

（1）目标

让来访者了解合理情绪疗法的基本原理，解释 ABC 理论，使来访者领悟其不良情绪和行为是不合理信念造成的。

（2）过程与方法

在了解其家庭情况及其个人成长情况之后，咨询师运用启发式谈话的方法使来访者发现其认知的不合理之处。

在交谈中来访者反复强调自己是外地来的，和其他同学不一样，身上背负的责任感更多，自己不想让别人失望，所以一定要学习好，因此对于各种考试成绩尤其在意，在成绩不理想的时候一旦有人提及成绩，自己反应就特别激动，情绪就不能得到及时的控制。咨询师反问来访者，为什么身上背负的东西多，都背了什么。来访者回答，母亲为了他放弃了自己的工作，如果自己学习不好对不起母亲的付出。咨询师接着追问，为什么来访者还会和母亲发那么大的火，甚至推搡母亲冲她大喊大叫。这让来访者意识到不辜负母亲的方式不仅仅是提高学习成绩，自己的言行举止都会伤害到别人。咨询师问来访者如果给自己的母亲打个分数，想打几分？100 分是满分，来访者回答是 99.9 分，剩下那 0.1 分是留一点儿进步的空间。咨询师反问："妈妈没有给你那么富足的生活条件，让你是'外地人'，甚至有的时候还会让你做你不喜欢做的事情，怎么打了这么高的分数呢？"来访者回答，尽管客观条件是这样，但是妈妈是这个世界上最爱自己的人。咨询师问："那么爱是负担么？"来访者说："不是，是力量。"咨询师对其进行了认知重构，建立更合适的认知模式，让他用积极的方式思考问题。

3. 第三次咨询

（1）目标

继续巩固来访者的合理信念，评定咨询效果，结束咨询。

（2）过程与方法

经过上次咨询后，来访者愿意积极主动地和母亲交流，说出自己的真实想法，亲子关系得到缓和和改善。在与同学的沟通交流中也比之前更加自然，不再感觉自己和别人是不一样的，建立了一定的自我效能感。

咨询师帮助来访者梳理初中以来的成绩走势，帮助来访者理智地看待自己的成绩落差。

最后与来访者结束咨询。

八、咨询效果评估

来访者自我评估：积极地看待问题和挫折，建立了合理可实现的学习目标。亲子关系得到改善，与同学的关系也比之前更加融洽。

咨询师的评估：完成了咨询的具体和近期目标，来访者能够运用合理的认知方式看待问题。

效果评估：完成咨询任务，达到咨询目标。

（吕　航　提供）

案例五：初三男生考试焦虑咨询报告

摘要：咨询师运用呼吸放松训练、合理情绪疗法等方法，针对一例初三男生因一次考试失败而造成的考试焦虑问题进行了心理咨询。通过咨询，来访者的失眠和焦虑情绪得到缓解，注意力能更多地集中于学习，建立了更积极的自我评价，基本上达到了咨询的效果。

关键词：考试焦虑；呼吸放松训练；合理情绪疗法

一、一般资料

1.人口学资料

小A（化名），男，15岁，汉族，初三学生，无精神病史及家庭病史。

2. 个人成长史

独生子女，父母都为职员，家庭经济状况良好，家庭和睦。

3. 社会功能

因考试焦虑带来负面情绪困扰，自信心下降，与身边人交往的过程中易表现出烦躁情绪，虽然班主任及家长都表示理解，但其排名下降200名左右，班主任希望能给予一定帮助。

4. 身体及精神状态

睡眠质量下降，焦虑烦躁，上课精力不能集中，害怕考试，一想到即将面临的中考就更加烦躁不安。

二、个人主诉

1. 求助原因

因初三第一次考试成绩下降产生焦虑情绪，学习时注意力难以集中，考试前十分紧张，考试中一直分心，失眠，情绪波动大，急于解决问题，主动前来求助。

2. 主诉

进入初中以来，来访者成绩一直名列前茅，学习上十分认真，深受同学和老师的喜爱。父母和自己都认为自己一定能考上重点高中，期望也很高。一个月前，经历了初三第一次考试。考试之前，父母和班主任都强调了这次考试的重要性，来访者自己也很看重这次考试，认为这次考试一定程度上决定了自己的中考成绩。第二科考试过程中，来访者遇到了几道自己明明很熟悉的题目，但没有做出来，立刻就出现了焦虑的情绪，导致大脑一片空白。在随后的几科考试中，总担心自己考不好，不能满足老师、家长的期望，对自己极其失望，感到自责。

考试成绩出来以后，下降明显，自己非常自责。近一个月中，特别迫切地想要提升成绩，但上课注意力无法集中，学习效率低下，每天晚上都睡不着，导致白天听课质量下降。每次一面临小考，就十分紧张，总担心自己考不好，无法正常进行考试。自己也越来越没信心，成绩逐步下滑。

在与同班同学交往的过程中，变得特别敏感，心里很烦躁，容易发脾气。

来访者想尽快摆脱这一困境，集中精力好好学习，坦然地面对考试，主动寻求帮助。

三、观察

男生长相斯文清秀，衣冠整洁，举止得体。能清晰地陈述自己目前的状况。说话语速快，讲话滔滔不绝，手势动作多，倾诉欲望强烈。当谈到考试及中考时，有明显的焦虑烦躁情绪。语言表达清楚，有逻辑性，自知力完整。

来访者平时的学习成绩很好，自信、阳光，但遇到考试挫折后，体验到自责、失落、羞愧等情绪，这些情绪导致他学习效率低下，注意力不集中，出现失眠等症状。

四、评估与判断

1. 评估与判断

该来访者主客观统一，知情意协调一致，个性稳定，有自知力，主动寻求心理咨询，并且没有表现出幻觉、妄想等精神病的症状，来访者虽然有焦虑、失眠等症状，但持续时间短，与考试压力相关、并未泛化，其心理冲突与现实处境直接相联系，涉及公认的重要生活事件，来访者状态欠佳一个月左右，反应强度不是特别强烈，局限在考试范围内，社会功能的损害程度小。所获资料真实可靠。从资料的不同来源看，来访者主诉与咨询师观察到的情况一致。在综合收集了来访者的多方面资料后，可以初步界定来访者的主要问题在性质上属于一般性心理问题，在种类上属于考试焦虑引起的情绪困扰。

2. 原因分析

社会原因：负性生活事件（考试成绩不理想）造成的影响；老师、家长、自身的期望较高，造成心理压力过大。

心理原因：存在错误认知，如果考不好，自己前途会受影响，对不起老师和父母；自我要求严格，追求完美；面对中考压力的焦虑。

五、咨询目标的制定

根据具体、可行、积极、双方可接受、属于心理学性质、可评估、多层次统一这七个基本要素，咨询师和来访者共同商定了以下咨询目标：

具体目标与近期目标：改变不良认知，正确面对每一次考试和中考；缓解焦虑情绪；悦纳自我，建立积极的自我评价，增强自信心。

最终目标与长远目标：正确处理压力性事件；完善自我个性，形成正确的自我观念，促进来访者的心理健康和发展，达到人格完善。

六、咨询方案的制定

1. 主要方法与原理

（1）合理情绪疗法

采用合理情绪疗法改变来访者的不合理信念。合理情绪疗法又叫作 ABC 理论，A 代表诱发事件，B 代表个体对这一事件的看法、解释和评价，C 代表在这一事件发生后，个体的情绪反应和行为结果，属于认知行为疗法。它认为引起人们情绪困扰的并不是发生的事件，而是人们对事件的看法、解释和评价等因素。因此，通过改变来访者对事物的非理性认知和看法，就可以改变其不良情绪和行为。

2. 双方的责任与义务

遵照国家职业资格培训教程中的相关说明，使用结构化技术，在咨询方案施行前向来访者介绍清楚。

3. 时间与费用

鉴于初三准备中考时间紧迫，定为每周一次，共三次，一次四十分钟。本案例属于学校心理咨询服务的范围，按规定，属于义务咨询，免费。但向来访者强调说明，虽然咨询是免费的，但来访者在这个过程中要付出相应的时间和精力，请其重视咨询过程并积极主动参与咨询。

七、咨询过程

将咨询过程分为评估、咨询、巩固三个阶段。

1. 心理评估和咨访关系建立阶段

这一阶段的主要任务是了解来访者的基本情况，建立良好的咨询关系，收集相关信息，进行心理调适，对来访者的问题形成初步印象。制定咨询目标、咨询方案。

主要方法：在咨询中，运用倾听技术，对来访者的焦虑、紧张、烦躁等情绪表示共情和理解。运用情绪表达技术，向来访者说明，因害怕考试失利而产生焦虑、紧张的情绪是非常普遍的情绪反应。教会来访者在遇到焦虑情绪时，运用呼吸放松训练，缓解紧张情绪。运用开放式提问，确定来访者的主要问题。在与来访者建立良好的咨询关系基础上，运用解释技术，向来访者说明合理情绪疗法，让来访者接受该理论，并结合自己的问题进行初步分析。

布置作业：建议来访者写下最近困扰自己的一些事件，同时让他对自己在这些事件中的行为、行为困扰进行分析，找出不合理的地方。

2. 咨询阶段

主要任务：通过会谈，进一步解说合理情绪疗法，帮助来访者领悟到自己出现情绪困扰的根本原因并不在于事件本身，而是在于自己的错误认知和信念，找出这些不合理信念，通过解释和辩论的方法来改变来访者的不合理认知，使其认识到这些不合理是与现实不协调的，放弃原有的不合理信念，建立新的合理的信念，从而改善其不良情绪。

主要方法：来访者通过上一次咨询的作业，列出以下几条不合理信念：（1）我每次考试都应该名列前茅；（2）只有每次考试都考好，我才能考上理想高中；（3）只有考上理想的高中，我才能证明我自己是优秀的。咨询过程中，通过辩论和解释，来访者逐渐明白，一次考试失利，并不能决定所有，除了时间上的差异，初三第一次月考和其他考试并没有不同，只不过是因为自己考试失利，才让自己如此重视这次考试结果。每个人都会犯错，一次错误并不能决定一个人的一生，而成功的经验也是在不断的错误经历中积攒而来的。来访者正是因为这些不合理的信念，才会绝对化地认为考试失败就代表一切都完了，进而导致焦虑、烦躁的情绪出现，以至于在考试过程中极其不安。

由于来访者之前成绩一直都很好，即使排名下降200多名，仍然能够考上理想的高中，在咨询过程中，向来访者说明，现在做调整还来得及，也许会比之前困难一些，但来访者是有一定实力的。在这个过程中，挖掘来访者的优点，肯定他在这个阶段做出的努力，同时帮助他明晰哪些做法可以一直保持，哪些要做适当的调整。

通过本次咨询，帮助来访者建立了新的合理信念：（1）我希望每次考试都可以名列前茅，但并不是每次都会如此；（2）通过努力，即使我考的成绩短时间没有提升，我还是一名优秀的学生。

布置作业：找出自己还有哪些不合理信念，自己与自己进行辩论。

3.巩固阶段

本次咨询的目的是了解来访者目前的状况，巩固来访者建立的新的合理信念和行为模式，使来访者学会变通，接受不确定性，懂得自我接受。

通过前两次咨询，来访者表示在最近一星期内，自己的紧张、焦虑情绪已经有所缓解，成绩也逐渐稳定并有上升的趋势，令自己十分开心，与同学的关系也不那么紧张了。咨询师对来访者近期的变化表示出肯定和鼓励，并表示只要有需要，可以随时来预约咨询。

八、咨询效果评估

来访者自我评估：失眠、考试紧张等问题得到基本解决；负面情绪也减少；能将注意力更多地集中到学习上，成绩趋于稳定并有上升趋势。

咨询师的评估：咨询的具体和近期目标基本实现，缓解了考试紧张、焦虑的情绪，建立了积极的自我评价，自信心增强。

效果评估：完成咨询任务，达到咨询目标。

案例六：初一男生情绪困扰咨询报告

摘要： 咨询师运用短期焦点解决治疗，辅以合理情绪行为疗法，针对一例初一男生因朋友背叛而造成的情绪和心理困扰进行了咨询。通过咨询，来访者的情绪和心理困扰得到了基本解决。在此过程中，咨询师帮助来访者清楚地梳理了其和朋友之间的关系，使来访者认识到朋友的背叛不都是自己的错，并且从中吸取经验更好地处理现在的人际关系。

关键词： 情绪困扰；短期焦点解决治疗；合理情绪行为疗法

一、一般资料

1. 人口学资料

小 A（化名），男，长春人，初一年级。

2. 个人成长史

独生子女，与父母生活在一起。无任何躯体性疾病，家族无任何精神疾病史。小学六年级时被最好的朋友背叛，并遭到全班同学的孤立。现想到这段经历，仍会哭出来。

3. 社会功能

目前，与班级同学的关系良好，在班级里有几个好朋友，但仍会担心之前遭受朋友背叛的经历重演。

4. 身体及精神状态

来访者身体状况良好，睡眠和食欲正常。但是会经常想起之间被背叛和孤立的经历，会很伤心。也总会担心焦虑。

二、个人主诉

1. 求助原因

因在小学六年级时被最好的朋友背叛，朋友带着全班同学孤立自己，并从身体和言语等方面欺凌伤害自己。这段失败的友谊对来访者的伤害很大，并影响其目前的情绪状态和交友行为，急于解决问题，主动前来求助。

2. 主诉

小 A 和朋友从小学二年级到六年级，关系一直很好。二人会一起上补习班，在班级里也分在同一个小组，家长也都互相认识。

在小学六年级上学期的时候，朋友背叛小 A，带着二人的共同好友及全班同学孤立自己，并从身体和言语等方面欺凌自己。小 A 没有同学一起玩儿，没有小组一起学习和讨论，最后只能自己一个人坐。小 A 想不通朋友背叛自己的原因，找朋友去问，也没有得到答案。小 A 曾经放下尊严，向朋友低头认错，以取得朋友的原谅，但却被朋友一把推开。

这段友谊的破裂对小 A 伤害很大，小 A 最痛苦的时候曾经用脑袋撞墙，这种伤害自己的行为在二人关系破裂的初期发生过一次（小学六年级上学期）。现在，只要一想到和朋友之间的事情，小 A 还是会哭出来，仍然没有从这段阴影中走出。对于和朋友关系的破裂，小 A 自己反思了很多。认为可能的原因有：第一，自己平时管不住自己的嘴，会说一些不该说的话，开过分的玩笑；小 A 曾经开玩笑般地和朋友的妈妈说，朋友喜欢班里的某个女生，朋友因此很生气。第二，自己有个口头禅，经常和朋友说"和你有什么关系"，导致朋友对自己不满，最终累积爆发。第三，朋友喜欢的女生和自己喜欢的女生可能是同一个人；小 A 发现，如果自己和那个女生保持距离，朋友就会停止对自己的欺凌。

在目前初中的班级里面，小 A 交到了几个好朋友，开始了新的生活。但是，小 A 会有隐隐的担心和不安，担心自己会不会又重蹈覆辙，会不会又因为自己的不当举动而导致目前的朋友远离与背叛自己。

三、观察

来访者较瘦小，活泼好动。自进入咨询室到叙述完毕，时时哭泣。倾诉欲望强烈。情绪波动较大，坐立不安和焦虑。语言表达清楚，有逻辑性，自知力完整。

四、评估与判断

1. 评估与判断

该来访者的知情意协调、一致，个性稳定，有自知力，主动寻求心理咨询，并且没有表现出幻觉、妄想等精神病的症状，该来访者的心理冲突与现实处境（与朋友关系破裂的创伤经历，对目前人际交往的担忧）直接相联系，涉及公认的重要生活事件，小 A 状态欠佳一年左右，持续的时间虽长，但社会功能的损害程度小。小 A 饮食、睡眠、学习都能正常进行，情绪早晚波动不大。从资料的不同来源看，来访者主诉与咨询师观察到的情况一致。综合相关资料，可以初步界定来访者的主要问题在性质上属于一般性心理问题，在种类上属于人际交往不顺引起的情绪困扰。

2. 原因分析

生物学原因：青春期的激素分泌等原因导致情绪波动较大。

社会原因：人际交往不顺导致情绪低落。

心理原因：认知偏差，因一次被朋友背叛的经历，而认为自己与人交往存在问题，担心目前的朋友与自己的关系会重蹈覆辙。

五、咨询目标的制定

根据具体、可行、积极、双方可接受、属于心理学性质、可评估、多层次统一这七个基本要素，咨询师和来访者共同商定了以下咨询目标：

具体目标与近期目标：处理被朋友背叛及孤立所带来的负面情绪和消极情感体验；降低过去的创伤经历对目前学习和生活的消极影响；建立合理的认知来认识过去的经历；调动和整合来访者自身的资源。

最终目标与长远目标：建立健康和良好的人际交往模式；促进心理健康和发展，达到人格完善。

六、咨询方案的制定

1. 主要方法与原理

（1）焦点解决短期治疗

焦点解决短期治疗（Solution-Focused Brief Therapy，简称 SFBT）是在积极心理学背景下发展起来的一种充分尊重个体、相信个体自身资源和潜能的心理干预模式，把解决问题的关注点集中在人的正向方面，并寻求最大化地挖掘个体的力量、优势和能力。具备简单实用、见效快等特点，为改善人际关系，改善社会支持系统的工作增添了更多的可行性。

（2）合理情绪行为疗法

合理情绪行为疗法（Rational-Emotive-Behavior Therapy，简称 REBT），也称"理性情绪行为疗法"。20 世纪 50 年代由美国著名心理学家艾利斯创立，是帮助来访者改变因不合理信念导致的情绪困扰的一种心理疗法，属于认知行为疗法。这种方法旨在通过改变来访者的非理性观念，以帮助其解决情绪和行为上的问题。

2. 双方的责任与义务

遵照国家职业资格培训教程中的相关说明，使用结构化技术，在咨询方案施行前向来访者介绍清楚。

3. 时间与费用

为保证咨询效果，咨询定为每周一次，共三次，一次四十分钟。本案例属于学校心理咨询服务的范围，按规定，属于义务咨询，免费。

但向来访者强调说明，虽然咨询是免费的，但来访者在这个过程中要付出相应的时间和精力，请其重视咨询过程并积极主动参与咨询。

七、咨询的过程

将咨询过程分为评估、咨询、巩固三个阶段。

1. 评估阶段

这一阶段的主要任务是建立咨访关系，收集相关信息，进行心理调适，确立咨询目标，制定实施方案等。

第一次会面：

方法：摄入性会谈。

运用倾听、共情等技术建立关系，并始终保持真诚、尊重、热情、积极关注和温暖的咨询态度，营造出安全、温暖、接纳的氛围，促进来访者的自我开放，促使其无阻抗地阐述自身的经历和感受。同时，运用具体化技术，不断澄清问题，进行评估。在这个过程中，咨询师详细了解来访者问题形成的原因和表现及对来访者造成的困扰，搜集相关的材料。在这些资料的基础上，咨询师可以界定来访者的问题在性质上属于一般性心理问题。

同时与来访者商定咨询目标、咨询阶段。

小 A 本身是一个活泼好动，喜欢交际的男生。由于小学时期被朋友背叛的创伤经历，导致其对自己充满怀疑，对于人际交往也存在各种担忧。咨询师尝试着共情来访者遭到朋友背叛、全班同学孤立时的无助和绝望感。针对其遭受孤立的一年，咨询师尝试着挖掘其内部的积极力量，赞美其在那样艰难的情况下，仍坚持上学，并且尝试与朋友进行沟通和交流。

2.咨询阶段

这一阶段的主要任务是帮助来访者分析和解决问题，与来访者一起探讨解决问题的方法，并对来访者进行相关指导。

第二次会面：

方法：短期焦点解决治疗、合理情绪行为疗法。

采用短期焦点解决治疗中的正常化技术，让来访者意识到：和朋友一起的愉快时光、曾经的深厚情谊让来访者对朋友有着深深的依赖与眷恋；但是，朋友对自己造成的各种伤害又让来访者感到背叛感、愤怒和恨意。自己对朋友这种又爱又恨的复杂情绪是正常的。此外，受到朋友背叛的遭遇也具有普遍性，降低来访者的消极情绪和自我怀疑。采用赞美反馈技术，对来访者反思了很多自己在与朋友的这段关系中存在的不足，也努力做了各种尝试挽回友谊的做法给予肯定。对于与朋友的这段关系，咨询师引导来访者总结，从中可以吸取到什么经验和教训，以运用到现在与同学的交往中。来访者自己总结出三点：第一，与人交往要管住自己的嘴，说话要把握尺度；第二，对朋友不能太过依赖和服从，要有自己的空间和想法；第三，要多交一些不同的朋友，以免失去一个朋友之后就没有朋友了。咨询师对来访者的总结表示肯定和赞同。

采用合理情绪行为疗法，挑战来访者的不合理信念，帮助他意识到，朋友对待他的方式过于极端和消极，其中存在着很多不妥之处，这段关系的破裂并不都是来访者的责任。一段友谊的失败不意味着灾难性的结果，不意味着自己会受到现在其他朋友的背叛。

3. 巩固阶段

这一阶段主要采用倾听和赞美技术，进一步巩固咨询效果。

来访者对自己目前的状态表示满意，自己的人际交往情况良好，低落和焦虑的情绪也得到了缓解。咨询师对来访者身上发生的积极变化给予肯定和鼓励。咨询师与来访者商讨结束咨询。

八、咨询效果评估

来访者自我评估：负面情绪减少了；在人际交往中的担忧降低。

咨询师的评估：咨询的具体和近期目标基本实现。

效果评估：完成咨询任务，达到咨询目标。

案例七：高中抑郁心境心理咨询报告

摘要：本文是一例通过运用贝克认知疗法和合理情绪疗法，使求助者改善抑郁心境、缓解过度焦虑及学习压力的心理咨询案例分析。

关键词：心理咨询；抑郁心境；焦虑；压力

一、一般资料

女，高三理科，重点高中学生，18 岁，汉族，父母关系不好（后离异），身高 1.68 米左右，无重大躯体疾病历史。父亲是商人，母亲是普通职员。文化程度均为大专。家族无精神病史。近半年来情绪低落，对学习没什么兴趣，难以集中注意力学习，目前是刚升入高三，自感这样下去前途堪忧，主动寻求心理咨询。

二、个人主述

在第一次咨询时，该生主述自己是以统招生的身份考上重点高中的，但是现在成绩是年级 1000 以外，自己觉得自己很有实力，但是就是发挥不出来，还常常觉得自己怀才不遇，认为身边的同学都太自私……说了很多不满的事情。在首次咨询即将结束的时候才说，其实今天来主要是想说家里面的事情，于是预约了下一次咨询。

在第二次咨询中该生叙述了家里的情况，该生的父母一直在闹离婚，已经僵持一年了。一直没能顺利办理离婚主要是因为房子问题。父母双方都想要得到现在共同居住的这所房子，而且双方都不愿抚养该生。而该生觉得自己是女孩，比较希望跟母亲一起生活，母亲是因为收入的问题，觉得没有能力抚养该生，认为该生跟父亲在一起可以不用为了生活担忧。但是该生的父亲跟该生的母亲是二婚，且父亲除了该生以外还有一个女儿，而且那个女儿比该生大 15 岁，该生跟那个姐姐相处得不好，所以父亲并不是自己一个人的父亲，因此该生更不想跟父亲一起生活，尽管父亲比较富裕。更为糟糕的是，该生的父母闹离婚并不是以相对平和的态度，经常会大打出手，或者打坏东西，所以该生在家里根本无法安心学习，距离高考只剩十个月的时间，该生非常担心一直被家里的事情影响学习状态，前途也会因此受到影响。

该生第三次来咨询时，告知咨询师，父母已经离婚，现在该生由母亲抚养，虽然事情已经告一段落，但是该生的学习状态还是很不好，而且，最近还出现一些人际关系的问题。该生和班内的一个男生关系闹得很僵，两个人的座位又很近，该生觉得每天本来已经有很多事情要让自己心烦，已经无暇处理其他的事情了，但是却总是和这位同学接二连三的闹小矛盾，让该生觉得很吃不消……

该生第四次来咨询时，已是该生与母亲生活在一起两个月的时候，母亲工资很少，不够维持母女俩的生活，并且该生和父亲前段时间闹得很不愉快，导致父亲现在不提供任何经济支持，所以该生这一段时间以来一直靠舅舅的资助维持生计。可是更坏的事情发生了，舅舅在前段时间忽然心梗去世了，让该生非常的惊恐，非常的伤心。舅舅去世以后，舅妈对该生的母亲说，舅舅打算把家里的一个房子给该生，作为以后读大学的资金。该生认为为什么所有对自己好的人，都要忽然离开，让自己如此措手不及，该生在诉说的时候哭得很伤心，该生觉得舅舅的离开，不仅是精神的打击，同时也意味着自己日后失去了一大笔的经济支持，原本拮据的生活将面临更大的困难……

三、咨询师观察和了解到的情况

求助者单独来到心理咨询室，且没有过分紧张局促的感觉，进门后自然地坐在了咨询师旁边，较近的位置上，说话时声音较低沉，表情较迷茫，语速较缓慢，思维能力正常，在比较悲伤的时候，偶尔出现思维混乱，有自控能力，人格完整，对答流利。在第二次咨询时开始表现出一定的倾诉愿望和求治愿望。

四、评估与判断

1. 评估

根据区分正常与异常心理的"三原则"以及"神经症与正常的分界线"可以判断为中度抑郁。存在的主要问题有：睡眠不好、无故疲劳、感到生活没有希望、情绪起伏不定、长期感到心情低落等，属于心理咨询范围。

2. 判断

对自身躯体、心理、社会功能等状况有充分的自知力，可排除有精神病性心理障碍。心境低落，同时思维缓慢，语言动作减少，迟缓并伴有乏力、学习效率低、内感性不适，症状持续两周以上，有一定程度的社会功能受损。

根据以上所有资料收集结果和评定，可以被判断为抑郁情绪障碍。

来访者当前问题主要集中表现在：

（1）主观感受痛苦，情绪低落；

（2）人际关系敏感、淡漠；

（3）学习活动兴趣、注意力减退；

（4）轻度睡眠问题。

五、心理咨询目标的制定

根据以上评估和判断，同求助者和家长协商，确定如下咨询目标：

1. 具体目标与近期目标

（1）来访者和咨询师之间建立平等良好的咨询关系，并应用到其他人际关系中；

（2）使来访者认识到内部的冲突，纠正错误观念；

（3）摆脱对自身问题的过分关注以及由此产生的不恰当行为，直接面对客观环境；

（4）在学习生活中，做出新的有效的行动，以改善目前不良的人际关系、学习状态；

（5）掌握一定的调控情绪的方法技巧，改善低落心境，缓解抑郁情绪。

2. 最终目标与长期目标

帮助来访者形成全面、客观的自我认识，完善个性，习得自我成长技巧，增强其情绪调控和社会适应能力。

六、心理咨询方案的制定

根据咨询者的实际状况，决定采用贝克认知疗法和合理情绪疗法为主要咨询手段。

1. 贝克认知疗法（Beck's cognitive therapy）

由贝克在研究抑郁症治疗的临床实践中逐步创建。贝克认为，认知产生了情绪及行为，异常的认知产生了异常的情绪及行为。认知是情感和行为的中介，情感问题和行为问题与歪曲的认知有关。人们早期经验形成的"功能失调性假设"或称为图式，决定着人们对事物的评价，成为支配人们行为的准则，而不为人们所察觉，即存在于潜意识中。一旦这些图式为某种严峻的生活实践所激活，则有大量的"负性自动想法"在脑中出现，即上升到意识界，进而导致情绪抑郁、焦虑和行为障碍。如此，负性认知和负性情绪互相加强，形成恶性循环，使得问题持续加重。常见的负性认知有：任意推断、选择性抽象、过分概括、放大和缩小、个人中心、二分法思维。

2. 合理情绪疗法（Rational-Emotive Therapy）

合理情绪疗法也称"理性情绪疗法"，由美国心理学家艾利斯于20世纪50年代创立。是帮助求助者解决因不合理信念产生的情绪困扰的一种心理疗法，属于认知行为疗法的一种。该理论认为引起人们情绪困扰的不是外界发生的事件，而是人们对事件的态度、看法、评价等认知性的内容。因此简要地说，这种疗法就是要以理性治疗非理性，帮助求治者以合理的思维方式代表不合理的思维方式，以合理的信念代表不合理的信念，从而最大限度地减少不合理的信念给情绪带来的不良影响，通过以改变认知为主的治疗方式，来帮助求治者减少或消除他们已有的情绪障碍。认知心理学认为，认知是情绪和行为反映的中介，引起人们情绪和行为问题的原因，不是事件本身，而是人们对事件的解释；负性认知和情绪、行为互相加强，形成恶性循环，是情绪和行为障碍迁延不愈的重要原因。

本案例主要采用认知治疗，协助来访者找出这些负性想法和假设，以及其中的逻辑错误，使其明朗化、意识化，情绪问题便可逐步获得缓解。

七、心理咨询过程

第一次咨询：

在第一次咨询开始时，该生主要通过叙述过去自己的优良成绩来证明自己曾经是个很优秀的人，一定程度上表明了该生对自己的评价是停留在过去的，并没有用发展的眼光看待自己，所以这是导致该生心情抑郁的一个重要因素。并且，在交流过程中，咨询师发现该生认为自己没能获得提升，是因为身边的同学不愿意帮助自己，太自私，都只顾着自己，该生的这个想法在一定程度上缺乏客观性。咨询师运用合理情绪疗法，帮助该生找出了不合理信念"我过去是个优秀的人，我现在就一定是个优秀的人""我的同学都不帮我，他们太自私了"等，辅助该生试着用客观的方式分析问题，从而实现情绪的缓解及人际关系的缓和。但是第一次咨询的结尾，才提到家里的事情，表明该生其实是有一定的抵触情绪的，且说明家里的事是目前该生最痛苦的事情，所以才会出现掩饰的行为。不过还是表现出想要解决问题的愿望的，并且该生主动约了下一次咨询。

第二次咨询：

这次咨询与首次咨询间隔一周，该生前来咨询时，明显放松了一些，很自然地开始叙述家里面的情况，该生叙述父母正在闹离婚，迟迟没有离婚的原因是争夺他们共同居住的这套房产，目前的状况是，母女两个如果把现在居住的房子留给父亲的话，就要流落街头了，而父亲的经济状况很好，不需要依赖这一套房子生存，但是父亲却不愿意把房子留给他们母女，母女俩现在没有搬出去，父亲还不愿意回来住，所以就常常回来闹，砸烂东西，甚至大打出手，母女两个住得不舒心也不安稳。该生在叙述这些事情的时候，表现出很强烈的恐惧、不安、不知所措、压抑，但是还是表现出较强的倾诉欲的，因为该生叙述的事情基本均属于家庭纠纷，所以在此次咨询中，咨询师主要是给出该生一些面对不良状况调节情绪的建议，以助该生缓和情绪，减少对学习的影响。

第三次咨询：

这次咨询时该生的父母已经离婚，距离前一次咨询已有一个多月，该生叙述，在父母离婚前，父亲来家里大闹了一场，打翻了开水壶，该生烫伤了脚很久没有上学，本以为在家休息一段时间，心情会好些，但是回来后发现跟前桌男生因为小事就会出现矛盾，该生觉得"自己因为家里的事情已经很困扰了，结果同学不但不谅解自己，还给自己找麻烦"等，该生叙述了一些与前桌男生别扭的细碎小事，之后咨询师使用了合理情绪疗法，帮助该生找出自己的不合理信念，"我已经很烦了，前桌同学应该要迁就、理解我"，并引导该生意识到"不能要求别人来迁就自己，尤其在对方不知道前因后果时""就算别人知道了自己的麻烦，别人也没有义务一定让迁就""这些不好的事情，只是刚好接连发生，不应该对偶然的行为做人格化的结论"等，从而促进该生对同学的沟通方式有较客观的认知，从而缓解情绪，增进良好的沟通状态及学习状态。

第四次咨询：

第四次咨询时，该生的情绪明显处于极度失落的状态，在咨询中了解到该生家里的变故。该生在咨询中一度出现极端消极的思维模式，认为"所有对自己好的人都要离自己而去""只要妈妈一离开自己的视线自己就会很紧张"，而且还有很深的对前途的担忧，在这次咨询时依然是采用了合理情绪疗法来促进该生不合理信念的调整，但因为这次该生的情绪极度悲伤和焦虑，主要帮助该生处理了情绪，促使其快速缓解压力，平复情绪。

第五次咨询：

这次咨询中，该生主动陈述了对其父亲的想法，因为经济上的困难，该生想要主动与父亲缓和关系，希望父亲能够给予自己一定的经济支持。同时还叙述到尽管目前的学习状态不是最佳，但已经可以比较投入地学习了，与同学的关系也相对缓和，目前生活的重心也慢慢转向了学习，并且能够付诸相应的行动，在这次咨询的最后，咨询师提醒该生要从客观评价和认识自己目前的状态为起点，做出恰当的行动，专注学习，该生也表示了接受和赞同，并结束了咨询。

八、咨询效果

结束咨询两周后，该生陈述目前与父亲的关系正在缓和中，父亲也开始在经济上支持该生学习和生活，该生与同学的关系变得融洽了，学习时投入度和专注度都在提升，咨询效果良好。

案例八：高二男生情感困惑咨询报告

摘要： 咨询师运用认知行为疗法，针对一例高二男生因失恋而造成的情绪困扰和人际困扰进行了咨询。通过咨询，来访者的心理困扰得到了基本解决，在这过程中帮助来访者更清楚地认识了自我，注意力能基本集中于学习，对未来有目标设定，基本达到了咨询的效果。

关键词： 自我成长；认知行为疗法；情绪 ABC 理论

一、一般资料

小 A（化名），男，17 岁，汉族，长春人，高二年级，无精神病史及家庭病史。独生子女。因与女朋友分手导致情绪低落，对自己产生严重怀疑。班主任安慰他，朋友也对其心情表示理解，但是该男生自己始终无法走出失恋的灰色情绪，成绩大幅度下降。一直想与女孩复合，反复想给对方打电话，焦虑烦躁，看到对方与别的男生说话会非常难受，无法安心学习。

二、个人主诉

1.求助原因
因失恋而产生强烈的负面情绪，学习时注意力难以集中，人际关系出现短期障碍。急于解决问题，主动前来求助。

2. 主述

两个月前与同班的一个女孩互相表白后在一起谈恋爱，相处一段时间后，小 A 越来越依恋女孩，与女孩在一起的时候凡事都要女孩做主，无论女孩喜欢什么都会尽力给她，女孩与他争吵的时候他都会主动道歉，很害怕失去她。女孩性格独立，对男孩的要求高，认为男孩没有主见，曾经因此争吵过，但因为男孩对她特别好而被感动和解。后来女孩对班里的另外一个男生 B 有好感，遂与小 A 提出分手。小 A 发现女孩与自己分手后与 B 总在一起，遂怀疑女孩在没与自己分手的时候已经劈腿，内心极受打击，看到女孩与 B 在一起，心中感到非常的嫉妒与气愤，感觉自己就要发疯了。于是就找女生理论，质问其与男生 B 的关系。女孩否认自己在没分手之前已经喜欢 B。男孩 B 平时不喜欢小 A，两人曾经在篮球场上有过冲突，因此常常故意在班级里和女孩打闹来激怒小 A，男生非常痛苦和苦恼。回到家又不能与母亲说，自己常常感觉郁闷得胸口疼痛。

小 A 在班上只有一个朋友，就是自己同桌，学习成绩非常好，除了学习之外什么都不关心，小 A 情绪无法化解。本周大练习根本无法集中精力答题，小 A 害怕如此下去耽误自己的未来，于是求助心理老师。

三、观察

来访者性格内向，对自己要求较高，对别人要求更高，观点较偏颇，情绪不稳定，语言表达清楚流畅，逻辑性强，自知力完整。

四、评估与判断

1. 评估

根据区分正常与异常心理的"三原则"以及"神经症与正常的分界线"可以判断该生属于一般心理问题。存在的主要问题有：情绪低落，难以入睡，人际障碍，属于心理咨询范围。

2. 判断

对自身躯体、心理、社会功能等状况有充分的自知力，可排除有精神病性心理障碍。心境低落，思维正常，语言动作清晰流畅，症状持续两周左右，有一定程度的社会功能受损。

根据以上所有资料收集结果和评定，可以被判断为一般性情绪障碍。

来访者当前问题主要集中表现在：

（1）主观感受痛苦，情绪低落；

（2）学习活动兴趣、注意力减退；

（3）轻度睡眠问题。

五、咨询目标的制定

根据以上评估和判断，同求助者及其家长协商，确定如下咨询目标：

具体目标与近期目标：宣泄失恋所带来的负面情绪和消极体验；成熟地处理异性交往；降低由异性交往困惑而对学习产生的不良影响；悦纳自我，建立积极的自我评价；建立合理的认知来认识过去的经历；调动和整合自身的资源。

最终目标与长远目标：正确认识和处理异性交往；在交往过程中成长，并正确地看待自我；促进心理健康和发展，达到人格完善。

六、咨询方案的制定

1. 主要方法与原理

认知行为疗法。

认知行为疗法是一组通过改变思维或信念和行为的方法来改变不良认知，达到消除不良情绪和行为的短程心理治疗方法。具有代表性的有艾利斯的合理情绪行为疗法（REBT）、贝克和雷米的认知疗法（CT）和梅肯鲍姆的认知行为矫正技术等。本案例主要采用艾利斯的合理情绪行为疗法。

2. 时间与费用

定为每周一次，共两次，一次四十分钟。本案例属于学校心理咨询服务的范围，按规定，属于义务咨询，免费。

七、咨询的过程

将咨询过程分为判断与咨询、调整与巩固两个阶段。

1.判断阶段

第一次咨询：

这一阶段的主要任务是建立咨询关系，收集相关信息，进行心理调适，确立咨询目标，制定实施方案等。

运用倾听、共情等技术建立和谐的咨访关系，详细了解来访者问题的表现、形成原因、发生的背景和演变过程，搜集相关的材料。咨询过程中仔细询问来访者内心的真实想法以及这些想法背后的潜意识信息，帮助咨询者分析自己在失恋后情绪剧烈起伏变化的原因，并对背后的不合理信念进行初步辩驳。

小 A 性格内向、敏感，对外部的信息与评价都非常在意，对于自己小时候的家庭环境也非常敏感，细察之后发现，小 A 童年时父母离异，父亲再婚，母亲一个人将他带大。小 A 对情感患得患失。与女孩的这段感情失败使他产生严重的自我怀疑，怀疑感情不可靠，怀疑自己付出不值得。另外来自另外一个男孩的刺激也是他负性情绪的主要根源之一。针对这些烦恼，在第一次咨询中，我主要是倾听、共情和接纳。促其将积攒已久的情绪都倾诉了出来，帮助小 A 有效处理情绪。针对其想挽回爱情的心情和对另一个男孩的嫉妒情绪，我建议他回去后认真思考想要变成什么样的自己、未来想要什么样的爱情、想要过什么样的生活。

第二次咨询：

这一阶段的主要任务是帮助来访者分析和解决问题，与来访者一起探讨解决问题的方法，并对来访者进行相关指导。

对于失恋后的烦躁情绪，引导小 A 适度宣泄，并合理接受这样的自己。

对于感情经历利弊的分析，让来访者意识到这段经历有利也有弊，重要的是自己在这段经历中成长了，成熟了。减少他对之前经历过的事的后悔情绪，正确看待这份经历，感谢这份经历，减少来访者对女生的愤怒情绪。来访者在讲述每条缺点时，咨询师对其体验到的负性情绪进行共情，帮助来访者宣泄负面情绪。

通过咨询师的启发式提问和尝试性提问，引导来访者明白，自己的价值不会因为女孩不选择自己而有所变化，自己的优点（细心、善解人意、学习能力强）和缺点（敏感、无主见、不擅长沟通）是客观存在的，肯定自己的优点，弥补自己的缺点是自己需要完成的。让小A明白女孩和自己并不是同一个世界的人（两个人家庭环境和学习能力差别很大），未来目标设定也有很大不同，无法将对方和自己的未来规划到一起。对于失恋的结果应接受，不应再尝试着努力挽回。坚持时间可以改变一切不开心的观点，把女孩和自己的过去放下，然后改变。

最重要的一点是引导来访者转移注意力，将重点放在学习上来发展和壮大自己的实力。

3. 巩固阶段

每次在校内见到小A都会关注他的情绪和变化，鼓励他积极参加班里和校内的活动，协同班主任一起鼓励小A共同渡过难关。小A后来的情绪状态相对稳定，也没有再因为此事进行咨询。

八、咨询效果评估

来访者自我评估：情绪状态好转，不再天天想着找女孩复合；积极参加学校的活动，能将注意力更多地集中到学习上，成绩也有一定提高。

咨询师的评估：咨询的目标基本实现，情绪问题得到解决，自我主动意识增强，对自我和感情经历有了更多积极的认识。

效果评估：完成咨询任务，达到咨询目标。

案例九：高二女生亲子关系咨询报告

摘要：本文是一例通过运用贝克认知疗法和合理情绪疗法，使求助者改善烦躁情绪、缓解亲子关系的心理咨询案例分析。

关键词：心理咨询；亲子关系

一、一般资料

小 A（化名），17 岁，高二女生，因为在家中被父亲管教而产生抑郁情绪，不愿意回家，不愿意面对父亲，亲子矛盾逐渐升级。来访者有时会尽力控制自己不和父亲争吵，但是由于父亲对自己要求严格，无法达到其设定目标，自己感觉很痛苦，主动要求进行心理咨询。主诉身体器官一切正常，排除器质性疾病。家族无精神疾病史。

二、来访者主诉及班主任和家长陈诉

来访者主诉：父亲是军人转业，现在一所高校做后勤管理人员，由于性格刚硬坚强，常常在单位得罪人，因而晋升空间不大。父亲对女儿要求极高，尤其是学习成绩，他要求女儿要从现在的年级八百名上升到年级二百名，力求最后考上武汉大学。每次女儿成绩不理想时，父亲都会严令女儿站墙角，不许吃饭，面壁思过，然后会要求女儿反思自己错在哪里，同时还要确定下次考试的成绩目标。如果达不成就会大发雷霆。母亲性格柔顺，没有太大主见，在家里基本都听丈夫的，每次看到丈夫惩罚女儿，都不敢说话，只能偷偷躲进房间。

来访者在学校表现积极，参加多个社团，擅长与人沟通，组织能力很强，有一个男朋友，与自己不在同一个班，但是感情稳定，男朋友常常安慰自己，每次被父亲训斥后都会去寻求男朋友的关爱。

在保密协议的前提下，咨询师在没有泄露来访者咨询的任何信息的基础上向班主任了解来访者的在校表现和家庭情况。

班主任称，每次开家长会都是女孩父亲参加，班主任老师对家长

评价很高，认为其认真负责，对孩子监管到位。

三、观察

来访者干净整洁，体态轻盈。智力发展正常，语言表达思路清晰，无幻觉，无妄想，无智力障碍。

四、评估和判断

1. 评估

根据区分正常与异常心理的"三原则"以及"神经症与正常的分界线"可以判断该生为一般心理问题。存在的主要问题有：情绪低落，人际障碍，轻度睡眠问题，属于心理咨询范围。

2. 判断

该来访者表示亲子关系紧张时自己会情绪失控，但没有造成严重后果，也没有对自身或他人造成损伤，睡眠状态良好，没有影响逻辑思维等，无泛化，没有对社会功能造成严重影响。综合以上资料判断，该来访者为一般心理问题。

五、咨询目标的制定

根据具体、可行、积极、双方可接受、属于心理学性质、可评估、多层次统一这七个基本要素，咨询师和来访者共同商定了以下咨询目标：

具体目标与近期目标：根据认知疗法的原理，帮助来访者分析学习成绩和亲子关系问题，重新建立自己的学习动机和学习目标；帮助来访者合理地宣泄负性情绪。

最终目标与长远目标：正确认识和处理学习困惑；在交往过程中成长，并正确地看待自我；改变非理性信念和不合理行为模式，建立新的、合理的信念和行为模式；学会用积极乐观的方式面对现实生活，最终促使来访者心理健康发展。

六、咨询方案的制定

1. 主要方法与原理

认知疗法：认知疗法是一组通过改变思维或信念和行为的方法来改变不良认知，达到消除不良情绪和行为的短程心理治疗方法。具有代表性的有艾利斯的合理情绪行为疗法（REBT）、贝克和雷米的认知疗法（CT）和梅肯鲍姆的认知行为矫正技术等。本案例主要采用艾利斯的合理情绪行为疗法。合理情绪疗法旨在通过纯理论分析和逻辑思辨的途径，改变来访者的非理性观念，最终帮助其解决情绪和行为上的问题。

2. 时间与费用

每周一次，共二次，一次四十分钟。本案例属于学校心理咨询服务的范围，按规定，属于义务咨询，免费。但向来访者强调说明，虽然咨询是免费的，但来访者在这个过程中要付出相应的时间和精力，请其重视咨询过程并积极主动参与咨询。

七、咨询的过程

第一次咨询：

本次咨询的目标是让来访者宣泄负性情绪，同时在情感上接受父亲的出发点，明白需要改变的是方式而不是态度，从而在心理上摆脱排斥感。

通过倾听、共情、积极关注，让来访者尽情地倾诉，与其建立良好的咨询关系。在了解其家庭情况及其个人成长情况之后，咨询师运用摄入性谈话和启发式谈话的方法使来访者发现其认知的不合理之处。当谈到来访者的父亲说"高二是一个分水岭"这样的话时进行追问，父亲的观点是否正确，来访者表示赞同。咨询师紧接着追问："父亲对你管教的出发点是好的，这点毋庸置疑吧？"来访者表示这句话是对的，但是父亲其他的很多言行都是错误的，咨询师接着追问来访者根据什么来对父亲的话进行正确和错误的评价，有什么样的根据。来访者一再强调父亲的方式让人难以接受。通过这一段的摄入性谈话使来访者意识到自己的观点和父亲的观点一样有对有错，自己不是不接受父亲的观点，而是不接受父亲的方式，咨询者鼓励来访者通过有效沟通的方式与父亲进行交流。

咨询结束后，咨询师在来访者同意的前提下联系来访者母亲，进行相关的情况确定，并提议以后由母亲多多参与到孩子的生活和学习中，同时给出其与丈夫有效沟通的方法。

第二次咨询：

在了解其家庭情况及其个人成长情况之后，咨询师运用启发式谈话的方法使来访者发现其认知的不合理之处，并让来访者尝试着从不同角度看待父母的心意，感受来自父亲严厉表象下的关爱。

详谈中咨询师启发来访者是否在成长过程中感受过父亲的爱，引导来访者回忆与父亲共同度过的温馨时光，激起她的积极情绪，同时鼓励来访者勇敢尝试与父亲的沟通，在细节中寻找切入点，以情代理，达成共情。

咨询后，在来访者同意的前提下联系其父亲，将孩子的心里话和感受告知，委婉提示其父亲改变教育方式方法，减少简单粗暴，多些温和抚慰，其父亲从未想过自己的教育方式会给女儿带来这样大的影响，同意逐渐改变自己的教育方式。

咨询巩固：

继续鼓励来访者坚定合理信念，与家长进行有效沟通，评定咨询效果，结束咨询。

八、咨询效果评估

来访者自我评估：能够积极地看待问题，建立了合理可实现的学习目标。亲子关系得到改善。

咨询师的评估：完成了咨询的具体和近期目标，来访者能够运用合理的认知方式看待问题。

效果评估：完成咨询任务，达到咨询目标。

第六章

团体辅导系统

　　团体辅导一词中的"团体"概念与平常用语中的"团体"不同。勒温认为，成员之间具有互动才能称为团体。哈默斯认为，一个人在团体中可以获得与人沟通的能力。因此，团体并不是简单的几个人的集合，而是多个相互独立的个体互相影响而形成的一个集合体。2005年，樊富岷认为，团体应该有四个要素：一是具有一定的规模，二是通过协商彼此形成共识，三是能够互相影响，四是形成一定的思想与行为规范。

第一节　团体心理辅导的内涵与特征

　　团体辅导一词中的"团体"概念与平常用语中的"团体"不同。勒温认为，成员之间具有互动才能称为团体。哈默斯认为，一个人在团体中可以获得与人沟通的能力。因此，团体并不是简单的几个人的集合，而是多个相互独立的个体互相影响而形成的一个集合体。2005年，樊富珉认为，团体应该有四个要素：一是具有一定的规模，二是通过协商彼此形成共识，三是能够互相影响，四是形成一定的思想与行为规范。

　　团体心理辅导是指以团体情境为依托，由经过专业训练的心理辅导者通过专业技能与方法，引导团体成员通过互动环节，实现改善心理状态，提高心理品质水平的一种形式。其实质是一种助人与自助结合的心理技术。

　　与个体心理咨询相对应的是团体心理咨询，个体心理咨询与团体心理咨询最大的区别是求助者认识问题与解决问题的方式不同，个体心理咨询是辅导者与求助者共同合作解决问题，而团体心理咨询是团体成员之间通过沟通与交流，从而相互影响，帮助求助者形成正确的概念认知与行为方式，最终解决问题。

一、对团体心理辅导的理解

　　现在，运用团体解决心理问题大约有三种情况，分别为团体辅导、团体咨询和团体治疗。三者之间既相同又相异。

1. 相似点

（1）操作过程相同，都是以心理学的理论与技术为依据。

（2）工作目标相同，都是以一个问题或主题为出发点，最终为了解决相应的问题，实现个体心理品质的提升。

2. 相异点

（1）对象不同。团体心理辅导与团体心理咨询的对象是正常人，团体心理治疗面对的更多的是已经受到严重困扰的人，或者是不正常的人，通常被称为患者。

（2）规模不同。团体心理辅导大多应用于学校，以班级为单位的现象较多；团体心理咨询的对象大多是临时群体，通常人数为6~12人；团体心理治疗则人数更少，这样才能实现助己助人的效果。

（3）应用不同。团体心理辅导大多应用于学校（或培训学校）；团体心理咨询既可应用于学校，也可应用于社区等；而团体心理治疗被用于专门的心理诊所或者医院的心理科。

（4）领导者不同。团体心理辅导的领导者既可以是心理教师，也可以是班主任或任课教师；团体心理咨询的领导者是心理教师或咨询师；团体心理治疗的领导者是心理医生或心理治疗师。

（5）方法不同。团体心理辅导可以在班级中，应用心理学的理论与技术，采用常规的教学活动方式进行；团体心理咨询需要运用相关的心理咨询技术，引导团体成员形成正确观念，并进行自我探索；团体心理治疗运用的是科学的心理治疗的技术和方法。

（6）性质不同。团体心理辅导以预防为主，以共同教育形式促进全体成员的心理发展；团体心理咨询以解决问题与困扰为主，以心理咨询的技术辅助成员提高自己的心理调节能力，从而解决问题；心理治疗则是对患有严重心理困扰的患者进行干预，最终使患者摆脱痛苦，走向健康，成为正常人。

国内许多研究者对三者并不进行绝对的区分，统一运用团体心理咨询这一术语。东北师大附中在实际的学生心理健康教育工作中，将严格意义上的团体心理辅导与团体心理咨询统称为团体心理辅导，学校实施的团体心理辅导既包括以班级为单位开展的主题式团辅，也包括对存在共同的心理困扰短期内组成的临时团体所进行的心理辅导。其目标都是通过团体心理辅导的方式来让学生树立积极健康的心态，提高学生心理素质，让学生更好地进行学习与生活。

二、主体性理念指导下的团体心理辅导特征

1. 以团体工作同盟的建立为基础

东北师大附中在心理咨询中强调建设积极的心理工作同盟，强调心理咨询中咨询者与来访者，即教师与学生之间经过协商形成共同目标、共同任务，并依靠情感联结加强心理同盟的作用。在心理工作同盟建设的过程中，教师与学生是平等的，教师引导学生，但是心理问题的最终解决依赖学生个体的认知与领悟，因此学生与教师在工作同盟中具有同样重要的地位与价值。

在团体心理辅导中，心理工作同盟范围增大，一个咨询者和两个或两个以上的求助者组成了团体，工作同盟中存在两人以上沟通、联结与合作，团体辅导的效果与工作同盟有着必然的联系，工作同盟的目标清晰，任务明确，团体内充分有效的情感沟通有助于形成团体共同的心理认知和共同遵守的行为规范，从而使团体内成员通过互助与自助解决心理问题，或提升心理品质。

2. 坚持焦点解决取向团体辅导模式

东北师大附中的团体心理辅导充分应用焦点解决思维模式，是焦点解决取向的团体心理辅导。焦点解决思维模式是在焦点解决短期咨询的基础上发展起来的一个的概念。

焦点解决短期咨询（Solution-Focused Brief Therapy，简称 SFBT）是二十世纪七十年代提出的，SFBT 是在积极心理学大背景下的一种咨询理念，其核心思想是重视来访者的主体作用，强调自身资源的开发与审视，强调注重小改变，渐进台阶式的发展，强调注意未来导向，而不是挖掘过去经验对现在行为的影响，这种心理咨询方式与以往的

咨询不同点在于不过分追究心理问题的起因，而是着眼于问题的小改进，着眼于未来的希望与发展，焦点解决短期咨询更强调个体自身的作用与意义，这是东北师大附中主体性心理健康教育思想指导下心理咨询所坚持一个重点。

焦点解决思维模式是运用焦点解决思想解决问题的一种思维模式。这种思维模式的特点同样是不纠结于问题产生的早期原因，只关注未来导向，注重挖掘与开发自身资源与正向能量。

所谓焦点解决取向的团体心理辅导就是将焦点解决短期心理咨询技术应用到团体心理辅导中的工作模式。通过焦点解决短期心理咨询的基本理念与基本技术提升焦点解决思维模式的水平，焦点解决思维模式的水平提高后可以更加有效地运用焦点解决短期心理咨询中的基本思想与基本技术。

经过实践检验，这种焦点解决取向的团体心理辅导比较符合中学的实际，在操作过程中集中体现在以下几个方面：

（1）强调目标设定的明确性

在目标设定方面，可以帮助团体成员快速明确想要达到的目标，在实际操作过程中，这些目标不是空泛的、短时间内难以实现的，而是小台阶的小改变，是情景化、正向的，对于学生来讲有明确的行动指向。

（2）坚持理念建构的正向性

焦点解决心理咨询的观点是，问题本身同样存在正向功能，学生解决问题的意识更是一种向上的力量，因此在学校团体辅导中，东北师大附中全体心理教师一直坚持从积极角度来看待问题，认为来访者（学生）就是解决自己问题的专家，这些有共同求助需求的学生组成的团体就是一个互相帮助解决问题的群体，团体的领导者（教师）不应过分深究学生所求助问题产生的原因，而是应引导学生发现自己的资源与优势，团体内互助最终共同解决问题。

（3）注重教师回馈的积极性

如何充分发挥学生在团体心理辅导中的主体性，教师的积极回馈是我们的工作重点，同时心理教师引导学生挖掘过去成长过程中的成功体验，然后帮助学生依据成功经验找到解决现在问题的道路，鼓励学生通过自身努力看到改变与希望之后，布置任务巩固成果。因此教师的积极回馈包含三个环节：

首先，尝试赞美（或共同寻找成功经验）；

其次，寻找路径，在已有成功经验与现有问题之间建立桥梁；

最后，布置任务，让学生通过努力在日常生活中坚持这种做法，最终实现质变，小改变变成大改变。

第二节　高中团体心理辅导经典案例

主题一：高三考前团体辅导活动方案

一、活动设计背景

高考是学子们十年寒窗后成就人生梦想、决定人生方向的重要时刻，家长、老师和社会也对他们寄予了厚望，他们争分夺秒地努力，向着最后的高考目标冲刺。然而，随着高考竞争日益激烈，高考前表现出焦虑症状的学生越来越多，出现焦虑的时间也有所提前。这种焦虑情绪会影响学生的自我评价，降低自信心，影响复习的效率和考试的正常发挥。

考前焦虑其典型反应为：情绪紧张、忧虑不安、头昏发晕、睡眠困难、注意力难于集中、思维混乱等。因此通过科学系统的心理辅导，快速地帮助有需要的学生获得解决这一困境的方法，帮助和引导他们摆脱和缓解这种焦虑状态是非常必要的。

二、放松技术的原理

人在感到紧张、焦虑、恐惧的时候，生理上会产生相应的变化，如心跳加快、呼吸急促、皮肤电阻因汗腺分泌而下降等。而心理学实验又发现：当人体全身肌肉处于放松状态时，心跳、呼吸和皮肤电阻等表现出与情绪紧张状态呈相反的变化。

沃尔普等研究者经过多年的实践研究最终获得一条规律，即交互抑制原理：人体肌肉的深度放松与情绪紧张是一对相互排斥、互相抑制的状态，在同一时刻一个人身上的这两种状态不能同时存在，当一种状态出现或加强必然导致另一种状态的减弱或解除。因此，人们可以利用肌肉的放松状态来对抗情绪紧张状态，通过一定的自我训练，学会在短时间内放松全身所有的肌肉群，帮助人在紧张的情境中，主动放松肌肉，稳定情绪，消除紧张，恢复体力。

我们以放松技术为基础为高考生做个性化调整，通过放松训练来调节情绪、缓解紧张和焦虑、消除疲劳，最终实现增强考试信心、调节考试情绪、预防考场焦虑、提高专注力的目标，促进考生临场达到最佳状态。

三、活动方案

1. 团体目标

协助团体成员调整不合理的认知，缓解焦虑，调整心态；

协助团体成员掌握放松心态的方法。

2. 活动对象

高三学生。

3. 活动人数

单次 8 至 10 人。

4. 成员招募方式

在教学楼入口张贴活动海报，学生自愿报名参加。

5. 活动次数和时间

每周三次，三次活动为一个完整系列，每次 50~60 分钟。

四、具体活动方式

1. 第一次活动

（1）目标

帮助成员相互认识和了解，形成团体氛围，增进成员间的相互信任与接纳；

帮助成员了解团体的性质，澄清团体目标；

协助成员制定团体规范，共同承诺遵守规范；

协助成员澄清自己考试焦虑的一些基本事实；

协助成员了解自己对考试存在一些不合理的认识；

通过交流，协助成员了解考试焦虑存在的普遍性。

（2）过程

澄清活动目标及意义：由于参加活动的学生可能会对团体心理辅导存在一定程度的模糊认识或者误解，在活动正式开始前帮助澄清本次活动的主要目标及意义。

明确保密原则及建立信任关系：明确保密原则，让来参加活动的同学以活动的方式拉近距离，使陌生的同学关系或熟悉但并不十分信赖的关系，变成互相信任的关系。信任可以使得心理辅导顺利进行。

成员自我介绍：由于参加本次活动的学生来自不同的班级，自我介绍是使同学间建立起联系最快捷有效的方式，这也是接下来的活动得以进行的基础。在自我介绍的同时说出参加本次活动的主要目的及目前最困扰自己的问题。通过学生的自我介绍与解析，有助于指导教师对辅导计划做出进一步的调整，使得辅导方案更有针对性。

放松训练：帮助成员了解和初步掌握放松的方法。再做一次全身放松。结束前约定下一次团体心理辅导的时间与地点。

（3）作业

复习放松训练；

设定个体目标。

2. 第二次活动

（1）目标

帮助成员明确活动目标和个体目标；

改变成员关于考试的不合理信念。

（2）过程

复习上次活动学习的放松训练；

说出心中的目标，成员互相帮助纠正消极观念，树立积极观念；

小组活动"心中的墙"之后谈论感悟（活动"心中的墙"：是由成员依次说出自己心中的顾虑，并陈述顾虑产生的原因，再通过共同反思，由此打破顾虑）；

分享成功经历，说出自己觉得最成功的一件事；

大声说出自己的目标，大家互相帮助打气。

（3）作业

复习放松训练。

3. 第三次活动

（1）目标

促进成员熟练掌握放松方法；

帮助成员间建立积极关系，在今后的生活中可以互相支持。

（2）过程

先进行放松训练：系统脱敏训练。领导者（教师）指导成员根据自己的情况列出引起个体考试焦虑的情境，并按由弱到强的顺序排列（如听说考试—复习考试—进入考场—拿到试卷等），然后在头脑中按顺序想象每一个情境，并同时进行放松训练，即每当出现焦虑反应时就进行放松，直到想象该情境时不会出现焦虑反应为止；

引导每个个体依次分析今后出现问题的可能，并且通过教师及同学间的互助给予一定的措施；

形成互助团体，在以后的学习生活中互帮互助；

告别，结束活动。

五、活动收获

在专业教师的指导下，通过系统的放松训练学习、积极暗示、观念的调整等，帮助学生降低考试压力和缓解焦虑。

主题二：发现个人优势团体心理活动方案

一、活动设计背景

高中生距离大学和专业仅差一步距离，高中生需要对不同的职业本身有客观的了解，当然更需要对自己的个性优长、职业优势有客观的认识，这样在面对专业选择时，才不至于因缺乏对职业的了解，做出不理智选择，造成潜能的浪费。

二、理论基础

积极心理学发起人塞利格曼通过调查研究将人类的个人优势归为 6 大类，包括共 24 种个人优势：

1. 智慧

获取知识、运用知识的优势（创造性、好奇心、批判性思维、好学、洞察力）。

2. 勇气

在实现目标过程中，面对内部或外部的压力仍然坚持目标的情感优势（勇敢、毅力、诚实、热情）。

3. 仁爱

乐于照顾和帮助他人的人际优势（爱与被爱的能力、善良、社交智慧）。

4. 公正

拥有健康积极的团体生活的性格优势（忠诚、公平、领导力）。

5. 节制

具有自我约束的优势（宽恕、谦虚、谨慎、自制）。

6. 卓越

能将个人生命的意义与更大的宇宙联系起来的优势（对美的欣赏、感恩、乐观、幽默、灵性）。

另外，塞利格曼还开发了"性格优势"调查问卷，即优势行为价值问卷 VIA-IS，分为成人版和青少年版。

我们以积极心理学为基础，通过 24 性格优势调查问卷，帮助学生准确把握自己的性格优势，促进学生科学客观地认识自己的职业潜能，为学生将来的专业选择打下良好基础。

三、活动方案

1. 课程目标

通过模拟招聘会的形式，促进学生发现自己的职业兴趣和潜在职业优势，对自己形成更深入全面的认识。

2. 活动对象

高二年级。

3. 活动人数

40 人左右。

4. 成员招募方式

在教学楼入口张贴活动海报，学生自愿报名参加。

5. 活动次数和时间

共计 2 至 3 次，每次 40~50 分钟。

四、具体活动方式

1. 第一次活动

（1）目标

帮助成员相互认识和了解，形成团体氛围，增进成员间的相互信任与接纳；

帮助成员了解团体的性质，澄清团体目标；

协助成员制定团体规范，共同承诺遵守规范；

帮助学生初步了解不同职业与个人优势的对应关系；

帮助学生了解自己的个人优势倾向；

由学生投票选出目标职业（如医生、教师、金融工程师、行业咨询师、网络工程师、游戏开发等），为第二次课的招聘会做准备；

根据学生的个人优势特征，选出招聘会的面试官 10~12 人，建议面试官的人数不要过少，避免因主观性造成太大的偏差，影响活动效果。

（2）过程

澄清活动目标及意义：由于参加活动的学生，可能会对心理活动存在一定程度的迷惑或者误解，在活动正式开始前帮助澄清本次活动的主要目标及意义。

成员自我介绍：由于参加本次活动的学生来自不同的班级，自我介绍是使同学间建立起联系最快捷有效的方式，这也是接下来的活动得以进行的基础。

选出目标职业：以自由推荐的形式进行，再对学生推荐的职业进行投票选择，选出五六个热门职业，作为下次活动课的目标职业。

招聘会面试官评选：通过讲解 24 项人类个人优势，共 6 大类，包括：智慧（创造性、好奇心、批判性思维、好学、洞察力）、勇气（勇敢、毅力、诚实、热情）、仁爱（爱与被爱的能力、善良、社交智慧）、公正（忠诚、公平、领导力）、节制（宽恕、谦虚、谨慎、自制）、卓越（对美的欣赏、感恩、乐观、幽默、灵性），帮助学生认识到自己的优势倾向，并分别以各类优势为依据，选出本班内各类优势评分最高的 1 至 2 人作为面试官。

分析目标职业对个人优势的要求：以已经选出的目标职业为对象，分析目标职业的要求与个人优势的关系，促进学生客观认识不同的职业，并与自己的个人优势、职业兴趣等做关联分析。

布置招聘会任务：学生自主选择目标职业，自由报名参加，报名者需要准备 2 分钟的竞职演讲。由于时间限制，每场招聘会最多只能进行 8 至 10 人的竞职演说，若出现报名火爆的现象，可以分两次完成招聘会。

（3）作业

报名者准备竞聘演讲。

2.第二次活动

（1）目标

通过模拟招聘会活动，加深学生对职业的理解，进一步促进学生对自己个人优势的认识。

（2）过程

招聘会面试官就位，并宣读评分标准和面试流程。评分标准采用的是 10 分制，竞聘演说占 6 分，超过 2 分钟和少于 1 分钟都要扣分，最后得分为平均分。"人气王"即场外支持最多者得分加 1 分，第二名加 0.6 分，第三名加 0.3 分。每次竞聘结束后，面试官评分，并进行适当的点评和提问。

进行招聘会活动：根据之前的报名情况依次进行不同职业的面试，并进行评分、点评和场外投票。面试评价时间不宜过长，提问不宜过多，每轮限制 1 人提问，3 人以下评价。

选出最优竞聘者：选出得分最高的竞聘者，并发表获奖感言。

五、活动预期收获

通过模拟招聘会活动，促进学生对职业的认识，激发学生的职业兴趣和学习动力。

第三节　初中团体辅导经典案例

初三团体辅导活动方案

一、设计背景

初三年级的学生处于紧张的学习生活中，一次次的考试和来自家长的期盼都增加了学生的心理压力，面临即将到来的中考，学生的意志力和自信心都面临着较大的考验，出现许多共性心理问题。为了减轻学生学习压力、锻炼学生的心理品质，学校为初三年级开设了团体心理训练课程。

团体辅导的过程是一个借助成员之间的互动而获得自我发展的学习过程。通过教师的组织和引导，创设彼此信任、互尊互助、平等交流、积极参与的团体气氛，使学生放下心理防卫，敞开心扉，在游戏与活动中不断自我探索，增强自我了解，正确认识中考，培养良好的心理素质，增强信心，以愉快心情、乐观态度对待中考，营造健康、奋发向上的学习氛围。

二、理论基础

1. 团体动力学

团体动力学是美国心理学家勒温在 1939 年最早提出的，他把人过去和现在形成的内在需求看成是内在的心理力场，认为人的心理和行为取决于内部需要和环境的相互作用。团体并不是由个体的各个特征所决定的，而取决于团体成员相互依存的内在关系，其中一个部分的变化必然引起另一个部分的变化。因此，在团体中，团体的气氛、组织、目标会对个体的心理和行为产生很大的影响，而这个影响要素被称为团体动力。通过激发团体动力，可以帮助学生建立良好的团体氛围，进而促进团体积极地探索和解决问题。

2. 积极心理学理论

积极心理学最早由美国心理学家塞利格曼提出，注重研究人性的优点，关注人的积极品质的培养和以主观幸福感为核心的积极体验。而在团体心理辅导中，融合积极心理学理论，能够使心理健康教育更加关注学生的积极方面，培养学生的积极品质，挖掘学生的潜能，培养学生热爱生活、积极向上的心理品质，进而引导学生完善人格，不断成长。

三、活动具体方案实例

1. 主题一：初三，我们来了

（1）选题背景

进入初三，学生们会明显感觉到与初一、初二的不同，学习任务增多，学习压力增大，同时对于自己的成绩抱有极大的不确定感。因此，初三心理健康课的主要目的是帮助学生减轻压力，重拾信心。但初三的课程与初一、初二不同，不仅表现在上课环境上，还表现在课程内容的设置上。因此，在进入初三的第一节课，我们将每个班级中的同学打乱分成小组，让每位同学适应新的上课方式，也是为帮助同学们适应初三的学习、生活节奏打下基础。

（2）辅导目标

增进学生之间的认识和了解；

充分调动学生参与活动的热情；

帮助学生建立团体规范，遵守团体活动规则；

了解学生的学习与生活现状，引导学生认识学习压力的普遍性；

帮助学生增强团体归属感。

（3）活动对象

初三学生。

（4）活动人数

45人左右。

（5）活动时长

40分钟。

（6）具体活动方案

①团体热身阶段：团体兔子舞

目标：调动学生参与的积极性；形成团体氛围，增进彼此了解。

内容：所有同学围成一个闭合的圆圈，双手搭在前一个同学的肩膀上，跟随音乐来做动作，动作依次为左左、右右、前后、前前前。教师首先展示示范动作，学生熟悉后，再进行集体活动。

②团体过渡阶段：大风吹

目标：通过发现与自己具有相似特征的同学，消除心理芥蒂，获得心理支持；增进学生间相互接纳；通过游戏内容，了解学生的学习与生活现状。

内容：由老师开始说"大风吹"。大家问："吹什么？"老师说"吹所有……的人"（……的人表示具有某一共同特征的人，如戴眼镜的人、长头发的人等）。凡是具有这一特征的人，均要移动，不许在原位，要想办法互换位置，不具有该特征的人不动。教师讲解游戏规则；前3轮由教师喊口令，之后由没抢到位置的学生轮流喊口令。

③团队组建

目标：建立团队归属感、建立信任关系；明确团体活动的形式、规则；明确团体与个体的关系。

内容：由全体学生推荐选出班级内具有信服力的学生共6人，成为小组的队长；其余学生自由选择，进入到小组中；各小组成员共同决定团队名称、团队口号，交流彼此间的信息，同时建立团队契约和规则。

④团体结束阶段

目标：增进团体凝聚力。

内容：小组展示团队名称、团队口号和团队契约和规则；结束课程，约定下一次课程时间、地点。

2.主题二：我们在一起

（1）选题背景

对于初三学生而言，他们的学习压力越来越大，竞争意识也逐渐增强。在平时的学习生活中，经常出现同学间的的误解，"单打独斗"的现象也越来越严重。因此，帮助学生培养合作意识尤为重要。在一个班集体中，同学间的合作不仅能解决很多问题，同时也对团体凝聚力的提高有较大的影响。通过活动，让学生发现在较大的学习压力下，自己并不是一个人在战斗，同学的支持和鼓励会给予自己极大的能量。

（2）辅导目标

培养团体内部的信任感和团体凝聚力；

让学生通过自我开放和团队协作，体验到信任与被信任的快乐；

让学生体会到同伴的力量，强化对团队精神的理解和感悟。

（3）活动对象

初三学生。

（4）活动人数

45 人左右。

（5）活动时长

40 分钟。

（6）具体活动方案

①团体热身阶段：五毛和一块

目标：调动学生参与的积极性；形成团体氛围，增进彼此了解。

内容：男生是五毛钱，女生为一块钱，男女生打乱顺序，围着大圈在场内行走，教师随机喊出一个价格，所有学生需要迅速按照价格自由组合在一起。教师讲解活动规则，学生在教师口令下进行自由组合。

②团体过渡阶段：坐地起身

目标：激发学生的挑战精神；探索团队合作的力量；增进学生间彼此信任和接纳。

内容：学生自行与另一名学生配对成组，然后背对背手臂相互扣住坐在地上，当教师发出指令后，他们用背部的力量站起来，活动中手臂不可以松开。如果成功，则相邻组合并，再按同样的方式进行，组数合并到成员无法站起来为止。活动结束后，让所有成员进行反思讨论。教师先引导学生两两尝试，小组共同挑战。

③团体工作阶段：融化的冰盖

目标：增进团队归属感、提升凝聚力；帮助团体间建立积极的关系；体会团体支持的力量。

内容：每个团队共同站在一张报纸上，不断挑战，保持 10 秒钟即为挑战成功，挑战成功后，将报纸对折，继续挑战。

④团体结束阶段

目标：强化团体活动的意义。

内容：各小组同学分享活动感受；约定下一次课程时间、地点，结束课程。

3. 主题三：心有千千结

（1）选题背景

学生生活中的诸多问题都会影响学生的身心状态，考试、人际交往、学习困惑等问题的相继出现，学生自己通常很难将问题解决，由于学生心理发展的特点，很多时候也不愿意将自己的心理矛盾和困惑与他人分享，容易背负诸多思想包袱，影响学习生活状态。因此，为了帮助学生走出困境，解开心中的心结，建立自信心，设计了本次课程。

（2）辅导目标

引导学生认识到面对考试的积极心态，调整消极心态，坚定信心；帮助学生摆脱情绪困扰，优化学生情绪。

（3）活动对象

初三学生。

（4）活动人数

45 人左右。

（5）活动时长

40 分钟。

（6）具体活动方案

①团体热身阶段：超级进化论

目标：调动学生参与的积极性；让学生体会进化过程中的情绪变化。

内容：学生之间以两两猜拳的方式进行进化和退化。进化分为四级，即鸡蛋、小鸡、凤凰和人类，将四个等级划分到四个区域，活动开始，全体学员蹲下视为鸡蛋，然后两人一组开始猜拳，获胜的一方则进化为小鸡，输拳的一方仍为鸡蛋，然后鸡蛋找鸡蛋、小鸡找小鸡，再两两一组开始猜拳，期间有进化，有降级；鸡蛋不再降级，进化为人类后则不再两两猜拳。

②团体过渡阶段：解手链

目标：引发学生积极思考；激发学生在面对挫折时的积极反应。

内容：全体同学两两一组，每人分发一条绳锁，两两交叉套在双手上，在绳子不离开手腕的前提下，解开手链。

③团体工作阶段：心有千千结

目标：帮助学生建立信心；通过解决实际问题，调整学生信念。

内容：以小组为单位，每组成员面对圆心围成一个圆圈，每个人用自己的左右手去和左右两人以外的人的手相握，但不能拉同一个人的手。小组中所有同学彼此相握，形成了一个错综复杂的结，要求在不松开手的情况下，尝试用各种方法，恢复原来的圆圈。学生进行"心有千千结"活动；学生以不记名的方式，在纸上写下自己最近的烦恼或者困惑；现场对这些问题进行讨论，鼓励学生进行多角度讨论，提供解决办法。

④团体结束阶段

目标：强化团体活动的意义。

内容：各小组同学分享活动感受；约定下一次课程时间、地点，结束课程。

第七章

协同育人系统

教育部《关于加强中小学心理健康教育的若干意见》中明确定义了心理健康教育：中小学心理健康教育是根据中小学生生理、心理发展特点，运用有关心理教育方法和手段，培养学生良好的心理素质，促进学生身心全面和谐发展和素质全面提高的教育活动；是素质教育的重要组成部分；是实施《面向 21 世纪教育振兴行动计划》，落实《跨世纪素质教育工程》，培养跨世纪高质量人才的重要环节。

因此，学生心理健康教育不仅是心理专职教师的工作，更是全体教师应承担的责任。学校心理健康教育不仅仅是开设心理健康教育课程、开展有针对性的心理咨询、团体辅导或心理活动等，学校各项教育教学活动也应处处渗透心理健康教育。对学生发展有着重要意义的德育工作中，心理健康教育是不可缺少的一部分。

第一节 概述

教育部《关于加强中小学心理健康教育的若干意见》中明确定义了心理健康教育：中小学心理健康教育是根据中小学生生理、心理发展特点，运用有关心理教育方法和手段，培养学生良好的心理素质，促进学生身心全面和谐发展和素质全面提高的教育活动；是素质教育的重要组成部分；是实施《面向 21 世纪教育振兴行动计划》，落实《跨世纪素质教育工程》，培养跨世纪高质量人才的重要环节。

因此，学生心理健康教育不仅是心理专职教师的工作，更是全体教师应承担的责任。学校心理健康教育不仅仅是开设心理健康教育课程、开展有针对性的心理咨询、团体辅导或心理活动等，学校各项教育教学活动也应处处渗透心理健康教育。对学生发展有着重要意义的德育工作中，心理健康教育是不可缺少的一部分。

一、协同育人系统的内涵

协同育人系统秉持的是大心理健康教育的理念，其内涵是将中学生的心理健康教育置于开放式的大教育环境中，全方位地立体地开展心理健康教育，通过学校教育、教学，通过对家庭教育的指导，充分利用各种学校资源，对学生心理产生积极、正向影响的一种工作模式。

东北师大附中主体性心理健康教育中的协同育人系统是心理专职教师及德育部门协作的一个工作系统，也是学校心理健康教育与德育互相融合的一个系统。协同育人系统中除了包括心理教师，还包括学生管理教师（包含学生处、团委等学生管理部门的干部及专职教师）、全校班主任及任课教师，是一种全员参与的心理健康教育。

二、协同育人系统的主要价值

心理健康教育与德育的融合是协同育人系统的指导思想，也是其主要内容。刘志坚在《心理学视角下的高校德育低效反思》中提出，现代德育的方向是"整体性德育""主体性德育""学会选择的德育"，无论是何种提法的德育都会在不同层次或不同侧面涉及学生的心理。由于当代社会正处于转型期，因此大多数学生都面临着一系列心理冲突与抉择，刘志坚认为，德育无法回避心理教育问题，学校德育要想提高其实效性，必须与心理教育有机结合起来，才能丰富其内涵，扩展其功能。同时，他还赞同从德育的目标、内容和方法三个方面对德育与心理教育进行融合，以期构建以心理教育为基础，以德育教育为导向的综合工作模式。

近些年，许多学者都对心理健康教育与德育的关系进行了理论方面的研究或实践方面的尝试。比较一致的观点是，在中小学，心理健康教育与德育之间是相互依存的关系。德育与心理健康教育的融合与协同具有非常重要的意义。

首先，从心理健康教育对德育的作用来看，立足于学生个体的角度，学生良好的心理状态是其优秀道德品质形成的基础，学生良好道德品质有助于其良好的心理品质的形成；立足于学校的角度，心理健康教育为德育工作提供了充分的理论依据，增强了德育工作的科学性与合理性；心理健康教育更为德育创设了积极的心理环境，加速德育目标的达成。其次，从德育对心理健康教育的作用来看，德育工作为心理健康教育提供更丰富的途径与资源，让学生在更广阔的空间完成心理层面的自我教育——提高自信、调节情绪、增强意志品质，以积极的心理状态面对生活与学习。学校德育队伍是学校教育中的核心团队，庞大的德育队伍、多样化的德育阵地为心理健康教育塑造青少年良好的心理品质提供更多的可能，从多个维度促进心理健康教育目标的实现。

综上，德育与心理健康教育的结合可以减少德育的枯燥感，增强德育的吸引力，让德育的表现形式更丰富；二者的结合可以扩大心理健康教育的阵地与空间，让心理健康教育的内涵更丰富，外延更宽广，无处不在。

三、协同育人系统主要观点

1. 心理健康教育是德育中具有独特意义的组成部分

在我国的教育目标中，德育位列"德、智、体、美、劳"五育的首位，可见，德育在国家教育体系中具有举足轻重的地位。如何界定德育？在学术界，德育的内涵有二种，一种是指狭义的德育，一种是指广义的德育。

狭义的德育专指学校德育，即教育者按照一定的社会或阶段的要求，有目的、有计划地对受教育者（学生）施加思想、政治和道德等方面的影响，使其形成一定社会或阶级所需要的道德意识和道德行为的活动。广义的德育指所有有目的、有计划地对社会成员在政治、思想与道德等方面施加影响的活动，包括社会德育、社区德育、学校德育和家庭德育等诸多方面。广义的德育中包含着部分心理健康教育的内容。

王仕民教授认为，德育是教育者用社会思想品德规范教育影响学生，使之转化为学生个人的思想品德的社会实践活动，它是专指对学生进行的思想教育、政治教育、道德教育和心理品质教育的总称。研究中，将心理品质教育列为德育的一部分。

2012年，教育部颁发的《中小学心理健康教育指导纲要》中明确指出：中小学心理健康教育，是提高中小学生心理素质、促进其身心健康和谐发展的教育，是进一步加强和改进中小学德育工作、全面推进素质教育的重要组成部分。文件中明确指出，心理健康教育的开展是加强与改进中小学德育的重要举措。

2017 年，教育部的《中小学德育工作指南》提出，中小学德育内容包括理想信念、社会主义核心价值观、中华优秀传统文化、生态文明、心理健康。

1994 年，《中共中央关于进一步加强和改进学校德育工作的若干意见》明确指出，要通过多种形式对不同层次的学生进行心理健康教育和心理指导，帮助学生提高心理素质，健全人格，增强承受挫折，适应环境的能力。

可见，心理健康教育是德育工作的一部分这是毋庸置疑的。让学生认识自我、悦纳自我，尊重生命、珍爱生命，学会学习、学会调适，管理自我、科学规划以及适应社会等方面的教育既是心理健康教育的内容，也是德育工作的主要任务。引导全体学生增强自助互助、心理调控、应对挫折、适应环境等能力，培养学生具有健全的人格、良好的心态和积极的心理品质，适应社会的发展，从容面对未来的挑战，既是心理健康教育的目标，又是德育工作的方向。

2. 德育拓宽了心理健康教育的空间，提高了心理健康教育的实效

心理健康教育是什么？林崇德教授指出，"心理健康是指一种良好的心理或者精神状态。心理健康这个概念，既代表心理健康，当然也代表着它的反面——心理问题。围绕着心理健康开展的教育，称之为心理健康教育。"

2012 年修订的《中小学心理健康教育指导纲要》认为心理健康是指，个体具备正常稳定、积极主动的心理特性，善于调控心理，使其内部协调、外部适应，并适当追求发展的一种心理功能状态，包括具有正常的智力、积极的情绪、适度的情感、和谐的人际关系、良好的人格品质、坚强的意志和成熟的心理行为等特征。

张大均主编的《教育心理学》中明确指出，心理健康是一种良好而持续的心理状态与过程，表现为个人具有生命的活力、积极的内心体验、良好的社会适应，并能有效地发挥个人的身心潜力和积极的社会功能。

因此，中学的心理健康教育是根据初高中学生生理心理发展的规

律和特点，依据心理学的理论，运用心理学的方法和手段，培养学生良好的心理素质，从而使学生整体素质得到全面提高的教育。

根据 2012 年修订的《中小学心理健康教育指导纲要》，心理健康教育的最终目标是培养学生具有良好的个性心理品质，而良好的个性心理品质是培养中学生人生观、价值观和世界观的重要基础，更是实现立德树人目标的根本保障。

因此心理健康教育目标与学校德育的目标是一致的，在德育视角下，中学心理健康教育要引导学生正确认识自我，客观评价自我；树立远大理想，形成正确的世界观、人生观和价值观；自尊自信，敢于挑战自我，提高应对挫折的能力，拥有良好的意志品质；具有一定的人际沟通能力，能够体验积极情绪与情感，养成良好的学习习惯，激发学习兴趣和学习动机，确立自己的职业理想，具有社会担当意识和责任感。

四、协同育人系统的目标与内容

心理健康教育者和德育工作者共同的目标，是心理专职教师、班主任及全体任课教师都成为心理健康教育积极指导系统的重要成员，共同承担学生心育的任务与使命。这也是学校协同育人系统的工作目标。

东北师大附中所建立的协同育人系统使心理健康教育不再局限于心理教师的课堂、咨询的场所、学生心理活动的现场，心理健康教育在学校范围内无处不在，德育工作中无时不渗透着心理健康教育工作，扩大了心理健康教育工作者的队伍，拓宽了心理健康教育的路径，提高了心理健康教育的实效。

根据中学教育教学的实际、学生发展的特点、国家人才培养的需求，东北师大附中建构的协同育人系统主要在以下几个方面进行了探索：年级管理与心理健康教育的协同、班级管理与心理健康教育的协同、学生干部的培养与心理健康教育的协同、家庭教育与心理健康教育的协同等等。

第二节　年级管理与心理健康教育的协同

一、年级管理的内涵与定位

在学校传统管理中，管理的基本单位是教研组，即同一学科的教师组成一个管理团队，设置一到二位的学科组长，这种管理是一种专业管理为主，兼顾行政管理的模式，学科组长要对本学科的教学质量负责，考核的标准是以学生的学业成绩衡量教师的教学业绩。

年级管理模式是在教研组管理模式的基础上发展起来的，尤其对一些规模较大的中学，年级组管理逐渐占据主体地位。所谓的年级组管理模式是在较大规模的学校中由同一年级不同学科的教师、若干规模相等的班级组成的担负着教学与学生管理双重任务的基层管理组织。从我国基础教育的实践可见，年级组管理是介于学校宏观管理和班级微观管理之间的一个重要层面，在学校管理过程中作为管理实体发挥着越来越重要的作用，其管理方式具有教研组管理不可替代的优势。未来，随着中学教育管理的不断深入，年级组管理具有越来越广阔的前景，年级管理的质量及功效成为学校管理中非常关键的一环。

一般情况下，年级管理中设年级主任（组长），对教师的管理是以行政管理为主，兼顾业务管理。年级组对年级的教育教学质量负责，更要对学生的品德、心理及行为负责，因此年级组的考核不仅包括学业成绩，还有对学生心理及道德的引领。

年级组承担三项工作，一是对年级内所有班主任的指导及管理工作，提高班主任的管理能力与水平；二是开展与本年级学生特点相适合的学生活动，提高学生的综合能力与整体素质；三是协调与控制年级内学科的教学活动，保证年级的教学质量和学生的学业成绩；前二项工作是为了实现年级的德育目标，后一项工作是为了实现年级的教学目标。所以，年级组的工作质量直接影响着教师的团队发展，决定着学生整体素质的提高，进而关系到学校的整体办学质量。

二、年级管理与心理健康教育管理的协同实践

年级管理的核心，也是年级管理的目的——关心人、尊重人、培养人，因此在实际工作中要凝聚人心，在满足教师发展需求和学生发展需求的基础上开展工作。在学生管理方面，管理的目标是：尊重学生身心发展规律，培养全面而健康发展的学生。在多年的实践中，东北师大附中年级学生管理与心理健康教育的协同体现在以下几个方面：

1. 依据科学调研数据，为年级管理提供决策服务

除了学业质量管理，年级管理中很大一部分精力用于学生管理。如何运用科学的管理策略去培养学生是每个年级管理者思考的首要问题，东北师大附中在年级管理中采取定期与不定期调研的形式，为年级的科学决策服务。这种调研除了学业方面的，还包括学生心理方面的。

学校坚持十几年对高一新生心理健康状况进行调研，每届学生进入学校，在一个月内学校会对年级所有新生进行心理测试与调研，主要是针对学生的心理健康状况和现阶段面临的心理困扰，为年级及班主任的学生管理工作提供依据。调研报告分三个层面，一是年级层面，心理教研组会为年级提供全体学生的心理发展状况报告；二是班级层面，每位班主任也可以拿到一份班级的测试与调研报告；三是学生层面，心理教研组会为每位学生形成一个心理发展报告，但是学生的报告统一放在心理老师处，不单独下发，班主任及年级在学生管理工作中如果需要可随时调取数据，根据数据选择适合学生的教育或培养策略。年级会召开专门的班主任会议对学生的整体情况进行分析，从而形成年级全员参与的心理健康教育工作方案，同时在年级管理中渗透心理健康教育，使心理健康教育成为全体教师的使命与责任。

2. 依托团队合作管理，为班级管理提供系统指导

团队是一种基于自愿原则与协同意愿，为达到既定目标而形成的固定或临时的组织形式。年级管理中，所有的班主任为了学生品德、

心理及学业的发展形成团队，合作完成学生管理工作。年级班主任的团体合作管理模式是以自愿性为基础的，因此凝聚力强，由于面临的学生问题具有共性，且具有共同的发展目标，因此团队可以调动成员的全部资源和聪明才智，产生最大的教育管理力量。

年级管理与心理健康教育工作协同中，年级的班主任工作例会是平台，也是纽带。东北师大附中每个年级每周一下午都会有一个时间段进行班主任工作例会，主要内容是对一周以来学生出现的学业问题、心理问题及行为问题等进行分析，并找出行之有效的工作策略。班主任也会在例会中基于学生的心理特点交流班级管理经验，尤其会对班级中学生的心理状态进行分析，找到下一步的工作策略，交流、分享、合作是年级团队管理的重要特征。

当然年级管理与心理健康教育工作协同中，年级会不定期聘请心理学专家对学生的状态、问题、特征等进行分析与研究。例如在新生军训期间会邀请大学专家对高中新生的心理状态进行科学分析，在阶段考试或学生发展的关键阶段会邀请专家分析学生的焦虑与压力问题，在学生青春期的特殊时间阶段会由专家引导班主任的学生教育工作，在初三、高三的中高考冲刺阶段，会进行考前应对策略的班主任团队培训，等等。

班主任团队合作管理具有以下优势：

第一，互相启发、相互补充和激励，可以强化管理中的自我反思与改进，互相学习，增加学生管理中的心理学知识的积淀。

第二，有利于形成一种充满生气和活力的年级管理文化，使关注学生的心理在团队合作中成为一种常态，这种文化是协同育人系统能够发挥实效的最重要因素。

第三，团队合作管理本身也是一种十分有效的培训形式，有利于所有学生管理者（包括年级主任和班主任）素质的提高。

3.依靠协同教育功效，为年级文化建设增添元素

年级管理与心理健康教育的协同作用，使东北师大附中每个年级文化中都增加了特殊的元素，就是学生和教师对于学生心理规律、心

理特点的关注。对于教师而言，由于年级通过班主任例会平台，使每位班主任都系统地掌握了心理学的知识，有了关注学生心理的观念，任何一位班主任面对学生的特殊行为或表现，首先的反应是与其他班主任或心理老师研讨，思考学生的特殊表现是不是心理因素导致的，将学生的心理、心情及需求放在第一位，形成了将学生心理感受放于首位的文化，这种文化由点及面，逐渐成为东北师大附中教师的育人观念的一部分；对于学生而言，由于课程中安排了系统的心理学知识，科学的自我心理检测数据以及教师对于学生的心理指导，学生逐渐具有认识自我、反思自我及完善自我的意识与氛围，学生与心理老师探讨自我身心发展问题与青春期困惑时，就像与语文老师探讨文言文、与数学教师探讨数学问题一样自然，在学校，寻求心理支持不需要遮遮掩掩，每个人都大大方方地探讨心理困惑与所面临的心理困扰，并寻求自我改进与完善的最佳途径，这就是年级文化的一部分，更是心理健康教育能够实现全面、全员及全过程的重要基础。

附录：高中生心理咨询年级差异分析

高中生心理咨询，主要是发展性心理咨询。发展性心理咨询的目的在于帮助来访者了解心理发展的规律，重视自己在心理发展过程中可能会或已经出现的各种发展性心理问题，并提供处理方法，使其更好地认识自我，同时警惕自己在成长发展过程中可能会出现的心理异常表现，防患于未然；鼓励来访者最大限度地发挥自己已经具有的各种现实能力，充分挖掘潜在的能力，更好地适应环境，更健全地发展自我。高中生面临着各种问题，包括学习、人际关系、人格特质、自我意识发展、亲子沟通、情绪问题等等，而这些问题带来的压力在不同年级中，会因为所处阶段的不同而有所差异。所以，准确地把握心理发展阶段困境和易爆发的问题，有针对性地做出干预或者预防，促进学生形成更为适应社会，使个体得到更好发展空间的完善人格，均能一定程度起到积极的促进作用。本文以 321 例高中生心理咨询案例为资料，结合以往的相关研究，分析讨论不同年级学生心理问题的差异。

一、资料与方法

1. 资料

本研究资料为 2014 年 2 月至 2015 年 12 月我校心理咨询记录，共有较完整记录资料 321 例。以个案研究形式进行归纳总结，将个体报告出的问题归为以下 8 大类：

（1）学习问题

学习动力：学习动机水平过高或过低、学习目标过高或无目标等。

学习压力：学习压力过大等。

注意力：注意力分散、注意力无法集中等。

考试心理：考前焦虑、考场焦虑等。

学习方法调整：学习计划制定与调整、时间规划与劣势科目学习方法指导等。

专业选择：职业倾向、专业咨询等。

（2）人际问题

同伴关系：人际沟通障碍、人际孤独、人际冲突与调整、人际关系破裂等。

异性关系：异性关系过密、暗恋、早恋、失恋等。

（3）亲子问题

亲子沟通障碍、亲子间无沟通、亲子矛盾与冲突、亲子间失去信任等。

（4）个性问题

神经症：强迫症（包括应激型在内）、焦虑症、抑郁症等。

问题性格：易焦虑、敏感、偏执、纠结、完美主义等。

（5）应激障碍

亲人离世、家庭关系破裂、受到惊吓等。

（6）自我意识发展问题

自我同一性混乱：自我评价过高、自卑、迷茫、网络成瘾等。

适应问题：新生适应、文理分科后班级适应等。

（7）师生沟通障碍

拒绝沟通、畏惧沟通、沟通障碍等。

（8）情绪问题

情绪失控：过度兴奋、异常悲痛、由于无法面对某种结果导致消极情绪（愤怒、悲伤）。

情绪低落：非应激性持续情绪低落、沉溺于低落情绪等。

2. 方法

将 321 例心理咨询记录以个案研究的形式整理，以年级为自变量，各类心理问题为因变量，进行频次分布分析和卡方分析。

二、结果

1. 一般资料

记录显示，前来咨询的高中生年龄在 15~20 岁之间，部分 20 岁的学生为重读生。

总人数构成为：高三年级人数最多，共 155 人次，占总体比例 48.3%；高二年级单人多次占一定比重，共 113 人次，占总体比例 35.2%；高一年级 53 人次，占总体比例 16.5%。

2. 咨询问题总体情况

在咨询问题类型的划分中，我们主要依据个体主动报告出的问题来划分，并未将心理分析后的可能原因作为划分依据，如：学习压力大，可能是由于父母对其有过高的期待，也可能是因为近期人际关系冲突导致，如果个体不主动报告，或者主观上并不这样评价，我们很难获得这些信息，所以为了最大限度地实现结论的客观性，本文主要参照学生报告的信息。因此数据统计结果，也是会一定程度受到个体主观性因素的影响的。

由于在频次统计中无法对部分个体的多次同一类型问题咨询做出

识别，可能会对问题类型的比重产生一定影响，但是即便如此，笔者依然认为不会对结果产生质的影响。原因有两个：（1）单人多次的所占比重不大；（2）1人N次，反映的是问题的严重性，而N人每人一次反映的是问题的普遍性，均应引起重视。

具体类型频次统计详细见图7.1。学习问题占比例最大，咨询人次达120次，占总比例的37.4%；其次为非单一、伴随发生情绪问题，这类问题是指由学习、人际、亲子、个性、应激、自我意识发展、师生沟通及情绪8大类随机2个以及2个以上问题同时存在，问题更为复杂，咨询人次为59次，占总比例的18.4%；再次为人际关系问题，达52人次，占总比例的16.2%；另外还有34人次的个性问题咨询，占总比例的10.6%；其余还有自我意识发展问题、应激障碍、亲子问题、师生沟通问题，分别为26人次、16人次、10人次、4人次，分别占总比例的8.1%、5.0%、3.1%、1.2%。

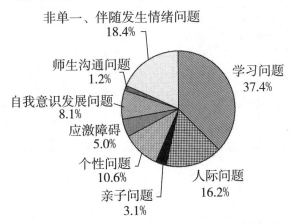

图 7.1　咨询问题类型总体情况

3. 卡方分析

由于本文要针对每一个问题类型做统计分析，所以在卡方分析的部分，将"非单一、伴随发生情绪问题"进行了分离处理，即：学习问题和情绪问题同时存在时，会分别在学习问题和情绪问题的人次上加1，所以在卡方分析的各类型数据统计中，要比频次统计的类型人次多，即卡方分析的人次总数是大于321的，不过由于卡方分析的目的是差异分析，无关所有问题的总数，因此在本文的图7.1、表7.1中数据有所出入是为了分别说明问题，并非失误。详情见表7.1。

对被试者年级和心理问题类别进行卡方检验，结果表明不同年级的学生更容易出现的心理问题在类别上存在显著差异。从样本频数与期望频数的差距来看，高一年级的学生更容易出现人际问题（卡方=13.091，df=2，p<0.001）、自我意识发展问题（卡方=30.386，df=2，p<0.000），高二年级的学生更容易出现个性问题（卡方=14.730，df=2，p<0.001），高三年级的学生更容易出现学习问题（卡方=58.874，df=2，p<0.000）、情绪问题（卡方=6.627，df=2，p<0.036）。在亲子问题、应激障碍、师生沟通三个类型上并未达到统计学上显著差异。表7.1中仅显示了出现显著差异的5类心理问题。

表7.1　不同年级心理问题类型频次统计

	心理问题类型				
	学习/%	人际关系/%	个性/%	自我意识发展/%	情绪/%
高一	10（5.9）	21（27.3）	1（2.0）	14（53.8）	1（3.7）
高二	45（26.6）	31（40.3）	27（56.3）	8（30.8）	7（25.9）
高三	114（67.5）	25（32.40）	20（41.7）	4（15.4）	19（70.4）
总	169	77	48	26	27

三、讨论

1. 一般情况分析

高三年级占了近总人次一半的咨询量，可见高三年级对心理援助的需求是最强的。高二年级虽然在人次上多于高一，但是部分咨询为单人多次，所以实际对心理问题寻求帮助的人数，是远少于高三年级的。而高一年级心理咨询人数最少。导致以上结果的原因可能有：第一，高三年级临近高考，大型考试频繁，各方面压力均大幅增加，意志力、自控力、注意力、记忆力等心理资源被大量占用和消耗，导致心理状态失衡，无法通过个人意志恢复原有平衡状态，只能依靠心理支援；第二，高二年级已通过了高一的适应阶段，且距离高考尚有一段时日，此时表现出的心理问题，更多为深层次心理问题，往往只通过一次心理咨询并不能够十分有效地解决心理问题，所以高二年级学生更倾向于多次求助；第三，高一年级刚刚进入高中阶段，所有学生都要面临适应问题，而并非所有的学生都能够顺利实现过渡，所以高一年级心理咨询问题更多表现为新生适应问题。

2. 咨询问题分析

（1）学习问题

在我国，高考是一个选拔人才的重要方法，所以学生在高中时期将面对前所未有的学习压力，有研究显示高中生压力源排名前五的依次是：考试成绩不理想、在学习上落后于其他同学、能否考大学、考试要争取排好名次、父母期望，而这五个压力源都与学习有关，可见高中学生所体验到的最大的压力就是学习压力。所以，在高中阶段，许多其他类型的问题都是由学习问题引发的，包括同伴冲突、情绪问题、亲子沟通障碍、师生关系不良，甚至个性缺陷的暴露可能均与学业压力存在一定程度的相关性。

关于学习问题不同年级咨询的方向为：

高一年级：初高中学习方式差异导致的压力、在班内成绩排名相较于初中时落差带来的压力等。

高二年级：文理分科后学习方式的调整、高一年级成绩落后的压力导致学习动力的问题、提前进入高三备考状态的压力和焦虑等。

高三年级：考试压力、学习目标过高导致的压力、无明确目标导致的学习无动力和迷茫、动机水平过高导致高原效应、压力大导致注意力无法集中、学习方法调整、志愿咨询等。

（2）非单一问题类型

在大部分的心理咨询案例中，只有侧重的问题类型，却没有单一的问题，几乎每两大类心理问题之间都存在一定程度的相关联，一种问题持续存在，便可能导致另一问题的出现，而且几乎所有心理问题都不只是由于一件事情诱发的或在一天中形成的。如某个体成绩明显下降，且经过一段时间努力后没有提升，个体情绪低落，情绪持续低落，人际沟通中变得迟钝或者被动，个体人际关系也开始出现问题。但由于现实原因，多数问题没来得及深入探讨分析，多数的咨询只是针对核心问题进行的处理，使个体能够快速地回归正常学习生活状态，而想要彻底解决问题，是需要多方面的配合及充足的时间的。

（3）人际关系问题

人是社会中的人，人生的每一个阶段都需要良好的人际关系，且良好的人际关系与正常的交往能力能够鼓舞人的精神，帮助个体树立自尊心和自信心，增进个体的社会适应能力，反之，会影响个体的身心健康。在高中阶段，人际关系可能成为促进学习动力的重要因素，也可能是阻碍个体积极发展的主要原因。

关于人际关系问题不同年级咨询的方向为：

高一年级：新学校、新班级的人际适应、对旧友的留恋等。

高二年级：没有"知己"的空虚、异性交往过密导致的同伴关系破裂、恋爱中各种纠纷、失恋等。

高三年级：由于学习压力导致的人际冲突、失恋后如何快速恢复平静、缺少共同努力同伴的人际孤独感等。

（4）个性问题

本文中的个性问题主要包括神经症（强迫症、焦虑症、抑郁症）和问题性格（易焦虑、偏执、完美主义、纠结等）。神经症和问题性格均属于持续性存在的个性问题，会影响个体生活的方方面面，且不容易治愈和调整。神经症是受到一定程度生物因素的影响导致的，问题性格是长期在某些特定环境下生活导致的，缓解中、重度的神经症需要借助一定的药物治疗，调整问题性格则需要环境的配合，所以个性问题的心理咨询通常是同一个体就同一问题多次咨询，并且心理咨询在个性问题调整过程中发挥辅助作用，主要还是需要依靠有针对性的心理治疗手段和个体意志力的增强以及各方面的配合达到最终的调整目的。

关于个性问题不同年级咨询的方向为：

高一年级：问题性格。

高二年级：长期不良家庭环境导致的问题性格或神经症、在人际矛盾或学习压力的诱发下表现出来的神经症或问题性格。

高三年级：以学习成绩和考试为主要诱因的问题性格、以学习成绩和考试为主要诱因的阶段性或持续性的神经症。

（5）自我意识发展问题

根据埃里克森八阶段理论，每个阶段都有其各自的发展任务，也称为心理社会危机。高中生正处于第五个阶段，该阶段的任务为"同一性对同一性扩散"。在此阶段自我同一性获得对青少年个体身心健康长远发展具有重要的影响。

有研究显示，自我同一性的建立意味着青少年对自我的稳定、清晰的自我认识，必然成为青少年较好适应和实现自身价值的重要前提条件。然而若青少年出现自我同一性危机导致自我同一性混乱，将非常不利于青少年身心健康成长，甚至青少年出现种种违法等消极行为都与之有密切的关系。

高中阶段属于个体心理迅速发展阶段，部分个体在发展中原本就存在身心发展严重不平衡的问题，再加上新学校、新班级、新的人生阶段这些都是需要适应的，在心理资源有限的情况下，便可能表现为适应不良、自我同一性障碍、自我同一性混乱等问题。

关于自我意识发展问题不同年级咨询的方向为：

高一年级：新生适应问题（新环境下自我评价、身心发展不平衡带来的冲突）。

高二年级：深层次自我反思（"我不知道自己到底想要什么？""我为什么不开心？""我有什么优势？"）、网络成瘾。

高三年级：对前途的恐惧和迷茫（"别人都有理想，而我却没有""我到底适合怎么样的生活方式？"）。

（6）应激障碍

本文中的应激障碍并非精神疾病，是指由于生活中的偶发事件，如家人去世、家庭破裂、遭遇抢劫、突袭、车祸等都可能会一定程度造成心理伤害,当伤害大到个体无法排解,导致情绪失控,短时间内的不理智、思维混乱等。由于应激事件缺乏可控性和可预知性,而高中生还没有成熟到可以逻辑清晰、沉着冷静地面对,再加上日常学习生活中原本就存在各种压力事件,随着压力值的提高或者降低,应激事件的消极影响会跟着增大或者减小。

（7）亲子沟通问题

亲子关系与亲子间沟通交流呈正相关,沟通交流可以促进相互认识和理解,有助于孩子自我概念的建立、道德判断的形成和个性的健康发展,亲子关系良好也能有效促进孩子更好地接受学校教育。

在本次统计中,关于亲子沟通问题的比例相对较小,这与以往的研究结果相似。中国青少年与父母的冲突总体处于较低水平、发生冲突最多和最激烈的为学业。部分原因可能是高中生已经进入青春期后期,并不会像前期那般尖锐敏感。与父母的沟通已慢慢走向成年人间相对平和的方式。但更大程度的原因可能是在个体的意识中亲子间的问题早已固化,不再抱以改善的希望,在意识层面长期选择性忽略和压抑,而在心理问题形成过程中,亲子关系不良的消极影响并不会消失,而是以转化为其他心理问题的形式呈现出来。比如学习压力、学习无动力、人际沟通障碍、网络成瘾、早恋,甚至可能导致严重的个性问题,如强迫症、焦虑症、躯体障碍、偏执等。

（8）师生沟通问题

在高中阶段师生关系始终存在于学生学习生活中,对学生在学习主动性、学生学习适应、同伴交往、学业求助及学生社会化形成和成长发展中都有重要的影响作用。有研究显示,师生关系和青少年发展相关性高,其影响力甚至超过亲子关系。教师和学生互动过程中的言语、情绪及行为都会影响学生的自我体验和评价,尤其对学生个性发展中的诸多心理因素,如自我意识和自尊等有重要作用。可见积极师生关系的建立可以促进学生建构对于学校的安全感,增加学生对于学校的积极情绪。在本次统计资料中显示的师生沟通问题,主要体现为学生对自己的评价与老师对自己的评价差异较大，使学生感到迷茫无助，主要原因是缺乏沟通。这一结论与以往研究相似。当师生关系融恰和谐时，学生会主动求助于老师。教师对学生的态度以及和学生的关系对学生的求助产生影响，当学生感觉到自己与老师关系不好，认为老师厌恶自己时，不愿意求助于老师。国外的一项研究指出，如果学生感觉老师亲切，具有同理心，自己会被老师理解时，学生愿意向老师求助。

3. 年级差异分析

在本文第二部分年级差异分析显示，高一年级的学生更容易出现人际问题和自我意识发展问题；高二年级更容易出现个性问题；高三年级更容易出现学习问题和情绪问题。但是不是"更容易"并不代表不出现同类的问题，所以在本文第三部分"讨论"中的"咨询问题分析"中，已经对三个年级同类问题的不同倾向进行分析讨论，在此部分将不再讨论。

（1）高一年级

相关研究显示，重点中学高一学生心理适应问题表现在生活、交际环境的改变，学习要求提高，压力和竞争改变，青春期身心发育等带来的心理适应问题；高一新生面临着三个方面的适应问题：一是学习适应，包括学习动力、学习压力；二是人际交往适应，包括师生关系、生生关系；三是挫折适应。对高中生学校适应的年级差异单因素方差分析统计结果显示，高中生的学校适应总体上呈现随着年级增高而升高的趋势，即高三学生学校适应最好，其次为高二学生，高一学生的学校适应最差。高一新生适应不良的原因有恋旧情绪、寂寞孤独感、不适应学校的规章制度、不适应新的教学方式的失落感。长期学校适应不良的学生通常都会出现低自尊、自我同一性混乱、自我评价不良等人格问题。良好的学校适应应该包括学业适应、人际关系适应以及个体自我认知方面的适应。本文研究结果与以上结论是一致的，高一年级的人际问题和自我意识发展问题均属于新生适应问题。下面我们分别讨论：

①人际问题

高一年级的人际问题，主要是如何在新的人生阶段建立新的人际关系。

根据心理咨询记录显示，面对全新的学习生活环境，高一新生寻求理解，渴望认同，可由于对新环境的不适应难免会出现一些小摩擦，这些同学可能便会感到"知音难觅""苦于和陌生同学打交道""不想与不喜欢的人交往但又不得不交往""为什么他们和我初中的同学差异这么大"等问题的困扰。以往的研究中，有人使用回归分析证明师生关系和同伴关系是学校归属感的有效的预测变量。研究者认为学生必须感受到高支持感的心理氛围和学习生活环境，他们对学校的认同和融入才能进一步增强他们的学校归属感。而这种高支持主要来自教师和同伴。

但由于社会因素和家庭环境，多数高中生社会化发展停滞在"自我中心"阶段，自尊心强，换位思考能力弱。换句话说，部分高中生在没有建立相对积极稳定的人际关系之前，对"无稳定关系"的同伴是人际冷漠的，即缺乏识别他人情绪的能力和意愿。在高一入学期，绝大多数个体均未建立稳定的人际关系，容易表现出人际冷漠，再加上部分个体本身不善于人际沟通，人际问题出现的可能便会增大。

②自我意识发展问题

高一年级的自我意识发展问题。主要是自我同一性问题，如个体对自己的评价与新环境对个体的评价存在明显差异且不能及时修正自我认识和自我评价，缺乏适时反思，在适应新环境的过程中便会产生自我同一性混乱进而出现适应问题。

高中阶段处于人生发展的特殊阶段，是个体在成熟之前度过的最后一个阶段，在这个阶段中所形成和发展的许多个性特点都将对其以后的人生阶段的发展产生直接的影响。有研究结果显示，自我同一性与自我、情绪和人际关系三个维度上的社会适应之间均存在着负相关。即自我同一性危机水平越高，自我、情绪、人际关系适应越差。但是自我意识发展问题，也可能会随着个体年纪的增大而逐渐消失，而那些没有随着个体成熟消失的自我意识发展问题，在成年后便可能会发展为问题性格或者个性缺陷。

（2）高二年级

以往关于重点高中学生心理健康研究：北京市东城区118名学生进行心理测评，发现重点学校学生心理问题检出率高于非重点学校学生；合肥市某重点高中学生心理健康状况及其影响因素的研究显示高中生抑郁、焦虑和强迫症状心理健康问题检出率高达33.9%。这两项研究均显示了重点高中学生心理压力更大。本次研究的资料也全部来自重点高中，统计显示个性问题的咨询个案分别为高一年级1次，高二年级27次，高三年级20次，可见个性问题是随着竞争压力的增大诱发的并且伴随个体时间长，不易彻底治愈。

本次研究中高二年级咨询案例中显现出的个性问题包括：强迫倾向、强迫症（应激性强迫行为或强迫思维出现、强迫症）、易焦虑个性（躯体型焦虑、神经性焦虑、焦虑症）、抑郁（轻、中、重度抑郁症）、偏执、纠结、完美主义等。

各个性问题间关联甚密，一旦表现出一种个性问题，相关的问题被诱发的可能性便会增大，完美主义个性特征与强迫、焦虑、抑郁情绪都有关联，易纠结、偏执个性也容易导致强迫、焦虑、抑郁情绪。各神经症之间也是有一定程度相关性，如强迫症患者通常也伴有焦虑症状、抑郁症状。

①完美主义、强迫、焦虑

高中阶段表现出来的强迫，分为应激性强迫和神经性强迫两种。部分个体是由于长期的学业压力和人际压力等，在意志力被大量消耗，个体的焦虑情绪无法宣泄压抑处理，情绪便会以看似不相干的形式发泄出来，而强迫中的仪式动作，主要的作用就是缓解焦虑，随着压力的缓解，强迫行为便会跟着减少；另一部分有强迫症状的个体则是受到家庭环境的影响，如父母中有人是完美主义个性、洁癖、过分苛求细节，甚至是强迫症患者，那么个体所表现出的强迫思维和行为更可能是强迫症，当强迫思维和行为长期持续存在，在各方面影响个体的情绪、生活，生活压力增大时，强迫症更为明显，同时还会伴随着焦虑、抑郁等。

以往关于强迫症的研究显示：有强迫症状的青少年常同时合并抑郁、焦虑等其他心理问题；强迫症患者常不能忍受"不完美"，追求一些不切实际的完美需求，必须严格按照强迫思维或既定的仪式来完成事情，这意味着完美主义可能与强迫症状有关；黄希庭等曾指出"每个人都希望自己是完美的也都不同程度地追求自我完美。但在追求完美的过程中，如果对自己的要求过于严格，希望自己完美无缺，就很容易带来适应的障碍"。即完美主义个性特征作为积极个人特质，可以促使个体追求卓越；当作为消极人格特质时，便容易导致神经质性和强迫性行为。

②纠结、偏执、抑郁、焦虑

抑郁是一种情绪低落、意志消沉的情绪体验，是我们每个人都可能体验到的一种情绪；而焦虑是一种十分常见的情绪，任何人在面对压力事件时都会体验到一定程度的焦虑。个性偏执和纠结的人，思维模式逻辑性差，不够客观，所以很容易焦虑和抑郁。在高二年级咨询个案报告出的类型主要有：由于问题性格如偏执、纠结导致形成的易焦虑个性或者长期的抑郁情绪；有明显躯体障碍的焦虑症（如睡眠问题）；由于不良家庭环境导致的抑郁症，在已有研究中有许多相似类型的结论：有人发现归因方式与抑郁和焦虑心理健康问题的关系，发现产生抑郁和焦虑情绪的个体倾向于将压力或消极事件的发生做持久的、普遍的、内在的消极归因；一项对中学生抑郁症患者认知倾向的研究也表明，中学生抑郁症患者对自我和外界的认知评价仍处于粗浅表面的层次。当面临外界的应激状况如学业压力、人际交往失败等挫折时，容易形成自我否定、怀疑的消极认知图式，自我评价降低，出现抑郁症状。因此可以看出，抑郁的形成不但受到应激事件的影响，还与个体的认知评价有关。

（3）高三年级

几乎对于所有学生而言，高考都是人生大事，所以进入高三年级后各方面压力全面增大，家庭矛盾升级，人际冲突莫名增多，情绪问题加重，所以本研究显示高三年级咨询量高达 155 人次，足以说明学习压力的增大和情绪问题的复杂，同时还伴随着意志力下降、注意力不集中、记忆力减退等症状。在一项以中小学生为被试的研究中发现学生普遍感到学习压力重。学习压力还会影响到学生的感觉思维、意志品质及情绪反应等，且会伴随一定的生理上的不良反应，如视力下降、腹痛等。由此可见学习压力过大影响到学生的学习和身心健康；另外一项中日韩美四国高中生的调查显示：中国学生的学习压力最大。中国和美国父母比日本和韩国父母更关心孩子的成绩；中国高中班级规模普遍较大，且父母要求孩子进前 10 名。而美国父母较多要求孩子成绩在中上水平。86.6% 的中国学生认为自己的学习压力大，压力主要来源于父母的期望、自己的期望和同学的竞争；尚久华等人对齐齐哈尔两所实验中学高中生高考前的心理健康状况进行了调查研究，结果表明高中生尤其是高考前的学生最易患心理疾病，属于易感人群。

本次研究中咨询记录显示，高三年级的学习压力问题类型主要有以下三大类：有过高的目标或期待导致的学习压力（来自家长或自己的要求或期待）、过低的学习动机（习得性无力感或者过度的自我防御）、考试焦虑。

①目标过高

进入高三年级后几乎每一位学生都会将每一次考试的成绩与名次与高考做出直接联系，所以难免对每次考试的得分或者排名有高期待，家长也是如此，当连续几次考试成绩不理想的时候，个体的压力也会随着增大，家庭氛围也会变得越发紧张，甚至出现家庭冲突，而这些又会反作用于个体的学习状态，进一步增大压力，所以目标过高的个体，学习动机过强，容易出现高原效应，不仅影响情绪，容易导致情绪崩溃，而且在同等努力的情况下，学习动机过强的个体更容易出现临场发挥差、成绩停滞不前甚至倒退的状况。

②学习动机不足

在高三的初期，绝大多数个体的学习动机水平都很高。这主要是由于学生对于自己的高三是充满了期待和干劲的，所以在初期学习动力很足，不过这中间不包含少数"习得性无力感"的个体，这些学生的状态是从高一到高三的某一个时段起对学习不再抱以期待，认为自己就是一个学习不会好的人，所以不再付出努力去改变现状。之所以这样可能是由于过去某一时段持续受到打击，最终彻底失去信心。另一部分学习动机不足的个体则是在进入高三后动机水平逐渐下降的，这部分个体也是由于在学习过程中受到的打击太大或者过于频繁、情绪接近崩溃，自我防御机制便开始起作用，自我防御机制为了防止情绪压力过大，导致个体崩溃，提前自我保护，阻碍了个体的学习行为，最终表现为学习动机不足。

③考试焦虑

进入高三后大型考试频繁，当个体持续出现临场发挥失利，考试焦虑就发生了。考试焦虑的初期仅是在考试中紧张、焦虑、害怕考试等，但如果没能恰当缓解，则会扩散到日常学习生活中。如听课注意力不集中、失眠、睡眠质量下降、记忆力减退、抑郁情绪、烦躁等。

高一、高二、高三心理咨询问题存在显著差异，需在高中生的不同阶段根据不同年级特点采取行之有效的预防及干预措施。本次研究是以个案研究的方式进行的资料统计，并且所有个体全部来自重点高中，所以在结论上较难实现普遍适用，这是本研究的缺陷。但是心理咨询本就是会受到个性化因素影响的，只有从特定个体角度出发才能解决特定个体的问题。在解决问题和结论的推广中，目前只能选择前者，希望在后面的研究中，可以获得弥补缺陷的方法和途径。

另外由于篇幅有限，本次研究仅就问题进行了分析，并未来得及提出有针对性的解决方案，在后期的实践中，我们会进一步总结和实践，提出有针对性的干预策略及调整建议。

（林蕴博　提供）

第三节 班级管理与心理健康教育的协同

一、班级管理的内涵与定位

班级管理是指以班主任为核心，以班级为单位的管理模式。教育心理学家林崇德教授认为："班主任是班级学生的领导者、组织者和管理者。""班主任，这个具有中国特色的最小的主任，却承担着学生发展的最大的责任。"中学阶段的班主任，既担负着学生升学辅导团队的组织者的重任，肩负着为学生的未来发展奠基的使命，又承担着学生发展过程中心理变化的引领者的角色，肩负着促进学生健康成长的责任。

班主任作为学校管理的最终端，在教育教学、学生成长中都发挥着重要作用，他们所承担的责任与使命是教育法规所赋予的。2009年，教育部印发的《中小学班主任工作规定》中，对班主任的任务阐释如下："中小学班主任担负着对学生进行管理、教育、服务三个重要责任。全面了解班级内每一个学生，深入分析学生思想、心理、学习、生活状况。关心爱护全体学生，平等对待每一个学生，尊重学生人格。采取多种方式与学生沟通，有针对性地进行思想道德教育，促进学生德智体美全面发展。"当然，《中小学班主任工作规定》也明确了班主任肩负着学生管理与心理健康教育的双重责任，二者是密不可分的。

可见，班主任是心理健康教育的中坚力量，但是许多班主任又缺乏足够的心理学专业知识，如果与心理健康教师协作，就可以做到：面向全体学生，营造有利于学生身心成长的班级氛围，发挥教育的最大功效。因此，学生管理与心理健康教育协同作用的必要性是不言而喻的。

在东北师大附中，班级管理与心理健康教育的协同的基本观点是：以学生为主体，从班级文化及学生的心理、思想及观念出发，班主任在具体工作中，运用心理学相关原理与技术，利用多种形式与方法，开展有利于培养学生心理素质和健全人格的班级活动。

二、班级管理与心理健康教育的协同实践

1. 对学生进行系统的心理健康教育

学校班主任的配备规律是：班主任一般从初一到初三，从高一到高三；与之相匹配，我校每位心理教师的任教班级也是从初一到初三，从高一到高三。每位在东北师大附中的初中生或高中生，他们三年学习生活中班主任基本是不变的，心理老师也是不变的。班主任与心理老师的搭配模式，使学生在三年的成长中可以得到系统而稳定的心理支持。心理老师和班主任的工作配合可以做到很高的默契度，班主任老师在遇到学生心理变化时可以与心理老师共同工作，由于心理老师比较了解所任教的班级和所教的学生，因此为班主任提供的心理知识也会非常及时、有效，班主任可以与心理老师研讨后，在听取心理老师建议的基础上设计工作路径，找到解决班级和学生问题的最佳方式。当然，班主任也会在协同教育的过程中不断提高自身修养，增加心理学的知识。

2. 及时发现学生的心理问题并找到最佳解决策略

班主任承担着教学和管理的双重任务，所以有更多的时间与学生相处，更了解班级内每一个学生的学业与心理，更能及时地察觉到学生的心理与行为的变化，也更容易发现学生所遇到的心理困扰。对于中学的班主任来讲，压力最大的时间段是考试前后学生产生心理变化的时间段，这时不仅学生需要心理支持，班主任也需要心理支持。但是由于班主任本身并不具备专业而系统的心理学知识，因此如果想要真正地解决考试前后学生焦虑不安等问题，需要外力的支援与协作。

心理老师会在这个时间段与班主任合作，班主任对于一些特殊的无法解决的学生问题可移交给心理老师，心理老师会为班主任提供群体辅导的策略，例如设计一些针对性较强的班会、家长恳谈会等，更会及时采取专业的干预措施，此时班主任与心理老师的协同教育工作

就会事半功倍。

3. 有针对性地科学解决学生的心理问题

在班级管理中，班主任会借助班会或班级活动来提高班级凝聚力，形成班级文化，通过活动的形式解决学生所面临的共同问题。班主任也可以通过班会或班级活动激发学生集体荣誉感、提高学生自制力、引导学生进行自我教育。在中学阶段，学生的在校学习时间有限，因此每次班会或班级活动的有效性是所有班主任追求的目标。东北师大附中的各年级班会是有规划、主题鲜明的。在开学初就会设计系列班会，破解班级管理的难题。在班会设计中，有一部分是以心理学的知识为指导，解决学生学习与成长过程中的心理困惑，或通过心理学的技术与方法达到教育的效果。这样的教育活动针对性更强，解决问题的科学性更强。例如我校初中孙老师为了培养学生的专注力会利用心理学中的一些小游戏"找不同"或者"传递话语"等对学生进行系统培养。

4. 充分发挥班主任和心理老师的双权威作用

无论是在班级管理中还是在开展心理健康教育中，教育者人格魅力及他的教育影响力都直接影响教育工作的效果。"亲其师，信其道"，学生只有充分信任教师，才能使教育发挥应有的作用。在学校里，由于班主任与学生接触的时间最多，对学生的关注最多，付出最多，因此对学生的影响就最大。通常情况下，学生对班主任都具有强烈的依赖感和信任感，班主任在班级中具有一定的权威作用。因此，有些学生不听家长的，但是听学校老师的，学生可能不怕学科任课教师，但是却很怕班主任，这种怕是具有双重作用的，有管理的因素，也有感情的因素。

在学校，由于心理老师特殊的学科教学任务与身份，学生比较信任也比较依赖心理老师，在遇到成长困惑或心理问题时，心理老师在学生心中就是权威。

学校班级管理与心理健康教育的协作，使班主任在具备管理权威、感情因素之外，兼具管理的专业性；心理老师在专业权威的基础上，由于对学生信息的多占有，使学生更加信任，有利于学校心理工作的开展。

附录：初中班主任培养学生专注力的策略研究

法国生物学家乔治·居维叶说："天才，首先是专注力。专注力是一切学习的前提和基础。"如果学生没有良好的注意指向和集中，恐怕连一件小事都无法做好，更不用想会成为一位优秀的人。初中是学生学习习惯养成的重要阶段，也是个人性格塑造的关键时期，对学生专注力的培养尤为关键。本文我根据自己的教学经验，对如何培养初中学生专注力进行了一番研究，希望能够为初中教学中对学生专注力的培养提供可行性建议。

一、随机提问，保持学生课堂注意力

如果问学生上课时最怕的事情是什么，那么估计绝大部分的学生的回答会是——怕被教师提问。学生长时间听课，注意力容易分散，当我发现课堂上有学生出现走神或者注意力不集中的情况的时候，我会有选择性的根据课堂内容对这些学生进行随机提问。此时的学生为了能够回答我的提问，一般都会迅速将注意力转到我所提问的问题上来，并对之前因为注意力不集中所未能听到的内容进行快速学习。此外，我认为为了能够让课堂提问发挥出最好的效果，教师提问中无论是学生对象，还是教学内容，都应该遵循随机原则。教师的课堂提问无规律可循，学生就必须集中注意力，这样才能够保证自己回答得出教师的提问。

例如，作为一名班主任，我会更多关注学生除了学习知识以外的情况，如在上课过程中，不仅会提问已经学过的知识或临下课提问本堂课的内容，还有可能会提问注意力不集中的学生有关课堂内容的随机性的问题。这样不仅将学生的注意力拉了回来，而且提高了学生课堂参与度，加深了学生对知识的理解，可以帮助学生集中注意力，提高学习效率。

二、时间限制，锻炼学生抗压专注度

时间限制，简而言之就是要求学生在规定的时间内完成相应的任务，一个存在于意识中的时间规定能够使学生无暇顾及其他与学习无关的事项并提升其学习效率。同时，当学生遇上那些知识点不同或者科目不同的学习任务时，时间限制可以使学生更好地控制进度而不至于三心二意地陷入混乱。

例如，我规定学生二十分钟之内必须做完课后习题（理论上学生二十分钟刚好可以完成），如果没有完成或者完成质量很差则会被处罚加做更多习题，处罚的压力时刻在学生的心中，这样不仅能够保证学生专心完成课后习题作业，还能提高做题速度，保证做题质量。实际的初中教育教学工作中，由于时间限制，这种方法的运用并不是次次见效，就像树叶永远都是正反两面一样，时间限制也有其缺点。时间限制会令学生陷入无法按时完成教师规定学习任务的焦虑而难以专心于手头实际的学习任务。所以我建议，仅可以在如下情况下为学生设定时限。首先是学习时间有限，如果教师要求学生需要在一堂课内完成一个可能花费两三堂课才能完成的学习任务，就应该将此学习任务划分成块，分别设定时限，如此才能保证学生在短时间内完成学习任务的重要部分，而不会因为时间限制的压迫而草草了事，得不偿失。其次，当学生尝试完成那些知识点不同或者科目不同的学习任务时，时间限制也可起到敦促其专注力的功效。

三、结合实践，进行注意力练习活动

专注力的培养不能单纯靠随机提问和时间限制两种方法来实现，更多地需要日常教学中潜移默化的积累。教师应该提高对学生专注力培养的重视程度，结合教学内容，力所能及地为学生提供注意力练习活动。

例如，可以利用初中学生的课余时间组织学生进行"找不同"或者"传递话语"游戏。这类游戏均需要学生注意力集中，前者需要学

生集中注意力找到两幅图画中的不同，后者需要学生认真听所传递话语然后进行复述。这些游戏既拉近了教师与学生间的距离，又在不知不觉中对学生的专注力进行了深层次培养。莱辛曾说过，走得最慢的人，只要他不丧失目标，也比漫无目的地徘徊的人走得快。只要教师在日常学习生活中不断督导学生进行自身注意力练习，那么学生的专注力就会不断提高，对学生今后初中阶段的学习乃至整个人生都是非常有利的。

总而言之，初中阶段培养学生专注力方法多样，作为班主任要时刻观察学生情况，根据实际来制定不同的策略，既要细心，也要有耐心。培养学生专注力不是一蹴而就的，需要穿插于教学实践中，长期培养，从而使每个学生都拥有良好的专注力，为以后的生活和学习打下良好基础。

（孙义伟　提供）

第四节　学生干部培养与心理健康教育的协同

在学校的学生群体中有一个特殊的、不可或缺的群体，就是学生干部群体。著名教育家陶行知先生曾在其著作《中国教育改造》中阐述过学生干部的内涵，并强调学生干部这一群体存在的必要性和重要性。青年学生是未来社会主义建设接班人，是中国特色社会主义事业建设的后备军，未来青年学生将会深入到社会各个领域，并成为各个领域的领导者，应该从青年时期就开始增强自身的责任感和使命感。

一、学生干部的界定及学生干部组织结构

1.学生干部的界定

通常用"干部"来作为学生领导称谓。干部是一个管理者，是一个团队或组织的领头人，是带领团队或组织完成目标的人。从现有的

理论成果上来说，学生干部并没有一个完整的界定，根据学校的实际操作过程，学生干部是指通过一定方式选拔出来的参与管理学校、班级某一特定方面的学生。一般来说，学生干部负责向学生群体传达教师所布置的特定任务、协助教师的管理，负责学校或班级的某一项具体事务，并及时向老师反馈工作进展情况。学生干部的实质是代表学生参与学校教育教学管理，代表全体学生履行管理职能与服务，并促进与全体学生利益相关的工作的开展。因此学生干部是学校、教师与学生联络的纽带，是学生对学校管理事务了解、理解、认同的桥梁。由于学生干部参与的是学校对于学生或学生活动的管理，因此学生干部也是维护学校日常教育教学管理的执行者，中学阶段的学生干部的核心任务首先是学生的自我管理，其次是协助学校对学生群体的管理。

二、东北师大附中学生干部组织结构与定位

东北师大附中的学生干部主要包括四类，第一类是班级干部，包括班长、学习委员、生活委员、劳动委员、体育委员、支部书记、组织委员、宣传委员等等；第二类是学校学生会干部，包括学生会主席、副主席、学习部长、文艺部长、体育部长、宣传部长、礼仪部长；第三类是校分团委，包括分团委书记、副书记、秘书长、事务部长、团务部长、组织部长；第四类是校社团联合会，包括主席、副主席、课程部长、档案部长、活动部长、企划部长。见图7.2。

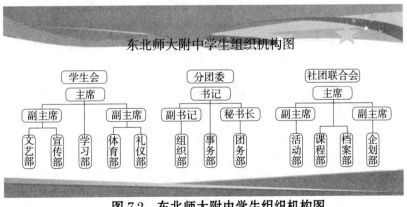

图 7.2　东北师大附中学生组织机构图

在学校管理中学生会干部是有明确定位的。

首先，他们的定位是学生，不会因为学生干部的身份具有学生以外的特权，即他们在学校的地位与身份并没有改变，依然处于受教育者的位置。他们的主要任务是高质量地完成学业，在兼顾学业的基础上，学会做事，学会做人，当好学生干部。

其次，学生干部的影响力是非权力型影响力。学生干部在学校的活动中身份具有灵活性，在某些活动中处于管理者或领导者地位，要给其他同学做表率，要带领其他同学完成学校交给的任务，在同学中具有一定的影响力，但是这种影响力是非权力型影响。管理学将人的影响力分为权力型影响力和非权力型的影响力两种类型。前者是一种强制性权力的影响力，后者是通过领导者自身内在性格、智慧或知情意行等心理特质影响其他人的心理与行为。

最后，他们要履行"干部"身份的相关职责。他们具有学生中的"干部"身份，就要按照学校的相关规定与要求，做出符合"干部"身份的事情，履行作为"干部"身份的职责。一方面，学生干部必须成为全体学生的榜样，其行为具有示范作用；另一方面，他们在学生中是干部，来自于学生群体，为全体学生服务。

因此作为学生干部，首先应是一名合格的学生，如果只顾自己所承担的学生工作，却忽视了自己学习品质的形成和学业成绩的提高，这样的学生干部也不能称为优秀的学生干部。但是如果只一味投身于自己的学习，却没有履行学生干部的职责，没有从事班团社等所组织的学生活动，这样的学生干部，仅仅是一名合格的学生，而不是一名合格的学生干部。

综上，在学校中如果想成为一名合格的学生干部，要做到品行兼备，品学兼优，既要有一定的学习能力和优异的学业成绩，又要具有一定的组织、协调、管理、沟通以及决策等方面的能力，需要在创新思维和语言表达方面有比其他同学突出的能力，当然良好的心理素质，过人的耐心、适应能力及高尚的人格魅力更是学生干部在工作中不可缺少的。

三、学生干部培养与心理健康教育的协同

中学生由于学段的不同，处于少年末期至青年初期，心理上开始具有走向成熟的意识，但是即使是高中生也是走向成熟，却又未真正进入成熟阶段。由于中学生具有这样的心理发展特点，学生干部在许多方面表现出积极性和消极性共存两个方面。根据近些年积极心理学的观点，对于人的研究的重心应放在积极人格方面，通过对积极人格的培养来消除消极人格的影响。因此东北师大附中学生干部培养与心理健康教育的协同是基于积极人格的培养而进行的。

1. 引导学生干部具有积极人格倾向

心理学家对积极人格的共性观点为：一是具有正向的利己特征，指善于接纳自我，能够悦纳自我，能够明确认识生活的目的和意义，善于适应环境，并接受环境的挑战。二是具有积极、和谐的人际关系，在别人需要帮助的时候能够积极主动去助人，与团队、家庭及社会建立亲密的联系；在自己需要帮助的时候能够有很多人来帮助自己，具有完善的社会支持系统。

学生干部与一般同学的差异就是除了要完成规定的学业任务外，还需要代表其他学生，甚至是代表学校参加一些社会实践活动，或者需要组织校内或班级内同学参加一些活动。因此，从某种意义上来讲，学生干部遇到的困难与情境比普通同学要多一些，因此心理矛盾也会多一些。心理健康教育与学生干部培养的协同，就是以积极心理学为指导，强调学生干部的潜能和本身的积极力量，把培养学生干部的积极心理素质作为重要任务，在实际的工作中，学校团委书记及学生管理的老师除了关注学生活动的完成情况，更加注重对学生干部积极情绪的研究、积极心理的关注甚至是辅导，注重培养他们的创造力，鼓励学生干部发展开拓性。以学生干部的例会为平台，以各类学生活动的开展为载体，注重对学生干部的心理引导，引导学生干部用积极的眼光和视角来审视与解释各种心理现象或心理问题。这是我校学生干部管理中一直坚持的导向与原则。

学校在学生干部组织建设中注重激发学生干部的内在动机，加强学生干部的自身建设，从而创设条件促进学生积极人格的形成。因此东北师大附中的学生干部开朗、阳光、充满正能量。2015年，北京大学11个院系的迎新生晚会都由东北师大附中的学生担任主持人，可见学生干部培养工程的作用与意义，更彰显了学生干部培养的成果。

2. 破解学生干部领导力培养的盲点和难点

西方发达国家对学生领导力的培养十分重视，认为学生领导力的培养是推动学生个体综合素质水平提高的重要因素。

美国学者在对青年学生干部的研究中，提出优秀的学生干部具有以下几个共同的特征：第一，自知能力，即能够明晰自己的风格与经验并及时反思，能够发挥自己的优势并控制自己的劣势在工作中的影响；第二，沟通能力，具有良好的人际交往能力，通过适当的谈判合理解决问题的能力，以及具有解决和管理冲突的能力等；第三，适应能力，包括多元化的适应能力、团队合作能力、多视角分析问题的能力等；第四，创造性思考的能力，包括批判思维能力；第五，承诺服务的能力，包括服务意识和人际敏感能力；第六，把握公共政策的能力，包括社会责任感、了解公共政策和政策开发的能力。

优秀学生干部的培养是对综合素质的全面培养，是一个系统的培养过程，但是在实际工作中，各级各类学校的学生干部存在重使用、轻培养，事务锻炼多、系统培养少的现状。2014年，王付英等人对陕西部分高校的学生干部进行问卷调查时发现，学生干部中存在的突出问题主要是部分学生干部培养缺乏精神激励、角色矛盾难以调和、学生干部自身状况异化；在学生干部自身状况异化方面，调查者又提出自我意识矮化、意志品质减弱、情绪情感问题突出、功利心理明显、人际关系敏感等问题，导致这些问题的主要原因是忽视不同阶段学生干部的心理变化和缺乏系统的培养。

在实际的工作中，中学阶段的部分学生干部在自我意识、意志品质、情绪情感以及功利心、人际关系等方面也会表现出明显的问题。这也是学生干部培养的重点问题，更是难点，对于一些学校来讲，这些问题是盲点，是学生干部培养中忽视的问题，学生干部的系统培养中不能忽视学生的心理发展需求。

学生干部培养与心理健康教育的协同恰恰突破了这一难点，关注到学生干部的心理需要，在关注学生干部事务能力培养的基础上，对学生干部进行有针对性的心理辅导，使学生干部的培养工程更加科学。

东北师大附中依托活动育人（校学生会、校社团等学生组织）和专题课程建设，探索出了一条独具附中特色的培养路径。例如，我校"基于附中学生领袖培养"的校本课程已经成功运行两轮，设置的课程中除了"沟通与表达""管理的艺术"以及"生涯规划"等模块，还包括学生心理素质培养等内容，以此提升学生干部的综合素质和能力。

学生干部培养与心理健康教育的协同体现在，学校在学生干部的选拔、监督、考察、评价等机制上都将心理素质和行为表现作为重要的衡量标准，以此来规范学生干部的培养工作。当然学校也通过培养与引导，达到学生干部自知、自省、自律，最终实现自我管理的目标。

例如学校通过社会实践的开展与社团活动的支持来提高学生干部的综合素质，通过丰富多彩的社团活动为学生搭建自我展示的平台，通过评价与考察发现一些拥有良好意志品质和积极乐观情绪的学生干部，并引导学生干部进行自我完善。

积极心理学理念为东北师大附中学生干部培养及管理工作提供了崭新的工作思路，符合学生发展和学校现实工作的需求，充分发挥学生干部的主观能动性，用主动的利他行为、正向的利己行为激发个体潜能，获取更多的主观幸福与价值感，巩固学生干部的工作热情，激发他们的正能量，成为学校文化的重要部分。

附录：浅议高中阶段"学生领袖"的培养

随着教育国际化进程的不断加快，培养拔尖创新人才已经成为每个国家提升国际竞争力的重要途径，也成为教育改革与创新的重要方面。中学阶段发现与培养领袖型学生、为杰出的创新型、领袖型人才奠基，是我国中学教育理应承担的一项任务，也是社会发展中名校的历史使命。

一、"学生领袖"的基本素质

"领袖"一词，《辞海》中解释为：国家、政党、群众团体等的最高领导人或者为人表率的人。现实生活中，我们常常陷入"领袖＝领导"的认识误区，限制了我们对于这一概念的理解。本文所探讨的是高中阶段，学生群体中的"领袖"，其具有特定的含义：是指在学习、文体活动、道德品质等某一领域发挥着"引领者"作用的学生群体；也指具备在未来的社会工作中有可能成为"引领者"的潜在群体。

通过对"学生领袖"含义的分析，并结合文献以及不同学者的观点，笔者设计了针对"学生领袖"所应具备的十项基本素质的问卷调查，并在对 232 个样本仔细分析的基础上，得出以下结论，"领袖学生"所应具备的基本素质，共有六个方面：一是"学生领袖"需要有高远的理想，并有为之不断学习的态度；二是"学生领袖"需要具备高尚的人格魅力，并能影响、激励着他人；三是出色的组织、交流、合作能力，协调不同意见、组织开展活动；四是强烈的服务意识，具有强烈的责任心，懂得如何帮助他人、服务学校、回馈社会；五是出色的才华和创新精神，知识占有丰富、业务能力突出，赢得朋伴的信服，并有较强的创新能力；六是坚强的意志品格及过人的耐力，能适应起伏变化的环境，不怕挫折、意志坚韧。

二、"学生领袖"培养工程面临的困难

笔者调研了 30 所高中的 67 位团委老师和 165 位学生干部。整理 232 份有效问卷发现，无论是团委老师，还是各类学生组织的核心负责人，均赞同对"学生领袖"的培养，并达成了共识：一是"学生领袖"是学校教育管理的中坚力量。无论在班级的常规管理，还是在学校的各级各类活动中，"学生领袖"都起着示范、引领作用，是班主任、

团委老师和学校各级学生组织开展管理工作的得力助手。二是培养"学生领袖"也是名校办学的需要。当今社会，名校的办学思想和理念不单单只是通过教师的言传身教来传播，一批批"品、学、能"兼优的"学生领袖"群体也是重要的传播者。三是培养"学生领袖"是素质教育得到实施的体现，这也是最重要的一点。素质教育要求培养学生的参与意识，在一切活动中挖掘潜能、体现价值，从而塑造健康人格。由此可见，领袖人才的培养是素质教育的实施与评价的一个有效平台，也必将成为教育的一种发展趋势。

虽然，培养"学生领袖"这一教育目标得到了广大老师的支持，但他们对高中阶段在"学生领袖"的培养过程中所起的作用是持怀疑态度的，笔者以问卷的调查结果为依据，总结出高中阶段"学生领袖"的培养遭到否定，共有三个方面的原因。主要体现在：首先，42%的反对者认为，"学生领袖"的培养有夸大高中教育的作用之嫌。从成长规律来看，每个教学阶段（小学、初中、高中）的教育功能、培养目标不同，且都有适合开展"学生领袖"培养的黄金生长点，并非只有高中阶段体现出适合培养"学生领袖"的独特性。其次，39%的反对者认为"学生领袖"的培养，有失教育的公平性，容易滋生部分学生的优越感。从我国现阶段实施的"公民教育"来看，教育不应该面向一小部分精英而放弃对广大普通劳动者的培养。以这一观点为依据，"学生领袖"的培养就是给一部分孩子"吃小灶、开后门"，让其优先发展，滋生了部分学生干部群体的优越感，违背了广大公民的利益。最后，19%的老师和学生干部认为，"学生领袖"的能力和素质是与生俱来的，是个体性格特点差异的重要体现，而不是在后天教育中可以塑造和改变的。

笔者不认同以上观点，因为从人的成长规律来看，人的身体表征和性格可能一定程度上来源于父辈的遗传，是后续培养和学校教育不容易改变的。然而，人的性格、意志品质和能力的形成，是成长过程中各种因素综合作用的结果，"领袖"品质和能力的培养就是一个"自我实现"的过程。调查问卷显示，有53%的学生受访者认为这一过程受到了"家庭教育"和"学校教育"的双重影响。综合以上可知，学生的行为方式和人际交往能力，虽与家庭教育息息相关，但后天的知识结构、思维品质的形成离不开不同阶段的学校教育，学校教育在"学生领袖"的培养过程中起着至关重要的作用。

三、"学生领袖"培养工程的实施路径

通过对 40 余所兄弟院校的调研，笔者发现，目前培养"学生领袖"的主要操作方法为依托活动育人（校学生会、校社团等学生组织）和专题课程，且开设必修课和选修课的学校尚属凤毛麟角，水平良莠不齐。基于此，东北师范大学附属中学作为全国重点中学，在"学生领袖"课程方案上，应坚持"必修与选修互补，课程与实践互动"，具体包括以下几个方面：

1. 构建以学校教育为依托的课程体系

（1）必修课程部分。针对学生的理想教育、职业规划等方面，开设必修课，来引导学生行为、规范的养成，强化学生道德、操行的完善以及理想信念的确定。目前，我校虽在积极推行，但是基于规范性必修课程的实施尚未全面启动。

（2）选修课程部分。针对"学生领袖"的领导能力、组织策划能力的培养的校本课程尚处在起步阶段。通过调研发现，兄弟院校的"中学生领导力"校本课程的开发情况也不尽相同。目前，我校"基于附中学生领袖培养"的校本课程已经成功运行两轮，积累了一部分调研数据，还有待进一步整理、分析以及验证。笔者认为，应进一步丰富针对"学生领袖"培养的课程，设置"沟通与表达""管理的艺术"以及"生涯规划"等模块，来提升学生干部的综合素质和能力。

（3）附中讲堂。定期举行学生讲堂活动，邀请知名校友、优秀毕业生以及学有专长的在校学生，分享学术观点与智慧，交流对时政的观点，培养学生在朋伴的讨论中，对于社会热点问题敏锐的捕捉能力。

2. 构建以项目化活动为依托的实践体系

本文所提出的实践体系，是基于项目化的专题活动设计。由以下几个部分构成：

（1）校园文化的熏陶与榜样的引领。通过布置班级海报，播放"新闻早课"以及制作"大师与经典"的节目，营造催人奋进、激励成长的校园文化氛围。通过选取优秀校友的成功求学、创业的经历，制作成 DV 短片，每周定期展播，以学生身边的榜样帮助学生树立信心，帮助学生确立奋斗目标，并为之付出脚踏实地的努力。

（2）社会实践的开展与社团活动的支持。主要是五个层面的设想：一是通过丰富多彩的社团活动为学生搭建自我展示的舞台，从中发现一些拥有健康意志品质和积极乐观情绪的"学生领袖"。二是以我校的志愿者社团活动为依托开展公益活动，培养"学生领袖"的社会责任感和使命感。三是依托于各种爱国主义社会实践，培养"学生领袖"的民族自豪感，强化公民意识。四是依托于各种传统文化教育或纪念活动，培养"学生领袖"的文化底蕴和对于传统文化的了解与延续。五是依托于"商赛""模联"等模拟实战类社团，培养"学生领袖"的专业兴趣，帮助他们尽早明确自己选择专业的方向。

3. 构建以"过程性考量"为载体的评价体系

由于单一的评价和选拔人才的体制，导致目前高中教育阶段的功利主义大行其道，所遴选出来的学生干部虽有可能是学习成绩优异者，但却不一定是道德、能力等方面的表率。所以，"学生领袖"的培养需要用发展的"过程性评价"来取代传统的"结果式评价"。从发展的视角来看，过程性评价的真实意图不在于判定学生成绩的班级、学年排名，而是为了让他们发现问题从而促进发展，而不是简单的甄别与筛选，这一观点得到了全部调研问卷参与者的认同与支持。

在具体的实施过程中，给学生提供各种展示自我学习、成长过程的机会，来提高学生的自我认识、教育和领导能力。而过程性评价体系的完善，必须在一定程度上改变现行的教育评价体系以及升学的选拔标准，建立相应的拔尖人才培养体系，才能真正实现培养"学生领袖"

的目的。

（周春梅　提供）

第五节　家庭教育与心理健康教育的协同

一、家庭教育的作用与意义

家庭是一个人一生教育的起点，是教育的第一课堂。家庭教育是学校教育和社会教育的基础，是影响一个人身心健康的最重要因素，因此，家庭教育对中学生成长的重要作用不容置疑。

近年来，国外对家庭环境的相关研究中发现家庭环境与孩子的心理素质密切相关，2000 年，Nakao，Takaishi 和 Tatsuta 发现，完整的家庭成员组合、和谐幸福的家庭氛围有利于孩子健康人格的塑造，孩子的心理健康状况与父母双方的付出等都有关。国内许多学者在研究家庭环境与心理健康关系时发现，不同地域、不同家庭结构、父母文化程度不同等都可能影响孩子的人格发展和心理健康水平（冯晓黎，梅松丽，李晶华，2007；洪忻，李解权，梁亚琼，2012；钱锦彬，2003；饶燕婷，张红霞，李晓铭，2004）。随着离异家庭的增多，2011 年张励等人通过研究发现，中学生的父母离异对其心理健康状况的影响不仅仅是负面的，而且是深刻的，他们出现焦虑、敏感、偏执与抑郁倾向等问题的概率更高。

从国内的实际情况来看，家长重视子女的学业成绩，不重视在家庭教育中培养孩子良好的人格品质，家庭教育的科学性不足，在某种意义上来讲，我国的家庭教育指导是相对落后的。2004 年中共中央、国务院颁布的《关于进一步加强和改进未成年人思想道德建设的若干意见》中专门阐述了"重视和发展家庭教育"；2006 年我国新修订的《未成年人保护法》中也明确规定："有关国家机关和社会组织应当为父母或者其他监护人提供家庭教育指导。"

已有的研究与实践告诉我们，家庭环境与中学生的心理健康水平之间成正相关，家庭教育环境越好，越是采取科学的教育方式，学生的心理健康水平越高。当然家庭教育对学生的心理健康存在着各种影响，所以学校的一项重要任务就是指导家长在实践中改善家庭环境与氛围，提升中学生的心理健康水平。

对于一个学生来讲，家庭教育、学校教育和社会教育三位一体，协同作用，才能是完整的教育，才能让学生主动而有个性地发展。从学校教育和家庭教育的性质来看，学校教育是主导，家庭教育与学校教育的配合程度决定了学生成长的顺利程度。因此学校教育需指导家庭教育，家庭教育需要与学校教育相对应，即家庭教育在教育目的、教育要求上要与学校保持一致，在此基础上再发挥其独特的教育作用。

二、家庭教育与心理健康教育的协同方向

家庭教育与学校教育共同的目标，主要集中在学业发展和心理发展两个大方面。学生的心理状态、面临心理困扰时的应对策略以及人格的完善与家庭教育密切相关。1897 年，美国建立最早的家长教育联合组织——全国家长教师协会。协会主要工作包括：家长为孩子参与学校教育，学校培养学生的家长。这是明确指出家长在孩子教育中的主动性，学校在指导家长方面的责任与义务。东北师大附中的家庭教育与心理健康教育协同也借助家长与学校的联合教育组织完成。现在中小学，家长与学校的联合教育组织多以家长委员会和家长学校形式存在，家长委员会是家长参与学校管理的主要渠道，我校家长委员会分两个层级，第一个层级为学校层面的家长委员会，我校家长委员会成立于 20 世纪 80 年代，一般由具有主动参与学校管理意愿、在家长群体中具有一定的威望与影响的家长代表组成，一般在 10 人左右，设家长委员会主任一名；第二个层级为班级层面的家长委员会，一般是由在班级中积极主动参与班级管理、在班级家长中具有一定代表性的家长组成，一般在 5 人左右，设班级家长委员会主任一名。学校与二级家长委员会共同规划，成立了家长学校，由学校及家长委员会共同管理。

在现代社会中，学生身心发展具有一定的时代性，对家庭教育提出了挑战，用旧思维教育新时代的学生本身存在重重障碍。因此，家长必须要转变教育思想，树立符合时代特点和心理学发展规律的家庭教育观，提高自身的修养水平，努力掌握能够指导子女发展的知识与技能。从我校的调查显示，很多家长是需要家庭教育指导的，学校的任务是搭建一个平台，家长学校就是将学校与家长紧密联系在一起的平台。东北师大附中以家长学校为载体，设计多元的、有利于学生心理成长的活动，实现家庭教育与心理健康教育的最佳协同效果，主要体现在以下方面。

1. 引导家长形成正确的家庭教育理念

每个人的成长环境都不相同，每个家庭在教育子女的过程中所持有的价值观、人生观和世界观也各不相同，当无数个子女汇聚于一个班级、一个年级、一所学校，就有无数种家庭教育的观点。如何让家庭教育与学校教育形成合力，让无数个不同的家庭教育观点能够在教育的关键点达成一致，形成有利于孩子成长的正确的家庭教育理念，是学生管理的重点工作之一。

我国家庭教育专家王进兰认为，家长在家庭教育观念方面，仍将教育孩子视作家庭私事，没有将教育好子女与提高全民素质联系起来。有的家长不是把儿童看作独立的人、正在生长发育着的人和终将独立走向社会的人。

尽管学校的家长中汇聚着无数个家庭教育观点，但是无数个家庭教育观点中也具有一定的共性特征，即家长将子女教育视为私事，有的家长甚至把孩子视为自己的私有财产，认为自己是父母，因此必须总是正确的，子女必须绝对服从自己的意愿，缺少平等、互相尊重的新型亲子观念。许多学生出现心理问题、心理障碍，甚至出现心理疾病，都与家庭教育理念息息相关。

东北师大附中家庭教育与心理健康教育协同，就是通过各种途径引导家长从积极心理学的视角出发，关注学生的主体性和能动性，挖掘所在家庭中潜在的积极心理资源，让家长建立用积极正向的眼光看待孩子，也以积极正向的眼光看待自己，相信孩子的潜能，相信孩子主体性的家庭教育理念，建立平等、尊重、理解的家庭亲子观念。

因此，家庭教育与心理健康教育的协同系统中，家长形成科学的教育理念是最重要的目标。学校通过定期的家长学校讲堂，设计针对性较强的系列心理指导报告，其中包括外请专家的理论指导、心理老师的专题讲座、班主任的分析指导以及优秀家长的经验介绍。通过这些途径帮助家长树立科学、积极的家庭教育观念，主动改善家庭环境，让学生在良好的环境中成长。在高一新生入学时，家长学校会聘请心理老师为家长提供初高过渡的心理特征方面的知识，由校长承担培养学生良好习惯的专门课程，由外请的心理学专家介绍高一阶段学生各种心理问题的应对策略，也会聘请优秀毕业生家长为在校新生家长分享成功的教育经验，每个阶段的课程都经过系统规划与设计，家长固有的教育思想受到冲击，在深刻反思中形成新的家庭教育理念。

2. 促进家庭教育具有专业性

从教育专业性的视角来看，教师具有教育专业性是共识，而家长教育的专业性往往被质疑或忽视，我们认为，家长也具有教育的专业性，只是处于不同的发展水平。有些家长由于学历水平高，综合素质好，对教育的理解更深入。

家庭教育与心理教育的协同，其实质是将两个对学生最具影响的教育力量联合在一起，完成对学生心理发展的引领与辅导。父母是子女的第一个老师，也是最重要的影响者，父母的言行举止、知识修养、教育观念、为人处世的方式方法等对未成年子女的人生观、世界观及价值观的形成会产生直接的影响，对子女的心理素质和道德品质的塑造会产生重要的影响。

处于社会转型期的家庭，由于社会因素的影响，家庭教育的规范性与科学性越来越微弱，甚至有些家长推卸责任，用社会教育代替家庭教育。因此，我们可以看到，各类教育机构激增，各种学校正规教育与家庭教育之外的另一种教育形式越来越突显，特长训练班、业余辅导班等多种形式的社会机构教育大大减轻了家长的责任，许多学生从五六岁开始辗转于各种补课班，每天不同形式的各学科的补课任务使得家庭教育的部分内容与责任被社会教育所取代。现在新兴的自习室、学习空间等使家长与孩子相处、沟通的时间越来越少，学生放学后，进入收费的自习室完成课后作业或自主学习，家庭教育的作用越来越弱。

即使在难得的家长与学生的相处过程中，一些家长重智轻德，重养轻教，还有一些家庭有家无教。家庭教育处于无序状态，当孩子不发生学习、行为及心理方面问题时，家庭教育是零，家长对孩子处于无教育状态，认为孩子做什么都可以。一旦孩子学业、行为出现问题，家长会出现过度教育的状态，过度责怪，过度控制，忽视孩子积极向上的态度或已经取得的进步，如果孩子出现了心理问题，家长会手足无措，虚假安慰，无科学性可言，家庭教育的随意性表现得淋漓尽致。

家庭教育与心理教育的联合，可以激发出家长对于自己角色与责任的认识，更重要的是让家长了解到家庭教育潜移默化的教育特点。所以家庭教育与心理教育的协同的逻辑起点是：家长经过努力会逐渐成为具有教育专业性的家长，对学校的教育工作能起到正向的促进作用。因此家校合作的一个目标就是使家长的专业性水平不断提高，真正实现教育的合力。

学校通过家长学校、家长工作日、家校恳谈会以及基于信息时代特征的家校联络方式（微信群、QQ 群等）引导家庭教育走向科学化。

例如学校设立家长工作日，定期邀请家长走进学校，观察学生教育。家长工作日是面向全体家长的，当然也会有特殊设计，心理老师和班主任充分利用家长工作日邀请一些行为习惯较差，在人际交往或人格发展方面存在问题的学生家长走进孩子学习的环境，与孩子一起听课，同时观察学校教育，体验班级文化。这种观察包涵二个层面，一是了解孩子在校的真实情况，这些家长最少听一整天的课，有一些家长为了更客观地了解孩子的学习状况，坚持听课一周，甚至时间更长。家长与孩子在学校这种特殊情境中的近距离交往，家长对孩子的状况有了明晰的认识，对孩子的定位更准确，评价更科学，指导更到位，交往更融洽。二是家长观察教师的教学，部分家长通过观察可以对现行的教育制度、考试制度有一个相对科学的理解，同时，家长在观察教育的过程中，对教师教学也会有更多的理解与支持。家长与教师的有效交流，使家庭教育与学校教育更加契合。班主任还会邀请一些家长记录感悟，梳理建议。学校在家长走进课堂之前为家长提供学校及班级的相关资料，为家长深入观察提供服务，同时，学校设计了《家长工作日反馈单》，搜集家长记录的观察结果、观察感悟以及家长根据自己的观察结果对学校教学提出的意见与建议，同时也邀请家长对孩子的教育提出改进建议，使家庭教育迈向专业化的同时，家校教育逐渐趋于同步。

附录 1：与溺爱型家长的沟通技巧

做好班主任工作的一个重要方面是要处理好与家长的关系，让家长积极参与到教育孩子的行列之中，以形成家校合力，共同致力于孩子的发展。而要处理好这个关系就必须对家长做一番研究，真正了解家长的心理，密切双方之间的交往。下面针对与溺爱孩子的家长如何做到有效沟通谈一下自己的看法。

溺爱是指照顾者和被照顾者之间的一种特殊关系。此时照顾者往往会庇护孩子，同时也妨碍孩子试图做出独立行动的任何努力。在孩子出现一些问题时，家长往往表现出过度紧张，同时极力为孩子辩解，不能客观分析问题，常常使教育陷入逆境。

一、对于溺爱孩子的家长可以分为以下几类

1.隔代溺爱型

如由于父母工作忙，有些孩子小时候一直由祖父祖母、外公外婆带，直到初中之后才回到父母身边，这些孩子与父母沟通不顺畅，家长不敢管，导致孩子任性，不服从管理。

2. 内疚溺爱型

由于家庭矛盾等原因不能给孩子一个健康快乐的成长环境，父母常怀愧疚之心，这些父母常常希望满足孩子的要求，有时甚至是过分的要求，以达到心理平衡。

3. 放任溺爱型

有些家长对孩子的行为与学习不感兴趣，也不关心，很少去管孩子，"小时候交给保姆或祖辈，上学了交给老师，长大了交给社会"这种家庭环境下成长起来的儿童往往对事情没有责任心，行为放纵。

4."神童"溺爱型

一些父母过分看重孩子的分数，带有严重的"神童"情结，结果忽略了对孩子健康人格的构建。这类家长的挑剔性极强，指挥欲更强，常常干预班级的正常管理。

二、遇到以上家长应特别关注四个问题

1. 避免与家长发生正面冲突

高中生的行为习惯已经基本形成，同时大多数学生又恰逢叛逆期，因此，他们的行为往往会给班级管理带来很多麻烦。如果在和家长沟通时，家长出现某些过激行为，应采取"退"的做法。"退"是一种风度。这种风度就是理解和宽容，不计较家长的语气和态度，教师的冷静、宽容和大度，往往能让家长意识到自己的不妥，使问题容易处理。

2. 把握批评的语言尺度

学校是教育人的地方，学生出现一些问题是正常的。决不能把学生的错误迁怒于家长："这就是你的孩子，怎么教育的，一点儿教养都没有！"，也不能简单粗暴地处理问题："把学生领回去吧，别再来了！"等等。这样不恰当的言行往往会引起家长对班主任、对学校的反感和抵触，甚至不再配合班主任和学校工作。

4. 提防学生的变相挑拨

有些学生自己犯错误不能深刻反省，反而找出一些类似于教师偏心、故意挑学生毛病，或者收受其他学生礼物，以至于袒护等莫须有

的罪名等，先入为主地说与家长，会使家长在与教师沟通时带有极强的戒备心理。

5. 忌讳陈账的反复提及

家长明明知道学生有很多问题但又不能正视，如果教师把错误过多地罗列会让家长很难堪、很抵触，家长与教师和学校将很难顺畅沟通。

三、针对不同溺爱孩子的家长可以从四个方面采取行动

1. 欣赏孩子

在与家长沟通时如果能做到把孩子在学校的良好表现及时反馈，问题让孩子自己与家长谈，带着欣赏的目光看待孩子，家长自然会更多一份信心，交流一定会更顺畅。在与其他家长交流时，如果能有意无意地对孩子进行表扬，一定会增进老师与家长的感情。千万不要吝啬你的赞美的语言，相信他能行，就是给家长最大的动力。

2. 关注个性

对粗暴型家长不妨冷处理，以柔克刚，切忌以粗制粗，以暴制暴，这样非但解决不了问题，反而会激化矛盾；对护短型家长要动之以情晓之以理，用巧妙的方式让家长认清护短的危害性；对"踢球"型的家长要设法从学生身上找缺口，使家长从孩子身上看到光明和希望，从而理解、信任和感激班主任；对"痞子"型家长提倡"忍"字当头，以礼遇应对无礼，赢得道义上的上风。

3. 联络感情

因为孩子难管，我们往往从内心把他们的家长推到了对立面，没有对其心理基础做出准确判断，更没有清醒地认识到他们是我们教育学生的最佳帮手。如果我们能做到和家长坦诚相待，真心交流，共同商量教育学生的方法，那么我们的教育效果一定会事半功倍。到那时，家长就真正成了我们的帮手，而不是对手。

4. 参与管理

给孩子一个变化的空间，可以在班级加设一些管理岗位，让孩子参与管理，家长自然会鼓励孩子认真做好，同时提醒家长关注孩子的

变化，鼓励孩子就是鼓舞家长。利用家长会，适时给予表扬，家长一定会改变一些管理理念，明白"溺爱多败儿"的道理。

班主任与家长良好的沟通，能架起学校和家庭共同教育好孩子的桥梁。只要富有爱心、讲求方法、勤于了解，形成家校教育合力，每一个孩子脸上都会有灿烂的笑容！

（刘　立　提供）

附录2：学生家庭教育状况调查报告

在"互联网＋教育"的新时代背景下，国家教育方针由素质教育走向核心素养教育，家庭教育的方向、方式和方法都会发生相应的改变。为了适应时代发展的要求，对东北师大附中学生的家庭教育状况形成一个全面的、与时俱进的认识，并为学校制定相应的政策提出建议提供有效的数据支持，东北师大附中展开了此次针对高一、高二学生家庭教育状况的问卷调查，现将有关情况发布如下：

一、附中家庭教育调查实施状况

1. 调查目的

此次附中家庭教育状况调查的目的可以概括为两个方面，在宏观方面，可以配合我校深入落实基于教育"三主体"的六星人才培养模式的实施，促进学校、家庭、社会、学生自我教育四结合的德育创新发展模式的探索；在微观方面，为了全面了解当前附中学生的家庭教育的状况，为学校更好地指导家庭教育积累资料，帮助家长更新家庭教育的观念，改进教育方法，优化家庭环境，为形成家庭教育、学校教育和社会教育的正向合力提供支持，进而促进学生全面、和谐的发展。

2. 调查对象

本次调查的对象为东北师范大学附属中学所有高一、高二学生家长或其他监护人，共计2200人。对于家庭教育涉及的另一部分人群——

学生，将在后续的调研中陆续完成。本次调查以问卷为主，部分特殊问题结合个人访谈或小组访谈。本次调查问题卷共发放 2200 份，回收问卷 2112 份，回收率为 96%，其中有效问卷 2078 份，有效率为 95%。

3. 调查问卷

本问卷设计借鉴了东北师范大学某教授的家庭教育问卷的设计案例，有针对性地结合了东北师大附中学生家庭教育的特殊情况编制而成。使用因素分析的方法确定了家庭教育观念（9 题）、家庭教育形式（7 题）、家长对孩子生活习惯的态度（3 题）、家长对孩子学习习惯的态度（6 题）、家长与孩子沟通方式（15 题）、家长对孩子的期望（2 题）六个维度，共计 42 题。为了保证本次调查结果的真实有效，在执行和统计过程中，都进行了人员培训、现场督导、严格回查等质量保证措施。

二、附中家庭教育调查结果的数据分析

1. 家长家庭教育观念状况

家长的教育观念决定着家长的教育方式，是影响家庭教育质量的决定因素。对附中学生家长的教育观念调查是此次调查的重中之重。本次调查从家长对家庭教育的态度、教育方法的获得途径、对家校合作的态度、家庭教育的主要任务、家庭教育的主要问题、读书的目的、学生身体及心理健康的重要性等几个方面全面调查了附中家长的教育观念。见表 7.2。

表 7.2　家长教育观念调查表

家庭教育是自发还是需要培训？	自发 20%	需要培训 69%	不知怎么办 9%	其他 2%
您希望通过哪些途径学习到教育孩子的方法？	看书 22%	电视广播媒体 20%	和朋友交流 33%	专家讲座 25%

续表

您认为孩子的教育问题应该是？	学校的事情，家长不需要管 3%	学校管学习，家长管生活 11%	家校共同协作 86%	
家庭教育的主要任务是？	教给孩子做人的道理 11%	帮助孩子把学习搞好 6%	兼顾前两项 71%	让他吃得好、穿得好、用得好 12%
家庭教育存在的问题，您认为主要是：	父母应培训来提高家庭教育水平 27%	父母（监护人）和孩子之间很少沟通 17%	现在的孩子生活自理能力、解决问题的能力太差 22%	孩子太自私，什么事都以自我为中心，不关心他人 8%
	孩子的学习是最大的问题 16%	没有什么大问题，随大流吧 2%	孩子不听话，不好管了 8%	
您认为孩子读书的主要目的是什么？	孩子是为了挣钱 4%	读书是为了学得一技之长 22%	读书是为了学知识、明道理 74%	
"只要学习好，其他什么都不重要"的观点：	完全同意 3%	有一定道理 19%	不同意 78%	

续表

"孩子有健康的身体、良好的情绪比学习还重要"的观点:	完全同意 53%	有一定道理 43%	不同意 4%	

　　调查结果显示，东北师大附中的学生家长在家庭教育观念上相对比较成熟，但也存在一些问题。有 69% 的家长希望能够通过学习和培训来提高自身的家庭教育能力，有 20% 的家长认为家庭教育是自发的；而获得家庭教育的方法的途径比较分散，主要包括看书、媒体、朋友交流和专家讲座等几个方面。这说明我校的学生家长有着较强的加强家庭教育的愿望，但并没有形成一个有效的家庭教育方法的主导途径。在对待家校合作的态度上，86% 的家长支持"家校共同协作共同培养学生"的观点。71% 的家长家庭教育能够兼顾品德教育和学习共同发展。90% 的学生家长都能够清晰地认识到自身在家庭教育中存在的问题，同时也应该看到 2% 的家长不能够认清问题的存在，8% 的学生家长对学生已持放任态度。在对待读书、身体健康和心理健康的关系上，越来越多的学生家长赞同读书、身心健康并重的观点。

　　2. 家庭教育形式

　　家庭教育的四种常见方式是：民主型、溺爱型、权威型、放任型。家庭的教育方式及其效果随着家庭的实际变化而变化，任何教育方式与学生个性实际面貌之间都不构成必然的对应关系，某一教育方式可能对形成某一种良好的个性特点有利，但同时又会压抑另一种良好的个性的发展。调查发现，东北师大附中的学生家长中，有 66% 的家长采用民主和开放的方式，这为子女的个性发展和思维品质的形成奠定了良好的基础，但还有 18% 的家长采取权威的教育方式，10% 的家长采取溺爱的教育方式，6% 的家长采取放任自流的教育方式。在家庭教育方式的具体细节方面，有 96% 的家长都赞同尽量与孩子多沟通、多互动，76% 的学生家长认为"代沟"是由家长和孩子无法沟通导致的；87% 的父母都赞同在家庭教育中应该以身作则，77%的学生家长能够反思孩子出了问题可能是由于父母的原因所致。见表 7.3。

表 7.3　家长家庭教育形式调查表

在您的家里承担教育孩子主要工作是谁？	父亲 13%	母亲 41%	父母 44%	其他（爷爷奶奶外公外婆等） 2%
父母（监护人）与孩子的关系模式是各不相同的，您的状况是：	平等民主和谐的朋友关系 66%	父母的地位要高于孩子的关系 18%	溺爱娇惯型关系 10%	放任型关系 6%
父母（监护人）同孩子多在一起相处，是一种天伦之乐，也是家庭生活的美好时光：	赞同。尽量抽时间和孩子说话、游戏、活动 76%	基本赞同。但父母工作事业很忙，很少有时间这样做 20%	不赞同。父母忙于生计，没有时间和孩子在一起相处 2%	其他 2%
父母（监护人）与孩子之间形成"代沟"是因为：	上下代之间都这样，没办法 11%	缺乏理解和沟通 76%	现在的社会环境不好，对孩子形成不良影响 7%	其他 6%
父母（监护人）最关心孩子的哪一方面的事情？	身体、心理是否健康 53%	学习成绩是否优秀、进步 15%	品德修养是否端正 26%	将来是否有出息 6%

续表

关心孩子成长，父母（监护人）是否要以身作则，即要求孩子怎样，自己也要怎样。您的态度是：	应该以身作则，如要求孩子努力、刻苦，父母（监护人）也要勤奋、敬业 87%	没有考虑过这个问题，孩子就应该听大人的话，还搞什么条件 3%	父母就这个水平了，保护家庭的经济来源就行了，把期望寄托在孩子身上 6%	其他 4%
有时候孩子出现问题，往往是父母（监护人）出现了问题，例如：离异、争吵、自私自利、心理有问题等。您认为：	赞同 77%	不赞同 11%	其他 12%	

3.家长对孩子生活习惯的态度

家庭教育是学生生活习惯养成的主要渠道，但是，在以学习为主的观念影响下，很多家长极易忽视对学生生活习惯的培养。调查发现，70%以上的家庭对学生的生活习惯培养并未关注，59%的家长极少让学生做家务，11%的家长将生活问题全部包揽。有超过一半以上的家长对学生的零花钱缺乏控制；有60%的家长对孩子的上网、看电视时间没有约束。见表7.4。

表 7.4　家长对孩子生活习惯的态度调查表

您的孩子的生活习惯怎么样？	自己的事情自己做，从小做家务事 25%	总得大人督促提醒，很少做家务 59%	父母处理生活问题，孩子只管把学习搞好就行了 11%	其他 5%
孩子需要一些零花钱，您一般是：	定期给他一定的零花钱，让孩子自由使用 47%	想起来或者高兴时就给他一些零花钱 9%	随大流，别人的父母怎么做，就怎么做 5%	孩子自己管理自己的零花钱，跟父母说明用途 39%
孩子看电视、上网的时间家里有明确的规定吗？	有，孩子能执行 40%	没有明确规定 46%	有，但孩子不能执行 14%	

4.家长对孩子学习习惯的态度

附中家长对孩子学习习惯态度上的调查数据显示，只有 50% 的家长对学生教育进行过认真的必要指导，另一半家长则持放任态度，即不加区分的支持。73% 的家长支持学生积极参加学校事务，63% 的家长对其孩子的学习习惯满意，大部分家长会关注孩子的作业完成情况、学习状态（是否厌学）及学生在学校的状态。见表 7.5。

表7.5 家长对孩子学习习惯的态度调查表

您对孩子买书是如何看的?	浪费金钱，没有必要 3%	想买多少就买多少，全力支持 47%	会亲自帮他挑选，指导阅读 50%	
您对孩子当班干部是怎么看的?	会影响学习 16%	可以培养能力 73%	无所谓 11%	
您的孩子的学习习惯怎么样?	自己知道学习，不用怎么操心，放学回家后先完成作业，然后才看电视或者玩 67%	需要大人提醒他先写作业，然后再看电视或者玩 18%	顾不上管他，反正作业他得写，有时会写到很晚才完成 9%	其他 6%
您怎样对待孩子的作业及练习册?	定期检查，及时督促 32%	不定期看看 46%	不过问 22%	
您的孩子是否有厌学现象?	有 12%	基本没有 40%	没有 47%	严重 1%
您的孩子对学校的老师评价如何?	好 73%	较好 19%	一般 6%	不好 2%

5. 家长与孩子沟通方式

家长与学生沟通的情况是本次调查的重点，也是家庭教育最容易出现问题的环节。调查显示，我校的学生家长在沟通方式、沟通渠道、对孩子倾诉的态度方面表现较为出色。但是在其他方面仍然存在一定的问题，例如，对于在学校的错误，有17%的家长选择了错误的处理方式，有52%的学生家长存在过打骂、体罚学生的现象，17%的家长有过侵犯学生隐私的行为，53%的学生家长将无法沟通归结于学生的原因。见表7.6。

表 7.6　家长与孩子沟通方式调查表

您与自己孩子的关系如何：	很亲密 72%	一般化 23%	很紧张 5%	
您在孩子心目中的形象是：	裁判 9%	警察 8%	严师 17%	朋友 66%
您与自己的孩子在一起时经常感觉到：	愉快 60%	宽松 24%	紧张 4%	无奈 12%
您是怎样与自己的孩子沟通的？	命令式 15%	平等式 74%	请求式 8%	不沟通 3%
您与自己的孩子沟通的主要方式？	在共同活动中 27%	餐桌上 26%	谈心 37%	其他 10%
在家里和孩子谈得最多的话题：	孩子感兴趣的事 27%	孩子的为人处世 24%	学校里发生的事 41%	社会新闻 8%
当孩子给您讲学校、老师、同学的故事时，您的态度：	耐心听、细致问 92%	一只耳进一只耳出 6%	不耐烦 2%	
您对孩子在学校的表现了解的程度如何？	了如指掌 14%	基本了解 81%	不想了解，那是老师的事 5%	

续表

您了解孩子学习情况的方式是：	看考试成绩 40%	听孩子汇报 47%	到学校问教师 12%	没了解过 1%
当孩子心情不好时，您能给予及时的关心和帮助吗？	每次都给 55%	偶尔发现了就管 36%	没有 7%	不需要管 2%
当孩子在学校犯了错误时，您的态度：	训斥打骂 7%	抱怨学校、老师 10%	主动与老师联系积极处理 83%	
父母（监护人）打骂孩子,变相体罚,私拆孩子的信件,偷看孩子的日记等做法都属于违法侵权行为：	赞同 47%	基本赞同 36%	不赞同 17%	
回顾一下，您打过孩子吗? 骂过孩子吗?	经常打骂孩子，"不打不成器" 10%	偶尔会打骂孩子，"孩子气得你没办法" 42%	从不打骂孩子 48%	
您认为批评孩子哪种方法最有效？	摆事实讲道理 31%	与孩子讨论、允许申辩 42%	暗示、提醒 23%	严厉批评直到认错 4%

续表

在与孩子的交流中，您觉得最大的困难是什么？	好多道理讲不清 17%	父母的意见孩子不愿接受 53%	不知道怎样告诉孩子去适应社会 30%	

6.家长对孩子的期望值

家长对孩子的期望值对家庭教育的态度、方式及具体的教育行为都会产生一定的影响。只有从子女的智能及其实际情况出发，提出切合实际的人才要求，才有助于学生的发展，更可免除家长不切实际的期望与社会需求矛盾所造成的学生的心理挫折感。从调查可知，18%的家长希望孩子成为品德高尚的人，17%的家长希望孩子成为对社会有用的人，17%的家长希望学生成为有能力的人，20%的家长希望孩子成为快乐的人，另分别有13%、12%的家长希望孩子成为事业有成、会生活的人，而希望孩子成为伟人的只占3%。这说明我校学生家长对孩子未来的期望并未体现出集中于追求成功的趋势特点，相对理性。但是另一问题的调查结果也显示有12%的家长对孩子发展现状并不满意。见表7.7。

表7.7　家长对孩子的期望值调查表

您希望自己的孩子将来成为一个怎样的人？	品德高尚的人 18%	对社会有用的 17%	有能力的人 17%	快乐的人 20%
	事业有成的人 13%	会生活的人 12%	伟人 3%	
您认为自己的孩子成长得如何？	最优秀的 31%	良好 57%	一般化 9%	总不如别人的孩子 3%

三、家庭教育的有效途径

据以上分析结果显示，我校家长的家庭教育状况总体向好，已经基本摆脱了学生家长对子女的不理智的高期望、教育的方法简单、缺乏正确的教育方式、重视成绩、忽视德育的误区。但是，在以上六个维度中仍然或多或少地存在一些问题。而这些问题的发现，正是我校制定家庭教育促进措施的突破口。因此，为了促进家庭教育水平的提高，更好地开展家校合作，提出以下建议：

第一，从家庭教育观念维度的调查可以发现，我校以往的家校合作工作取得一定成果，但家长并未形成一个高效的渠道。因此，学校应该在开办家长学校的基础上继续深化家校合作深度、丰富家校合作形式。探索开展家校亲子教育、家教知识专题讲座、家校节日联欢等活动，在活动中让家长感受新的教育理念。营造社区、学校、家庭三位一体的教育模式。家庭教育是学校教育的基础和背景，家庭教育的社会支持载体是社区。我们应该换零为整地利用社会资源，协调和配合家校工作的顺利开展和有序进行。理解家庭和学校教育的困惑和难题，积极努力提高家庭和学校的教育质量，增强家长的教育意识和提高家庭的教育质量。"理念是人们经过长期的理性思考及实践所形成的，反映客观事物的本质及其发展规律的，具有相对稳定性和延续性的理想和观念体系。"教育理念，即关于教育方法的观念，是教育主体在教学实践及教育思维活动中形成的对"教育应然"的理性认识和主观要求，包括教育宗旨、教育使命、教育目的、教育理想、教育目标、教育要求、教育原则等内容。现代教育是一种主体性教育，它充分肯定并尊重人的主体价值，高扬人的主体性，充分调动并发挥教育主体的能动性，使外在的、客体实施的教育转换成受教育者主体自身的能动活动。主体性理念的核心是充分尊重每一位受教育者的主体地位，"教"始终围绕"学"来开展，以最大限度地开启学生的内在潜力与学习动力，使学生由被动地接受性客体变成积极的、主动的主体和中心，使教育过程真正成为学生自主自觉的活动和自我建构过程。因此，家庭教育、学校教育、社区教育都必须充分体现人的主体地位，充分发挥人的主观能动性，启迪智慧，润色人生。

第二，完善家校工作体系，建立一支以行政为牵头、班主任为组织者、家长为参与者的家长工作队伍，充分发挥教师的组织牵头和好家长的示范带头辐射作用，完善不同层次的家长委员会，确保学校、年级、班级不同类型的家长委员会都能发挥他们相应的作用。学校要深入细致地做好家庭教育工作，提高家庭教育质量。我们可以尝试建立班级心理咨询制度。在美国高中学生与心理咨询教师的比例约为 500 : 1，在我国高中学生与心理咨询教师的比例约为 1500 : 1。在这种教师资源有限的客观情况下，我们可以尝试班级与心理教师的长效联系机制，班主任老师在解决班级学生常见问题的时候可以征询心理教师的意见，以帮助问题合理有效的解决。做好反馈工作。"反馈可以分为即时反馈和延迟反馈，即时反馈是指支持家庭教育的行为发生后立即获得的反馈，延迟反馈是指家庭教育的行为发生后经过一段时间获得的反馈。"反馈工作对于家庭教育具有重要的参考价值，也对后续的家校合作提供了宝贵的信息资源。

第三，家长是家庭教育的组织者和实施者，学校的家庭教育指导得好，还需家长的具体实施才会有效。因此，学校要下大力气促进家长正确理解并履行父母的职责，加强对家教理论的学习、加强与学校的密切配合，不断地调整自己的家庭教育观念和方式，提高家庭教育的水平。我们要建设来自各行各业的家长教育教师团；结合他们各自的知识结构和生活阅历，针对学生在成长过程中可能会出现的问题和具有普遍意义的问题进行专题讲解、经验分享和互助探究，家长教育教师团将针对不同学阶的学生开展不同的专题讨论会，充分发挥家长教育教师团的资源优势和智力支持，在不同的学阶针对不同情况的专题研讨会系列化、制度化。建立家校合作督导小组。通过民主选举从家长中选举出具有公信力和威望的代表作为家校合作督导小组的成员，做好深度调研和分析工作，防止决策的盲目性和滞后性，避免"外界干扰因素"打乱了"全盘计划"，做好前瞻性准备，坚持原则性和灵活性的统一。

第四，加强对学生家长沟通方式的指导。在教育资源允许的范围内加强对家长和学生沟通技巧的培养，降低由于沟通不畅所产生的教育失败问题数量。自古以来的中国传统教育理论对于启发式教育有着历久弥新的系统阐发。在中国，"启发"一词，源于古代教育家孔丘的"不愤不启，不悱不发"。朱熹解释说："愤者，心求通而未得之意；悱者，口欲言而未能之貌。启，谓开其意；发，谓达其辞。"愤与悱是内在心理状态在外部容色言辞上的表现。就是说在教学前务必先让学生认真思考，已经思考相当长时间但还想不通，此时可以去启发他；虽经思考并已有所领会，但未能以适当的言辞表达出来，此时可以去开导他。孔子以后，《学记》的作者提出"道而弗牵，强而弗抑，开而弗达"，进一步阐发了启发式教学的思想，主张启发学生，引导学生，但不硬牵着他们走；严格要求学生，但不施加压力；指明学习的路径，但不代替他们达成结论。在欧洲，古希腊思想家苏格拉底用"问答法"来启发学生的独立思考以探求真理。其又称"苏格拉底法""产婆术"，在哲学研究和讲学中，形成了由讥讽、助产术、归纳和定义四个步骤组成的独特的方法。讥讽是就对方的发言不断提出追问，迫使对方自陷矛盾，无辞以对，终于承认自己的无知。助产术即帮助对方自己得到问题的答案。归纳即从各种具体事物中找到事物的共性、本质，通过对具体事物的比较寻找"一般"。定义是把个别事物归入一般的概念，得到关于事物的普遍概念。

由于我国义务教育阶段实行就近入学，而教育资源的不均衡也导致了学生的主体差异性。马克思曾经说过人的本质并非单个人固有的抽象物，而是社会关系的总和。每个人都处在一定的社会关系中，英国人类学家 R·布朗最先使用"社会网络"这一概念，他认为"社会结构像是一个网络，而人和人之间的交往接触看起来就像是网络中结点之间的关系。"学生是家长的影子，学生的主体差异性映射出了不同的家庭环境，不同程度地反映出不同的家庭的亲子关系、社会地位、生活方式、行为习惯、运行轨迹等。因此，针对不同的家庭需要制定不同的策略。要坚持同质性与异质性相结合的原则。同质性的核心是相似，异质性的核心是差别。"有研究表明，一般而言，人们倾向于同与自己相似的人的互动，而且，这种趋势在那些更具情感性而非工具性的关系中表现的尤为明显。"学生在其成长过程中需要家长、亲属、老师、同学、朋友等情感陪伴和支持。学生成长需要一个稳定可靠的生长环境，但同时也需要改变和突破，"异质性视角表明，新的信息和不寻常的资源往往是那些外来的行动者带入的。"

第五，引导孩子进行自我教育。家庭教育的最终目的是让孩子自我教育，自我教育是孩子真正走向成功的教育形式。著名教育家苏霍姆林斯基说："只有能够激发学生去进行自我教育的教育，才是真正的教育。"所以，学校应促进父母在家庭教育中让孩子认识自我，发展自我，完善自我，形成可持续发展的自我。"角色认知又称角色知觉，是个体对自己在一定环境中如何表现的认识和理解。"家庭教育应该帮助孩子形成健全的人格，在孩子的依赖阶段、独立阶段、成熟阶段充分发挥家庭教育的积极作用，让孩子形成良好的行为习惯和意志品质，拥有健康的体魄和乐观的精神。每一个阶段孩子都有不同的需求和体验，在依赖阶段，孩子对家庭有较强的依赖关系，大约在 18 岁即未成年以前，由于孩子没有经济来源，所以必须与父母或者其他监护人一起生活，但是孩子已经有独立意识，对自己的角色定位和未来发展有了比较清晰的规划，此时，家长应该充分尊重孩子的发展意愿，让孩子自我发展，自我完善。在独立阶段，孩子开始试图摆脱父母或其他监护人的束缚，表现为不同程度的逆反，此时他们有了自己强烈的价值追求和奋斗目标，此时，家庭教育应该正确引导，保驾护航。在成熟阶段，家长开始承认孩子的独立地位，家长与孩子之间的冲突告一段落，此时，正是家庭剧烈变化的阶段，家长应该与孩子保持良好的沟通，保持对孩子的持续关注，至关重要。帮助孩子形成健全人格，唤醒孩子心中的理想。

总之，家庭教育有着其他教育不可比拟的优越性，家庭教育和家庭生活的统一性使家庭教育永远具有连续性和渗透性。"家庭功能包括生产、消费、生育、教育、赡养、抚育、闲暇与情感满足等。"家长对子女的深刻了解和爱，使家庭教育具有极强的针对性和感染性。高中生的生活态度、个性习惯、价值观念、行为规范以及情感模式、生活作风等，很多都是在家庭中被复制出来的。在这方面，任何教育机关都取代不了家庭的作用，也难以与家庭影响相抗衡。实践证明，许多杰出人才的成功无不与良好的家庭教育息息相关，而从一些青少年违法犯罪的原因来看，其中也都存在着家庭的不良因素影响。家庭教育的好坏直接影响着孩子能否健康成长。因此，重视家庭教育、创新家庭教育方式也是我校实现核心素养教育的重要突破口，希望引起学校及全体教师的高度重视，使我校的家校合作从深度和广度上都走向一个新台阶。

　　注：本文为家庭教育、年级教育与心理健康教育三方面协同

（付　桐　张加亮　提供）

参考文献

著作：

［1］赞科夫.和教师的谈话［M］.北京：教育科学出版社,1980.

［2］苏霍姆林斯基.给教师的建议［M］.北京：教育科学出版社，1983.

［3］黄楠森，施德福，宋一秀.马克思主义哲学史［M］.北京：北京大学出版社，1987.

［4］朱智贤.朱智贤心理学文选［M］.北京：人民教育出版社，1989.

［5］布勒,埃伦.人本主义心理学导论［M］.北京：华夏出版社，1990.

［6］齐振海，袁贵仁.哲学的主体和客体问题［M］.北京：中国人民大学出版,1992.

［7］马克思，恩格斯著.马克思恩格斯全集第 2 卷［M］.北京：人民教育出版社,1993.

［8］张庆林.元认知的发展与主体教育［M］.重庆：西南师范大学出版社,1997.

［9］黄济.教育哲学通论［M］.太原：山西教育出版社,1998.

［10］史根东.主体教育概论［M］.科学出版社,1999.

［11］李志宏.主体性教育的理论与实践［M］.湖南教育出版社，2000.

［12］王道俊，郭文安.主体教育论［M］.北京：人民教育出版社，2005.

［13］卡尔·罗杰斯.自由学习［M］.北京：北京师范大学出版社，

2006.

期刊：

［1］吴道槐.论教师的主体与主导［J］.北京师范大学学报，1989,3.

［2］孙喜亭等.人的主体性内涵与人的主体性教育［J］.教育研究,1993,3.

［3］高清海.主体呼唤的历史根据和时代内涵［J］.中国社会科学,1994.4.

［4］金生.超越主客体：对师生关系的阐释［J］.西南师范大学学报,1995,1.

［5］史德明.心理学中的主体活动理论［J］.心理发展与教育，1995,1.

［6］高厚.现代教育学［M］.北京：北京师范大学出版社,1995.

［7］李谨琦.论师生关系及其对教学活动的影响［J］.西北师范大学学报,1996,3.

［8］姜智.师生关系模式与师生关系的构建［J］.教育评论，1998,2.

［9］冯建军.走向主体性的教育哲学观引论［J］.教育理论与实践,1998,5.

［10］张宽明.对"学生主体"的再认识［J］.教育理论与实践，1999,9.

［11］王延效，丛大川.主体性与主体性哲学论纲——生命·意识·实践·自由［J］.延边大学学报(哲学社会科学版),1999,2.

［12］肖川.论主体性教育研究的深化［J］.江西教育科研,1999,1.

［13］顾建军.浅析教育的双主体性特征［J］.教育科学,2000,1.

［14］马维娜.师生交往：一种双向理解［J］.教师评论,2000,5.

［15］党钢.浅谈主体性教育与学生健康心理的培养［J］.南昌教

育学院学报,2000,1.

[16]曹树真.论罗杰斯的师生观[J].外国教育研究,2000,12.

[17]宋德如.青少年心理健康教育若干原则简析[J].中国职业技术教育,2001,11.

[18]章毓光,周青.家长学校双主体性状况的调查和研究[J].温州师范学院学报(哲学社会科学版),2001,5.

[19]叶存春,李顺龙,梁尔.中小学心理健康教育模式初探[J].云南师范大学学报,2002,6.

[20]黄威.主体性教育理论:时代的教育哲学[J].教育研究,2002,4.

[21]蔡勇强.素质教育中的心理健康教育[J].教育探索,2002,5.

[22]孙文秀.对中小学生主体发展的实践与思考[J].思想·理论·教育,2002(Z1).

[23]傅国强.当代中国哲学主体性思潮基本思想理论状况述评[J].内蒙古民族大学学报,2002,2.

[24]卢正芝.学会参与:主体性教育模式研究[M].杭州:浙江大学出版社,2003.

[25]佐藤学.课程与教师[M].教育科学出版社,2003.

[26]陈明龙.论从主体性教育角度把握师生关系[J].宁波大学学报,2003,8.

[27]张淑玲,董爱军.中小学心理健康教育中的问题及对策[J].黑龙江教育(小学版),2003,21.

[28]苗元江,余嘉元.积极心理学:理念与行动[J].南京师大学报(社会科学版),2003,2.

[29]高淑香,赵红.主体性心理健康教育的几种模式[J].现代中小学教育,2003,7.

[30]胡定荣.论文化哲学视野中的主体教育[J].教育理论与实践,2003,11.

[31]帕丽达.浅谈素质教育中的心理健康教育[J].新疆社科论

坛 ,2003,1.

［32］罗斌 , 刘毅 . 浅析青少年道德心理健康教育［J］. 赣南师范学院学报 ,2004,1.

［33］韩春英 . 学校心理健康教育深化的策略［J］. 雁北师范学院学报 ,2004,3.

［34］王晓萍 . 心理社团活动——凸显学校心理健康教育主体性的有效途径［J］. 教育科学研究 ,2004,12.

［35］曹永国 . 师生关系 : 从相处到相依［J］. 教育理论与实践 ,2004,17.

［36］王金云 . 论建构主义的师生角色观［J］. 河南师范大学学报 ,2004,1.

［37］和学新 . 主体性的内涵、结构及其存在形态与主体性教育［J］. 西南师范大学学报 (人文社会科学版),2005,1.

［38］高春梅 . 心理健康教育与生命成长［J］. 齐齐哈尔师范高等专科学校学报 ,2005,1.

［39］郭广全 . 在德育中渗透心理教育理念［J］. 延安教育学院学报 ,2005,2.

［40］周思旭 . 从后现代视角论师生关系重构［J］. 河南师范大学学报 ,2005,5.

［41］王丽 . 后现代主义课程观的特点及其对建构师生互动关系的启示［J］. 当代教育科学 ,2005,5.

［42］李松林 . 主体教育研究 : 视野、论域与方法［J］. 教育研究 ,2005,8.

［43］史铭之 . 主体教育反思——从后现代视野看［J］. 当代教育科学 ,2005,17.

［44］燕良轼 . 论生命视野中的师生关系［J］. 教师教育研究 ,2006,1.

［45］江芳 . 理解型师生关系及其建构［J］. 教师教育研究 ,2006,1.

［46］冯建军 . 主体教育理论 : 从主体性导主体间性［J］. 华中师

范大学学报,2006,1.

〔47〕张俭民.主体间性:师生交往关系的本质属性〔J〕.黑龙江高教研究,2006,1.

〔48〕彭进清,吴丽萍.论教育与人的主体性发展〔J〕.湖南师范大学教育科学学报,2006,3.

〔49〕马甜语.积极心理学:理念、视野及动向〔J〕.赣南师范学院学报,2006,1.

〔50〕熊宜勤.心理健康教育内核浅探〔J〕.学校党建与思想教育,2006,2.

〔51〕梁光霞.论德育与心理教育相互融合的构建〔J〕.九江学院学报,2006,2.

〔52〕刘金,叶绍灿.高校主体性思想政治教育与大学生心理健康〔J〕.江淮论坛,2006,3.

〔53〕高鸿.西方近代主体性哲学的形成、发展及其困境〔J〕.理论导刊,2007,3.

〔54〕朱江.主体性:人本主义教育观的核心原则〔J〕.山东社会科学.2007,3.

〔55〕张忠,陈家麟.论道德健康与心理健康——兼议心理健康教育功能、价值、目标的拓展〔J〕.教育理论与实践,2007,11.

〔56〕周光礼.转型期中国师生关系的重构:变革及其规制〔J〕.教育理论与实践,2007,7.

〔57〕吴婕,石梅.心理健康教育与德育工作实效性探究〔J〕.延安大学学报(社会科学版),2007,4.

〔58〕卓筱芸.以积极心理学推进高校心理健康教育〔J〕.产业与科技论坛,2008,10.

〔59〕石庆伟.浅析课程文化构建与学生主体性发展〔J〕.科技信息(科学教研),2008,18.

〔60〕张沛.从分化到整合:中小学心理健康教育研究回顾〔J〕.安庆师范学院学报(社会科学版),2008,3.

［61］张忠,陈家麟.德育与心理健康教育关系的再认识——基于新命题的思考［J］.太原大学教育学院学报,2009,27.

［62］麻彦坤.建构主义学习理论对心理健康教育方法的启迪［J］.教育探索,2009,8.

［63］曾凡敏.传统德育的解构与建构——心理健康教育的视角［J］.科技信息,2009,20.

［64］罗璆,苗元江.积极心理健康教育:理论与实践［J］.科技广场,2009,8.

［65］卜艳艳.心理健康教育之学生主体性探析［J］.湖北成人教育学院学报,2010,16(06).

［66］贾明燕,冯爱菊.中小学心理健康教育途径探索［J］.潍坊教育学院学报,2010,23(04).

［67］宋剑.我国主体教育理论发展的历史进路［J］.教育研究与实验,2011,1.

［68］鲁妍妍,谢琴.主体性教育视角下的学生观［J］.科教导刊(上旬刊),2010,10.

［69］骆静.马克思的人之主体性教育观［J］.安徽职业技术学院学报,2010,9(03).

［70］王道俊.知识的教育价值及其实现方式问题初探——兼谈对杜威教育思想的某些认识［J］.课程·教材·教法,2011,3.

［71］苏得权,叶浩生.心理学研究的主体性回归［J］.青岛大学师范学院学报,2011,1.

［72］寇琼洁,张全友.以人为本,主体性教育的实践反思［J］.教学与管理,2011,33.

［73］胡红杏.主体性教育实践的误区与反思［J］.西北师大学报(社会科学版),2011,48(06).

［74］刘玉新.校园心理剧模式的创新性实践研究［J］.现代教育科学,2011,10.

［75］向巍.中小学心理健康教育活动课程教学模式探析［J］.吉

林省教育学院学报 (中旬),2012,28(12).

［76］杨宇 . 中学生主体性心理健康教育的探索［J］. 现代教育科学 ,2012,10.

［77］刘玉新 . 主体性教育理念下的心理健康教育［J］. 社科纵横 ,2012,27(01).

［78］何菲 . 主体教育的内涵及特征［J］. 文教资料 ,2012,23.

［79］马义芹 . 新时期班主任全新的育人理念——主体性教育［J］. 才智 ,2012,15.

［80］李菊梅 . 主体性教育与学生创新思维能力的培养［J］. 课程教育研究 ,2012.9.

［81］尹凯丰 . 论大学生心理健康教育中主体性意识的实现［J］. 思想政治教育研究 ,2013,29(03).

［82］高芳 . 主体性范式教育特质及其当代价值［J］. 求索 ,2013,10.

［83］李燕燕 , 李奕华 . 积极心理学理论在中小学班主任心理健康教育中的应用［J］. 教育探索 ,2013,3.

［84］陈朝新 . 论教学主体的意蕴［J］. 当代教育科学 ,2013,10.

［85］张莜莉 . 基于学生主体性的高校发展性心理健康教育模式［J］. 江苏高教 ,2014,6.

［86］雷鸣 . 心理健康教育心理学的构建 : 内涵、研究对象与学科体系［J］. 四川理工学院学报 (社会科学版),2014,29(03).

［87］吴盈英 . 基于主体性教学的大学生心理健康教育研究［J］. 美与时代 (下),2014,4.

［88］张海明 . 科学发展观视域下的主体性教育［J］. 东北农业大学学报 (社会科学版),2014,12(02).

［89］彭文婷 . 教育主体性观念的理性阐释与实现路径［J］. 亚太教育 ,2016,26.

［90］韦丽月 . 浅谈在学校实施主体性教育的意义及策略［J］. 新课程研究 (中旬刊),2016,6.

［91］何巧艳.变革时代中的主体性教育［J］.西北师大学报 (社会科学版),2016,53(03).

［92］田芯 , 谭丽萍.大学生心理健康教育主体性教学模式的实践路径［J］.航海教育研究 ,2016,33(01).

［93］李琳.论孟子人格教育思想的主体精神［J］.艺术科技 ,2017,30(06).

［94］于欣宜.从主体性到主体间性 : 思想政治教育哲学指导思想转向的必然性分析［J］.黑龙江工业学院学报 (综合版),2017,17(08).

［95］刘玉欣.对主体性教育的哲学思考［J］.课程教育研究 ,2017,27.

［96］陈星 , 周淑萍.主体性教育及其实现方式研究［J］.现代交际 ,2017,12.

［97］段元珍.卢梭主体性教育思想及启示［J］.陕西学前师范学院学报 ,2018,34(12).

［98］林滨 , 陈帅.教育伦理视域下的个体主体性反思［J］.教育伦理研究 ,2018(00).

［99］滕珺.教师的专业性与学生的主体性——顾明远"现代学校师生关系"思想述评［J］.教师教育研究 ,2018,30(05).

［100］刘顺才.教育教学中学生主体性发挥的理论思考［J］.甘肃教育 ,2018,12.

［101］郭星 , 刘琨.基于主体性教育理念的大学生心理健康教育研究［J］.教育现代化 ,2018,5(12).

［102］张云刚 , 马丽.浅谈中学心理健康教育课的四种设计模式［J］.中小学心理健康教育 ,2018,7.

［103］龚洺仪.团体辅导对积极人际模式构建的效果评价［J］.经贸实践 ,2018,1.

［104］刘丽.中学心理健康教育课堂教学模式探索［J］.甘肃教育 ,2018,1.

［105］陆瑛.浅析积极心理学在初中心理健康教育中的运用［J］.

教育观察 ,2019,8(42).

［106］张华凤 .论心理健康教师研究力的提升［J］.江苏教育 ,2019(96).

［107］陆林珍 .从"为了不教之教"走向主体性教育［J］.江苏教育研究 ,2019(Z1).

［108］潘月俊 .心理健康教育亟待"儿童参与"［J］.江苏教育 ,2019,8.

［109］张坤 .师生互动：从教育目的与目标谈起［J］.合肥师范学院学报 ,2019,37(01).

［110］贺慧敏 .教师主体性研究综述与展望［J］.教师教育研究 ,2019,31(01).

［111］孙冬怀 .基于积极心理学的学校心理健康教育工作探索［J］.中小学心理健康教育 ,2020,13.

［112］陈施施 .积极心理学视角下高职学生心理健康教育模式的构建［J］.文化创新比较研究 ,2020,4(08).

［113］宋美霞 .课堂评价提升学习品质实践研究——基于积极心理学视角［J］.中小学心理健康教育 ,2020,10.

［114］吴燕飞 .学校心理健康教育模式的反思与积极心理学取向［J］.文化创新比较研究 ,2020,4(05).

［115］史晗 ,安蓉 .积极心理学视域下青少年心理健康研究［J］.中学政治教学参考 ,2020,5.

［116］吴彩虹 ,卿再花 ,曹建平 .基于积极心理学的"心育"课程自主学习教学模式探讨［J］.湖北第二师范学院学报 ,2020,37(01).

［117］刘愿芳 .基于积极心理学视角的初中生心理健康教育理念与实施［J］.科技资讯 ,2020,18(07).

［118］郑春雨 .积极心理学取向的心理健康教育课程改革研究［J］.哈尔滨职业技术学院学报 ,2020,2.

［119］吴仲烨 .让活动指向学生的积极发展——"积极心理学"视域下的活动育人实践研究初探［J］.教育观察 ,2020,9(07).

［120］张艳婷.基于积极心理学的高职学生心理健康教育思考［J］.青海教育,2020,4.

［121］张寅.幸福有方法:积极教育课程开发与实践［J］.职教通讯,2020,4.

学位论文:

［1］李文.关于我国中学主体性教育的研究［D］.福建师范大学,2001.

［2］胡文宇.高中心理健康教育校本课程开发的研究［D］.南京师范大学,2004.

［3］张志军.论德育与心理健康教育的整合［D］.江西师范大学,2005.

［4］任俊.积极心理学思想的理论研究［D］.南京师范大学,2006.

［5］李蓉皎.中学心理健康教育与德育整合的策略研究［D］.东北师范大学,2007.

［6］张忠.论道德健康、心理健康与心理健康教育［D］.扬州大学,2008.

［7］鲁赛萍.心理健康教育在高校德育中的定位研究［D］.长沙理工大学,2008.

［8］龚继峰.积极心理学与心理健康教育创新［D］.南昌大学,2008.

［9］张萌.初中生心理学教学中渗透心理健康教育的实验研究［D］.内蒙古师范大学,2009.

［10］陈玲玲.心理健康教育在中学德育过程中的功能初探［D］.苏州大学,2010.

［11］高志娟.叶圣陶主体教育思想指导下学生参与课堂教学的策略研究［D］.苏州大学,2011.

［12］诸广平.主体性教育策略实践与研究［D］.辽宁师范大学,

2011.

　　［13］赵兴万.中小学校积极心理健康教育评价指标体系的构建［D］.河北师范大学,2012.

　　［14］黄代翠.心理健康教育辩证法研究［D］.武汉大学,2012.

　　［15］潘柳燕.心理健康教育中的价值问题研究［D］.武汉大学,2012.

　　［16］唐志文.高校心理健康教育与思想政治教育契合研究［D］.南京航空航天大学,2012.

　　［17］李钰茜.主体性教育的困境与出路［D］.西南政法大学,2012.

　　［18］宋思婧.高中生心理健康教育需求现状与对策研究［D］.沈阳师范大学,2013.

　　［19］陈源声.家校合作理念下中小学心理健康教育初探［D］.华东师范大学,2013.

　　［20］张海霞."以学论教"——主体性教育的本土言说［D］.聊城大学,2014.

　　［21］常青.初一思想品德课实施心理健康教育的对策研究［D］.内蒙古师范大学,2015.

　　［22］李慧.福禄培尔的主体性教育思想研究［D］.湖南师范大学,2016.

　　［23］姜晓晗.初中生主体性教育探究［D］.渤海大学,2016.

　　［24］魏芳.高校心理健康教育与德育功能耦合研究［D］.中国矿业大学,2018.

　　［25］张小悦.积极心理学视域下大学生心理健康教育研究［D］.渤海大学,2018.

论文集：

［1］付云霞 . 主体性教育与主体性心理健康教育浅论［C］. Hubei University of Technology, China.Proceedings of 2010 Third International Conference on Education Technology and Training(Volume 6).Hubei University of Technology, China: 智能信息技术应用学会 ,2010.

［2］高玉凤 , 郭阜 , 雷琴 , 徐晓怡 , 李文智 . 心理健康教育对增强学校德育工作实效性的研究［C］.《教师教学能力发展研究》科研成果集（第十四卷）.《教师教学能力发展研究》总课题组 ,2018.